La conscience des machines

5-7, rue de l'Ecole polytechnique, 75005 Paris

http://www.librairieharmattan.com
diffusion.harmattan@wanadoo.fr
harmattan1@wanadoo.fr

ISBN : 978-2-296-05492-9
EAN : 9782296054929

Gotthard Günther

La conscience des machines

Une métaphysique de la cybernétique
(3e édition augmentée)

suivi de « Cognition et Volition »

Avant-propos par Edgar Morin

Édité et introduit par Eberhard von Goldammer et Joachim Paul

Traduit de l'allemand par Françoise Parrot et Engelbert Kronthaler

L'Harmattan

Ouverture philosophique

Collection dirigée par Dominique Chateau, Agnès Lontrade et Bruno Péquignot

Une collection d'ouvrages qui se propose d'accueillir des travaux originaux sans exclusive d'écoles ou de thématiques.

Il s'agit de favoriser la confrontation de recherches et des réflexions qu'elles soient le fait de philosophes "professionnels" ou non. On n'y confondra donc pas la philosophie avec une discipline académique ; elle est réputée être le fait de tous ceux qu'habite la passion de penser, qu'ils soient professeurs de philosophie, spécialistes des sciences humaines, sociales ou naturelles, ou... polisseurs de verres de lunettes astronomiques.

Dernières parutions

E. ESCOUBAS, L. TENGELYI, *Affect et affectivité dans la philosophie moderne et la phénoménologie*, 2008.
Michèle AUMONT, *Universel Ignace de Loyola !*, 2008.
Vincent TROVATO, *Le concept de l'être-au-monde chez Heidegger*, 2008.
Bertrand DEJARDIN, *L'art et la vie. Éthique et esthétique chez Nietzsche*, 2008.
Christian MERVAUD et Jean-Marie SEILLAN (Textes rassemblés par), *Philosophie des Lumières et valeurs chrétiennes. Hommage à Marie-Hélène Cotoni*, 2008.
Bertrand DEJARDIN, *L'art et la raison. Éthique et esthétique chez Hegel*, 2008.
Guillaume PENISSON, *Le vivant et l'épistémologie des concepts*, 2008.
Bertrand DEJARDIN, *L'art et le sentiment. Éthique et esthétique chez Kant*, 2008.
Ridha CHAIBI, *Liberté et Paternalisme chez John Stuart Mill*, 2007.
A. NEDEL, *Husserl ou la phénoménologie de l'immortalité*, 2008.
S. CALIANDRO, *Images d'images, le métavisuel dans l'art visuel*, 2008.
M. VETÖ, *La Pensée de Jonathan Edwards*, 2007.
M. VERRET, *Théorie et politique*, 2008.
J.-R.-E. EYENE MBA, *L'État et le marché dans les théories politiques de Hayek et de Hegel*, 2007.

Titre original :
Das Bewußtsein der Maschinen.
Eine Metaphysik der Kybernetik

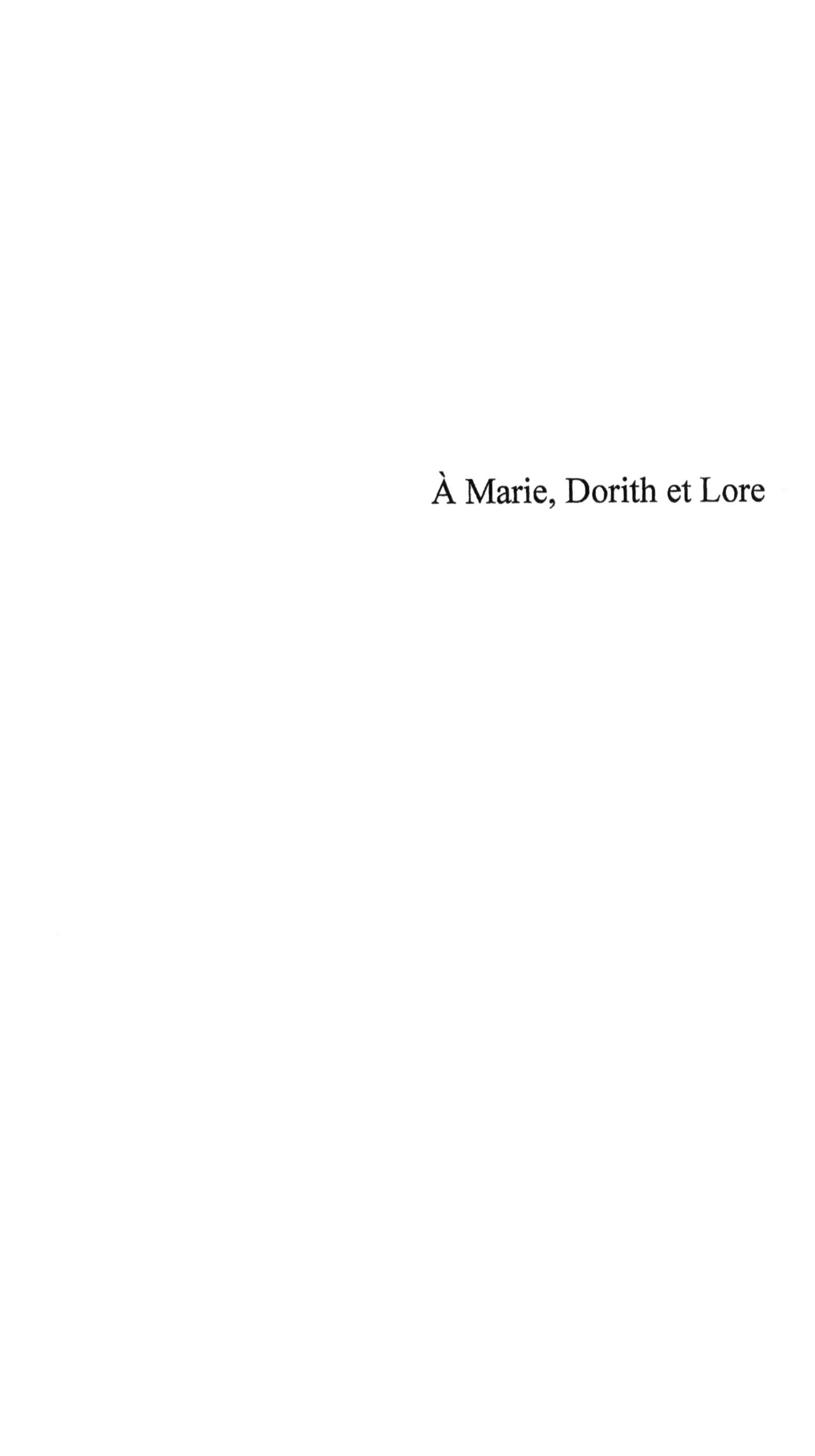

À Marie, Dorith et Lore

The Truth can never be Blasphemy

Alastair MacLean

Table des matières

Avant-propos

C'est dans le début des années 70 que, pour répondre à ma curiosité, Heinz von Foerster m'avait envoyé divers textes, issus de conférences effectuées et éditées dans son Biological Computer Laboratory de l'Université de l'Illinois et parmi ceux ci, *Cybernetical Ontology and Transjunctionnal Opérations* de Gotthard Günther. Ce texte fut repris dans l'ouvrage *Self-Organizing Systems,* édité par Yovits, Jacobi, Goldstein[1]. Sa lecture fut un des déclencheurs principaux de la réinterrogation épistémologique que j'essayais d'entreprendre alors, et qui devait me conduire à une paradigmatologie de la complexité.

Je découvre une trentaine d'années plus tard - grâce à la traduction française - *La conscience des machines* écrit à la fin des années 50, toute illuminée par la cybernétique de Norbert Wiener. Une telle illumination s'est faite dans une pensée fortement marquée par Hegel et qui, me semble-t-il, a subi l'influence d'Arnold Gehlen dont Günther fut assistant à Leipzig de 1933 à 35, avant de quitter l'Allemagne nazie.

Arnold Gehlen concevait le monde des machines dans une relation de symbiose avec le monde humain, constituant des sortes de pseudopodes issus de la praxis humaine pour se saisir du monde matériel. Günther va plus loin. Pour lui l'homme a introduit sa réalité intime de désirs et de passions dans les machines. Et c'est bien au-delà de Gehlen qu'il considère la cybernétique (qui dans son esprit comporte l'information et l'ordinateur) comme une révolution scientifique et philosophique plus importante que la captation de l'énergie atomique. Par la cybernétique, la technique pénètre dans la vie mentale de l'homme, et la machine comporte en elle des composants relevant jusqu'alors uniquement de l'esprit humain : calcul, raisonnement, correction d'erreurs.

La cybernétique accomplit une révolution dans la nature de la machine et en même temps dans la relation homme-machine. De ce fait une troisième sphère, ni spirituelle ni naturelle, s'est formée entre la sphère de la subjectivité humaine et celle de l'objectivité des choses physiques : cette sphère produit de l'information, comporte des

---

[1] Spartan books, Washington, 1962

processus intelligents, de la réflexion, voire - dit Günther - une certaine forme de conscience. Cette sphère, qui se situe entre le sujet et l'objet ne comporte pas le JE irréductible du sujet humain, tout en manifestant certaines propriétés qui étaient jusqu'alors censées relever exclusivement du subjectif. Elle nous amène à dépasser la logique binaire, son principe d'identité (le principe d'identité du sujet est différent du principe d'identité de l'objet), et le principe du tiers exclu. C'est dans, pour et par ce dépassement que Günther propose, et c'est là son originalité et sa force, une logique polypositionnelle et polycontexturale, c'est-à-dire complexe. Ce qui signifie surtout pour moi que Günther est un des rares penseurs à proposer de façon radicale une réforme logique donc épistémologique, qui elle-même conduit nécessairement à une réforme de la pensée.

Par ailleurs, suivant la parole de Wiener disant que l'information n'est ni matière ni énergie mais information, Günther avance que la notion d'information nous porte au-delà du matérialisme et de l'idéalisme, au-delà du vitalisme et du mécanisme, au-delà du dualisme sujet/objet ; d'où le rejet des alternatives idéologiques : « il est alors impossible, aujourd'hui encore, de concéder aux visions du monde concurrentes (idéalistes ou matérialistes, E.M.) une quelconque vérité intéressante » (p.180).

Dans la conception de Maturana et Varela la vie est de nature cognitive ; Günther, quant à lui, nous conduit au-delà de l'opposition exclusive entre cognition et volition, montrant qu'il s'agit d'une seule faculté propre à la subjectivité vivante. Ici encore il dépasse le dualisme cognition/volition qui s'impose en permanence dans notre mode de penser dominant.

Bien qu'avec Hegel Günther soit conscient que l'histoire humaine « est un abattoir dans lequel le bonheur des peuples, la sagesse des États et la vertu des individus ont été sacrifiés », il croit comme celui-ci en un avenir bienfaisant. Pour Günther, la technique n'est pas seulement facteur d'unification planétaire, elle provoque au dépassement historique de l'humanité par elle-même. À contre-courant des pessimistes qui imaginent, comme dans les romans de science fiction, que les machines artificielles vont esclavagiser le genre humain, Günther croit au contraire en leur mission émancipatrice (sans voir, à mon sens, que l'application à l'être humain et à la société de la logique déterministe/mécaniste des machines est mutilante et aliénante). Pour Günther « l'automation ... promet la démécanisation de l'homme », ce qui est vrai dans le sens où elle libérera les humains de toutes tâches mécaniques, mais n'y aura-t-il pas ambivalence dans cette libération ? Günther trouve même des accents messianiques pour donner à la matière, via les machines cybernétiques, la capacité d'auto-réflexion. Il entrevoit même conscience et création dans l'avenir des machines, il exalte « l'ouverture éternellement créatrice du processus historique » et, trouvant des accents hégéliens, il perçoit dans la technique le véhicule de l'auto-réalisation de l'esprit objectif.

Pour moi, la prospective günthérienne n'entre pas dans les ambivalences du développement technique et du processus historique. Mais son apport fondamental est ailleurs : il est dans la réforme logique, épistémologique et paradigmatique qu'il propose et qui reste plus que jamais actuelle. Sa logique a élaboré un nouveau formalisme qui permettra de rendre opératoire la dialogique de la pensée complexe. Son épistémologie révolutionne les principes même de la connaissance. Sa paradigmatologie rejette le paradigme de disjonction/réduction qui domine toujours la pensée occidentale aujourd'hui universalisée, produit de l'aveuglement plus que de l'élucidation et nous conduit aux catastrophes.

Le message de deux grands esprits, von Foerster et Günther, demeure encore aujourd'hui ignoré, méconnu… Il est plus que jamais vitalement nécessaire. Faisons notre possible pour le faire entendre.

Edgar Morin,
Paris novembre 2007

INTRODUCTION

Nouvelle édition : *La conscience des machines*

> New opinions are always suspected and usually opposed, without any other reason but because they are not already common.*
>
> *John Locke* (1632-1704)

Quand un livre au titre provoquant, *La conscience des machines – une métaphysique de la cybernétique*, réapparaît dans une nouvelle édition augmentée presque un demi-siècle après sa première mise sous presse, on se pose forcément la question de l'actualité de son contenu, surtout s'il s'agit, comme dans le cas présent, d'ordinateur, d'intelligence artificielle (IA), de conscience des machines, bref de la représentation des processus mentaux à l'aide de machines. Nous voulons donc donner dès le début une réponse à cette question : le contenu de ce livre de Gotthard Günther est-il encore actuel ? La réponse est un oui clair ! Oui, son contenu est toujours très actuel, et nous devons ajouter que non seulement le contenu de ce livre mais aussi tous les travaux de Günther sont encore très en avance sur notre temps, c'est-à-dire sur le '*Mainstream*' de la '*Scientific Community*'. Nous le justifierons dans l'introduction de ce livre, en essayant de dégager l'aspect épistémologique des travaux de Gotthard Günther, philosophe et logicien germano-américain, et leur importance pour la philosophie de la technique dans le contexte des recherches contemporaines sur l'intelligence artificielle.

* "Toute opinion nouvelle est toujours suspecte et rejetée, par le seul fait qu'elle n'est pas encore partagée."

La raison est la forme des formes.
Aristote

L'auteur :
Gotthard Günther

Gotthard Günther naît à Arnsdorf en Silésie le 15 juin1900. Il est le fils d'un pasteur.

Il étudie, en plus de la philosophie, l'indologie, le chinois classique, le sanscrit et la science des religions comparées. Sa thèse, réalisée sous la direction d'Eduard Spranger, est un chapitre de son livre publié en 1933, *Grundzüge einer neuen Theorie des Denkens in Hegels Logik* [1].

Il suit une formation de moniteur de ski et de pilote de planeur ; il passe l'examen A, B, C, et reçoit l'insigne internationale de performance de vol à voile. Enfin, en 1952 aux Etats-Unis, il entre en possession d'un permis de vol artistique et de vol en avion à moteur.

1935-1937 : Il est assistant d'Arnold Gehlen à Leipzig. En 1933 on interdit à son épouse, Marie Hendel, d'exercer sa profession d'enseignante en raison de sa judéité ; celle-ci émigre en Italie.

1937 : Günther suit d'abord sa femme en Italie, puis il part avec elle en 1939 en Afrique du Sud, où il travaille comme chargé de cours de philosophie à l'université Du Cap-Stellenbosch..

1940 : Tous les deux viennent s'installer aux Etats-Unis, où Günther va tenter d'accéder aux plus récentes recherches réalisées dans le domaine de la logique mathématique. De 1942 à 1944, il donne des cours et dirige des séminaires (12 heures par semaine) au Colby-College dans le Maine.

1944 : Günther reçoit une bourse de recherche de l'US-Army et travaille à la bibliothèque Widener de l'université Harvard. A cette époque il donne des cours au Cambridge Adult Center for Education.

Dans un cadre privé il rencontre Ernst Bloch, qui habite tout près de chez lui et avec lequel il va entretenir une amitié personnelle.

1945 : Il commence ses travaux sur les techniques de calculabilité et sur l'interprétation des logiques polypositionnelles dans la perspective d'une "théorie de la réflexion" (*der reflexionstheoretischen Interpretation mehrstelliger Logiken*).
1948 : Günther prend la nationalité américaine. Il fait la connaissance de J. W. Campbell, qui attire son attention sur la signification de la littérature américaine de science-fiction.

1952 : Günther fait paraître dans l'édition Karl Rauch (Düsseldorf) quatre volumes (*Rauchs Weltraum-Bücher*) de littérature de science-fiction américaine (entre autres des auteurs comme : I. Asimov, J. W. Campbell, L. Padgett, J. Williamson). Au cours de cette année il reçoit de la fondation Bollingen, sur la proposition de Kurt Gödel, une mission de recherche.

1953 : Ses premières publications sur des sujets logico-métaphysiques paraissent aux Etats-Unis.

1955 : Il donne des cours à l'université de Hambourg en tant que professeur invité par H. Schelsky et C. F. von Weizsäcker, afin de renouer avec la vie académique allemande.

1957 : Publication de quelques travaux décisifs de G. Günther : *Das Bewußtsein der Maschinen – Eine Metaphysik der Kybernetik ; Metaphysik, Logik und die Theorie der Reflexion* [5] *; Idee und Grundriß einer Nicht-Aristotelischen Logik* [4].

1960 : Günther fait la connaissance de Warren St. McCulloch, connaissance qui aura une importance décisive pour ses prochaines recherches, non seulement parce qu'elle marque le début de son amitié avec le fondateur de la neuro-informatique, mais parce qu'elle inaugure les travaux de Günther au *Biological Computer Laboratory* (BCL)..

1961 – 1972 : Chercheur au *Biological Computer Laboratory* de l'université de l'Illinois, en collaboration avec Warren McCulloch et

Heinz von Foerster. Durant cette période, au cours de ses recherches sur les systèmes logiques réflexifs polypositionnels, c'est-à-dire polycontexturaux, Günther se heurte au problème des structures morpho- et kénogrammatiques, qui seront présentées au public dans des ouvrages comme *Cybernetic Ontology and Transjunctional Operations* [5] ; *Das metaphysische Problem einer Formalisierung der transzendental-dialektischen Logik* [5] ; *Logik, Zeit, Emanation und Evolution* [5] ou *Natural Numbers in Trans-Classic Systems* [5].

En 1972, Günther prend sa retraite et arrête ainsi son activité au BCL, une activité qu'il tient pour la plus fertile de sa vie. Il s'établit à Hambourg et donne à l'université des cours de philosophie.

1975 : Parution de son autobiographie, *Selbstdarstellung im Spiegel Amerikas* [6], dans laquelle il présente un résumé de ses travaux. La pointe de ses recherches se révèle dans sa logique et son arithmétique réflexives polypositionnelles, dans sa théorie de la polycontexturalité, théorie qu'il oppose aux systèmes de logique monocontexturale et à l'arithmétique classique.

1979 : Lors du congrès Hegel à Belgrade, Günther fonde une théorie générale des langages négatifs sous le titre : *Identität, Gegenidentität und Negativsprache*, qui s'oppose d'une façon complémentaire aux langages traditionnels des sciences positives se référant à un objet.

Le 29 novembre 1984, Gotthard Günther meurt à Hambourg. La totalité de son œuvre scientifique se trouve dans la *Staatsbibliothek Berlin-Preussischer Kulturbesitz* ainsi que dans les archives Gotthard Günther de l'université de Salzburg.

Publications de Gotthard Günther :

[1] *Grundzüge einer neuen Theorie des Denkens in Hegels Logik*, Felix Meiner Verlag, Hamburg [1]1933, [2]1978. (*Traits fondamentaux d'une nouvelle théorie de la pensée dans la logique de Hegel.*)

[2] *Christliche Metaphysik und das Schicksal des modernen Bewußtseins* (écrit avec Helmut Schelsky). Leipzig, 1937. (*Métaphysique chrétienne et destin de la conscience moderne*).

[3] *Das Bewußtsein der Maschinen. Eine Metaphysik der Kybernetik*, Agis Verlag, Krefeld, Baden Baden (^{1}1957, ^{2}1963).

[4] *Idee und Grundriß einer nicht-Aristotelischen Logik*, Felix Meiner Verlag, Hamburg (^{1}1959, ^{2}1978, ^{3}1991). (*Idée et fondement d'une logique non-aristotélicienne*).

[5] *Beiträge zur Grundlegung einer operationsfähigen Dialektik* (Premier volume 1976, deuxième volume 1979, troisième volume 1980), Felix Meiner Verlag, Hamburg. (*Contributions à la fondation d'une dialectique opérationnelle*).

[6] G. Günther, *Selbstdarstellung im Spiegel Amerikas*, in : Philosophie in Selbstdarstellung II, éditeur L. J. Pongratz, Felix Meiner Verlag, Ham burg, 1975. (*Autoreprésentation dans le miroir de l'Amérique*).

Gotthard Günther sur Internet :
http://www.vordenker.de ainsi que :
http://www.techno.net/pkl/

À propos du livre : *La conscience des machines*

> "... Ce que nous rencontrons dans la machine, c'est de la vie passée, des sensations vivantes et de la passion ancienne que l'homme n'a pas eu peur de livrer à la mort du monde des objets. Seulement cette mort est la porte vers l'avenir..."
>
> *Gotthard Günther* [[1]]

Pour lire *La conscience des machines*, il n'est pas nécessaire de posséder des connaissances approfondies en logique formelle ou en mathématiques. Cet avertissement est également mis en relief par l'auteur dans la préface de ce livre. Cela peut entraîner un malentendu chez le lecteur, comme nous le constatons dans quelques commentaires des travaux de Günther réalisés dans les années 60 et 70 du siècle dernier. Nous devons aussi savoir que Günther n'a pas développé ni écrit sa *'théorie de la polycontexturalité'* – que nous exposerons davantage plus loin – d'un seul jet, c'est-à-dire dans un *opus magnum* comme la *Critique de la raison pure* de Kant. On ne peut pas s'y attendre parce que sa théorie est si vaste, qu'elle intervient d'une façon si radicale dans les fondements de notre pensée et donc dans tout le paradigme occidental de la science qu'il est impossible de la concevoir, pour ainsi dire, "du jour au lendemain". Elle exigeait un développement de longue durée sur lequel Günther donne un compte rendu détaillé. [[2]]

Ainsi, dans l'édition de 1963, le lecteur ne trouvera pas les concepts de *'contexture'*, *'polycontexturalité'*, *'kénogrammatique'* ou *'morphogrammatique'* que nous présenterons plus loin. La raison en est simple : c'est seulement plus tard que Günther élabora et introduisit ces notions dans la science, c'est-à-dire dans les années 70. Le lecteur trouvera un tour d'horizon détaillé du développement temporel des travaux de Günther et de leur importance dans l'article, *Einübung in eine andere Lektüre* (*Étude dans une autre lecture*) de Kaehr et Ditterich paru en 1979. [[3]]

Dans ses travaux, jusqu'au milieu des années 60, Günther utilise la notion de logique 'polyvalente'. Cela a parfois entraîné des malentendus considérables, bien que Günther ait toujours souligné que sa notion de polyvalence ne devait pas être confondue avec celle des systèmes de logiques polyvalentes introduits par Łukasiewicz, systèmes dans lesquels on introduit des valeurs supplémentaires entre 0 et 1, où 0 est pris pour faux et 1 pour vrai. Cette polyvalence développée dans les années 30 par Łukasiewicz mène directement aux logiques probabilistes, et celles-ci sont et restent classiques ou, pour utiliser tout de suite la terminologie de Günther, 'monocontexturales'. La polycontexturalité n'a jamais été le thème du logicien polonais Łukasiewicz. La notion de polyvalence, au sens de Günther, devrait être nommée plus justement polypositionnalité, c'est-à-dire que l'on devrait parler de logique polypositionnelle, car on doit penser les valeurs supplémentaires introduites par Günther comme des valeurs de position au-delà de 0 et 1. Ces valeurs de position, nommées '*place values*' dans ses œuvres écrites en anglais, se réfèrent à des lieux différents du discours logique, c'est-à-dire à des domaines logiques différents, que Günther désigne sous le nom de contextures logiques et dans lesquelles toutes les règles de la logique classique gardent leur entière validité. Pour expliciter cela nous citerons Günther : [[4]]

"*Chaque sujet particulier appréhende le monde avec la même logique, mais il l'appréhende à partir d'une autre position dans l'être. Il en résulte que : dans la mesure où tous les sujets utilisent la même logique, leurs résultats sont identiques, mais dans la mesure où l'utilisation est faite à partir de positions ontologiques différentes, leurs résultats sont différents. Cette interaction d'identité et de différence dans des opérations logiques est décrite par la théorie des valeurs positionnelles de la logique polyvalente. Ici les valeurs supplémentaires ne sont plus du tout des valeurs au sens classique, ... elles représentent plutôt des positions ontologiques différentes où des opérations de conscience bivalentes peuvent apparaître !*" (1a)

Et sur la même page nous lisons :

"*... le formalisme logique ne doit pas simplement faire une distinction entre sujet et objet, il doit plutôt prendre en considération la distribution de la subjectivité sur une pluralité de centres-Je. Cela signifie que la relation bivalente du sujet et de l'objet se joue sur une pluralité de positions ontologiques que l'on ne peut faire concorder.*" (1b)

Le contenu de ces citations montrent très clairement qu'il ne peut s'agir ici d'une logique probabiliste. Nous reprochons à tous les critiques du passé qui ont toujours réaffirmé cette supposition – et ils sont assez nombreux – de n'avoir pas fait une lecture assez attentive ou simplement d'avoir continué à entretenir certains préjugés. Mais peut-être que les malentendus, s'il s'agit vraiment de cela, se trouvent uniquement dans le fait que l'on n'était pas prêt à reconnaître une différence dans la description du monde objectif, c'est-à-dire une différence entre les objets *bona fide* de la physique et les processus mentaux tels que penser, apprendre, percevoir, etc. en tant qu'objets de la description scientifique. Bien que Günther signale toujours cette différence, "la pensée en objet" est aujourd'hui encore si profondément enracinée chez un grand nombre de personnes que l'on a à peine remarqué que, dans les sciences naturelles aussi, on ne pense pas en objet mais en "relation de notions". Et si l'on doit réfléchir sur la pensée même, on pense alors sur des "relations de relations de relations... de notions", et cela conduit nécessairement à une description d'une complexité plus élevée, donc à un formalisme logique et mathématique élargi. En d'autres mots, il est inutile en physique de parler de subjectivité distribuée ou de changement d'identité, car il n'est guère nécessaire de souligner que l'on n'y parle pas de distribution substantielle ni de changement d'identité substantielle ; après tout un électron est un électron, est un électron ... Mais pour une théorie de la subjectivité, de la communication, les notions de subjectivité distribuée, de changements d'identité… sont d'une signification centrale, elles ne peuvent donc être représentées sans contradiction dans le cadre du langage des conceptions de la logique monocontexturale. Pire encore, dans une image du monde imprégnée par la logique classique aristotélicienne, elles apparaissent tout simplement absurdes.

À propos de la notion de *Cybernétique chez Gotthard Günther*

> We must stop acting as though nature were organized into disciplines in the same way that universities are.*
>
> *Russell L. Ackhoff*

Nous pouvons et nous devons partir du fait que la deuxième édition de l'œuvre de Gotthard Günther de 1957, celle que nous présentons ici, arrive entre les mains de lectrices et de lecteurs qui ne possèdent aucune ou très peu de connaissances sur l'histoire de la notion de cybernétique. La première interprétation de cette notion par Günther était essentiellement plus étendue et radicale au sens propre du terme, de même que son application logique dans son œuvre ; c'est pourquoi elle peut éventuellement entraîner des malentendus. Compte tenu de ces circonstances, cet essai introductif vise une compréhension plus approfondie de l'histoire de la création de cette nouvelle notion, qui est centrale pour la science du XXe siècle et du futur.

Un dictionnaire encyclopédique définit le mot cybernétique – tiré du grec *κυβερνητική* (*τέχνη*), art de gouverner – par "science des systèmes dynamiques", fondée et nommée ainsi par Norbert Wiener en 1948, c'est-à-dire science des entités théoriques ou réelles dont les parties (éléments) individuelles entretiennent les unes avec les autres et avec le tout une relation fonctionnelle, qui peuvent réagir aux influences venues de l'extérieur et qui possèdent au minimum une boucle de régulation (rétroactive)." [[5]]

Dans cette définition comme dans la plupart des autres définitions rencontrées, on part de la publication de Wiener, *Cybernetics : or Control and Communication in the Animal and the Machine* [[6]], mathématiquement et philosophiquement orientée sur des boucles de régulation et des mécanismes de rétroaction et considérée comme l'œuvre initiale de ce nouveau domaine. Mais on peut déjà observer l'utilisation moderne du terme 'cybernétique' dans le dernier ouvrage du physicien français André-Marie Ampère. [[7]] Dans le système général d'Ampère, composé d'un ensemble de cent vingt huit sciences possibles présentes et à venir, la 'cybernétique', en tant qu'une des

* " Il faut que nous cessions d'agir comme si la nature était organisée en disciplines, de la même manière que les universités."

"quatre divisions pour la science politique", désigne l'art de gouverner l'État. Ainsi l'ancien pilote de bateau grec, le *κυβερνήτης*, trouvait, du moins étymologiquement à travers le 'gubernator' romain, une entrée dans la pratique de l'État en tant que gouverneur.
En fait, on peut considérer l'œuvre de Wiener comme la fin, la limite d'une première phase du développement de la cybernétique, comme une discipline scientifique autonome à laquelle participait un groupe relativement restreint de scientifiques, dans lequel se trouvaient, entre autres, John von Neumann, Gregory Bateson, Margaret Mead, Warren St McCulloch et Larry Frank. Ce sont les conférences dites conférences Macy, organisées par la fondation Josiah Macy Jr., fondation centrée sur la médecine, qui furent à l'origine de la formation de cette notion. Heinz von Foerster relate de la manière suivante sa participation à la création de la notion de cybernétique : "En tant qu'invité de la sixième conférence Macy le 24 et 25 mars 1949, je fus exclu de la séance de cette soirée qui portait sur des questions internes. Mais quand on me demanda de revenir, le président Warren S. McCulloch m'annonça qu'en raison de ma connaissance limitée de l'anglais on s'efforcerait de me trouver un moyen de m'approprier cette langue le plus vite et le mieux possible. Puis on m'annonça que l'on avait trouvé une solution. On me chargea de rédiger le compte rendu de cette conférence qui devait être édité le plus rapidement possible. J'étais complètement ébahi ! Après m'être ressaisi, je dis que le titre de la conférence, 'Des mécanismes de rétroaction circulairement causale dans les systèmes biologiques et sociaux', me semblait trop lourd, et que je me demandais si l'on ne pouvait pas simplement nommer cette conférence 'cybernétique' et utiliser la désignation actuelle comme sous-titre. Quand cette proposition fut spontanément et unanimement accueillie par des rires et des applaudissements, Norbert Wiener, les yeux humides, quitta la pièce pour cacher son émotion." [[8]]
D'un point de vue superficiel on peut dire que c'est ici que commence la diffusion d'une nouvelle notion, dont l'objet scientifique est la 'structure active' (*Wirkgefüge*) des systèmes biologiques et sociaux. Mais au-delà de cet aspect, c'est l'approche d'une nouvelle forme de pensée et de pratique scientifiques qui est implicitement contenue dans les lignes de von Foerster. Celle-ci se reflète déjà dans le fait de confier justement à celui qui connaît le moins l'anglais la rédaction du compte rendu de la conférence, pour qu'il apprenne l'anglais ! Le

groupe accomplit ici une action dans le meilleur sens qui soit, justement par le fait que l'on ne demande pas – en ce qui concerne la connaissance insuffisante de l'anglais de von Foerster – ce qui "est" déjà, le point de départ, mais ce qui peut être ou ce qui va être. En effet, les processus de l'action comme ceux de la connaissance exigent toujours des sujets qui peuvent agir ou connaître. Déjà W. Ross Ashby dans son œuvre *Design for a brain* présente clairement et sans équivoque ce fait dans la phrase : "C'est pourquoi la connaissance de la conscience individuelle est prioritaire sur toutes les autres formes de connaissance."[[9]] Il devient évident ici que la cybernétique, comme ce mot le faisait déjà faiblement entendre dans la théorie ou la doctrine du gouvernement de l'état d'Ampère – contrairement aux sciences naturelles établies – inclut explicitement le sujet de la connaissance et de l'action dans le domaine de la science. La cybernétique représente la seule tentative notable du XXe siècle d'établir une méta-science méthodique, dans laquelle la séparation entre sciences humaines et sciences naturelles *sui generis*, sans sujet, est dépassée (*aufgehoben*) au sens hégélien du terme. Ou, dit autrement : la cybernétique rejette strictement la méthode dualiste implicitement présente dans la structure classique des sciences.

Ashby définit son champ de recherche de la manière suivante : "La cybernétique explore tous les phénomènes indépendamment de leur matière, s'ils sont régis par des règles et s'ils sont reproductibles." [[10]] Par conséquent son exigence, qui est aussi celle de l'action technique *via* la construction, se manifeste déjà très tôt dans le domaine formel : 'quelles sont les conditions formelles requises pour décrire le processus de la connaissance ?', avant le questionnement biologique : 'quelles sont les conditions biologiques de la connaissance ?'. Ces problèmes sont présentés dans deux publications de Warren St. McCulloch datant de 43 et 45. [[11,12]] Ces deux ouvrages ont pour thème le 'calcul' des réactions du système nerveux des êtres vivants à leur environnement. Déjà en 1943, dans *A Logical Calculus of the Ideas Immanent in Nervous Activity*, McCulloch élabore avec le mathématicien Walter Pitts un modèle mathématique qui deviendra plus tard le premier fondement général de la neuro-informatique. Et dans sa deuxième publication, *A Heterarchy of Values Determined by the Topology of Nervuos Nets*, McCulloch expose sa découverte de la clôture opérationnelle, de la circularité des topologies neuronales et constate que celles-ci ne peuvent plus être thématisées sans contradiction dans le cadre du langage de la logique classique. En 1979 Günther écrit à ce propos : "Bien que l'opération binaire de base de la pensée conceptuelle traditionnelle, c'est-à-dire la négation, représente une relation d'échange strictement symétrique, nous avons tendance à voir dans la relation entre une positivité désignative et une négativité sans désignation une relation d'ordre. Cela conduit à structurer hiérarchiquement toute réflexion théorique. La plus célèbre démonstration de ce préjugé accepté sans contestation est la millénaire pyramide platonicienne des concepts, qui règle le rapport du général au singulier (*genus proximum et differentia specifica*). En occident – et ailleurs – au cours de l'histoire des idées et jusqu'à présent on s'est contenté de ce schéma de pensée. À l'inverse, le neurologue McCulloch a trouvé que les neurones du cerveau ne partagent pas ce préjugé et qu'ils admettent que leur activité, sous certaines conditions, soit aussi soumise à des lois cycliques. Il en résulte une structure logique à laquelle McCulloch a donné le nom d' 'hétérarchie' (l'un à côté de l'autre)." [[13]]

On ne peut assez souligner le rôle de McCulloch dans la fondation de la cybernétique, même si son héritage écrit est relativement restreint quant à son volume – l'essentiel est contenu dans le livre *Embodiments of Mind.* Car McCulloch possédait justement cette faculté d'action véritablement cybernétique, cette compétence d'organisateur qui savait tisser les réseaux lui permettant de rassembler les personnes justes, au moment juste, à l'endroit juste. Grâce à lui Heinz von Foerster, par exemple, réussit à s'imposer scientifiquement aux Etats-Unis. Il procura à Günther, qui était un immigré, un cadre académique adéquat à son travail [[14]] et donna en plus à son contenu des orientations décisives. Günther lui-même remarque expressément que "rien ne peut être comparé" à sa rencontre avec Warren St. McCulloch. [[15, 16]]

Mais McCulloch devait forcément laisser ouverte la question de la formalisation de la clôture opérationnelle qu'il avait découverte dans les topologies neuronales. En effet il ne disposait pas d'autre outil formel que la logique classique, dans laquelle l'autoréférentialité est par principe exclue. Il rejeta assez vite ses tentatives de recourir à un système triadique pour une approche descriptive. [[17, 18]]

C'est dans ces circonstances qu'il rencontra Günther ; celui-ci ne s'occupait pas de topologies biologiques mais d'une problématique presque isomorphe à partir de l'idéalisme allemand. Comme Günther le fait remarquer avec force, Kant, dans le chapitre "*De l'amphibologie des concepts de la réflexion résultant de la confusion de l'usage empirique de l'entendement avec son usage transcendantal*" de la *Critique de la raison pure,* indique déjà que le sujet doit se déguiser en objet s'il veut devenir lui-même sujet de la pensée. [19, 20] Ici, sous un aspect philosophique, émerge précisément cette autoréférentialité. Mais elle mène à une contradiction dans le domaine du langage de la logique classique. En effet, déjà chez Aristote une chose ne peut pas posséder une propriété définie et en même temps ne pas la posséder. Un tiers est ici exclu, et cette exclusion s'exprime dans l'axiome du *tertium non datur* de la logique classique. Kant, cependant, malgré cette ambiguïté insoluble qu'il constate lui-même, reste attaché au schéma de la logique aristotélicienne. Par conséquent le sujet reste chez lui un *a priori* transcendantal. Dans le sujet, "la pensée qui s'attache à elle-même..." livre "... la base de la connaissance, et toute connaissance sûre est produite par l'automouvement de la raison."[21] Ainsi Kant ne devient pas seulement 'le témoin principal' des approches constructivistes mais aussi le point de départ épistémologique de la psychanalyse.[22] Hegel, avec "l'auto-identité pure dans l'être-autre",[23] entame sur le sol de la rationalité kantienne un thème qui – en tant que problème de l'identité théorique – ne peut plus être développé avec le *tertium non datur* ni avec les outils formels disponibles. Cela est à l'origine, dit Günther, "d'une haine profondément enracinée dans l'idéalisme allemand envers le formalisme logique, une haine qui atteint chez Hegel des formes vraiment extravagantes."[24] Encouragé par son maître Eduard Spranger, Günther prend l'œuvre de Hegel comme point de départ philosophique de son programme de recherche. Dès sa thèse de doctorat [25] il soumet la conception ontologique de l'occident, qui se trouve à la base de la logique, à une analyse structurale approfondie. Dans la deuxième négation de Hegel, qui n'est justement pas un retour à l'affirmation, l'ontologie apparaît structuralement trop pauvre pour représenter, même approximativement, la richesse relationnelle de la réalité. Günther développe le nouveau point de vue que Hegel a pris en déplaçant son regard des éléments ontiques de la relation, c'est-à-dire du sujet et de l'objet, aux relations elles-mêmes. Il réussit à montrer que Hegel s'approchait d'une nouvelle structure formelle, et il l'étend à un système de valeurs positionnelles dans lequel plusieurs domaines dits logiques sont mis en relation les uns avec les autres. (Le

terme de 'logique polycontexturelle' apparaît plus tard, il date des années 70. [[26]])
C'est finalement la rencontre – et la pensée est une rencontre – avec McCulloch qui conduit Günther, au-delà de la logique, à faire entrer dans le jeu l'essence du nombre et à développer la Kénogrammatique et la théorie dialectique des nombres. [[27]] Vidées (*kenos* = vide) de leurs données de base ontologiques, ces structures fournissent une option pour l'autoreprésentation de l'autoréférence qui, qualitativement, est quelque chose de tout à fait différent de l'essai tenté par des cybernéticiens d'en construire un modèle avec des fonctions récursives. Ceux-ci restent uniquement sur le niveau d'un désigné déjà pris (par un sujet), privé ainsi de la possibilité d'un auto-positionnement. Ainsi que l'a prouvé Rudolf Kaehr en 1980, [[28]] la même chose est valable, *mutatis mutandis*, pour différentes autres approches techniques de la recherche I.A. (intelligence artificielle), comme la logique Fuzzy, la logique contextuelle, etc. ainsi que pour le *Calculus of Indication* (Spencer Brown) et pour des formes analogues.
Ceux qui considèrent les travaux de Günther centrés sur la philosophie de l'histoire comme secondaires ou comme une tentative de situer dans une perspective historique [[29]] l'ensemble de son œuvre philosophique et formelle, ceux qui ont donc l'intention de ne retenir de l'œuvre complète qu'un "philosophe de l'histoire Gotthard Günther" jusque là inconnu se trompent. Ses travaux historiques doivent plutôt être compris comme la conséquence directe de son analyse structurale de la conception ontologique de l'Occident et de son développement. Par conséquent ils appartiennent intégralement à son œuvre et le confirment en tant qu'historien profond de notre histoire de la conscience et même, au-delà, de la conscience mondiale.[[30]] Car l'analyse Günthérienne mène directement à une déconstruction des éléments relationnels ontiques, surtout à celle de la notion de sujet, et donc à la nécessité d'une réinterprétation radicale de l'histoire. Par la formalisation de la différence dialectique entre sujet et objet, équivalant à la formalisation de la relation entre concept et nombre, l'homme ne peut plus être regardé, à partir d'aujourd'hui, comme le seul sujet de l'histoire.
Il faut donc y inclure l'univers, la vie, ainsi que les productions techniques de l'homme. Rudolf Kaehr conçoit la signification historique de la cybernétique de la façon suivante : "Le changement de paradigme, tel qu'il s'accomplit dans la recherche fondamentale de la

cybernétique américaine, la 'Second Order Cybernetics'... s'accompagne d'un détrônement radical de l'homme, d'une nouvelle détermination de sa position dans le cosmos..." [[31]]
Et déjà en 1951, dans *Kybernetik oder Die Metatechnik einer Maschine*, Max Bense écrivait au sujet de la signification anthropologique et ontologique de la technique : "Intelligence et monde se conditionnent l'un l'autre ; et cette phrase est aussi bien une phrase cybernétique qu'une phrase anthropologique." Bense indique ici clairement que l'autoréférentialité est la condition fondamentale de l'humain. Son essai finit par ces mots : "L'homme en tant qu'existence technique : cela me semble être une des grandes tâches de l'anthropologie de demain." [[32]]
Il se pose donc aussi la question d'une "philosophie de la technique" qui aurait en vue, au-delà de la ligne de front entre pessimisme culturel et fantasme de toute puissance technique – on pense ici, par exemple, à la discussion actuelle concernant le génie génétique et au débat de Kurzweil – le motif de base günthérien de la cybernétique globale du second ordre, qui thématise la relation fondamentale entre constructeur et construction, l'implication mutuelle de l'homme et de la technique et, ainsi, la position de l'homme dans le cosmos.
En outre, c'est de la "distribution de la subjectivité" sur un grand nombre de centres-Je – notion qui vient de la philosophie günthérienne – et du problème de sa médiation par la technique que devront partir, dans l'avenir, non seulement la sociologie mais aussi chaque théorie de la communication et chaque théorie des médias, si elles veulent être plus qu'une interprétation.
Seul Vilém Flusser, centré naguère sur la théorie des médias, analyse dialectiquement l'histoire culturelle de la relation entre la technique et le "projet du devenir humain", mais exclusivement avec les moyens du langage, [[33]] sans rapport direct avec les travaux de la cybernétique du second ordre ni même avec ceux de Günther. Cela est d'autant plus frappant que Flusser arrive intuitivement à des conclusions assez semblables en philosophie de l'histoire.
Quant à Peter Sloterdijk, il nous met en garde contre les "simplifications" ; pour lui c'est Günther qui "semble avoir traversé le mur du son" avec la notion de 'plurivalence', qui a "esquissé la logique de l'ère post-métaphysique" et qui a montré comment échapper aux "bâtards idéologiques", aux "épouvantables systèmes d'opinion semi-

scientifiques" qui avaient pris la place de la métaphysique depuis le XIXe siècle. [[34]]
Mais là où les questions sont peut-être les plus urgentes, notamment dans le domaine concernant la conscience, les résultats de la cybernétique du second ordre ainsi que les nouvelles questions qu'elle soulève ne sont même pas prises en compte, comme le montre le livre qui vient de paraître, *Grundprobleme der Philosophie des Geistes* de Michael Pauen, qui se veut une œuvre fondamentale. [[35]]
Au cours de l'histoire de la cybernétique, avec l'avancement du développement de ses résultats techniques – c'est-à-dire objectivés – on a peu à peu mis à l'écart le fait que la cybernétique, à l'origine, incluait explicitement le sujet de la connaissance dans le domaine de la science, et rejetait strictement la dichotomie esprit-matière en tant qu'insurmontable. Si nous jetons un regard sur la réalité contemporaine de la cybernétique, nous constatons que, dans la mesure où elle a pénétré d'innombrables autres sciences, le sujet y est de nouveau écarté. On n'en a retenu qu'une boîte à outils de méthodes techniques dont le contenu, de plus, est encore réduit, et justement à l'endroit où le "danger" existe que puisse émerger la question de la subjectivité.
Seul le constructivisme radical mène une "existence marginale" dans des champs d'action thérapeutique, psychologique et pédagogique, mais sans pouvoir intervenir sérieusement dans le fonctionnement de la science et de l'économie, qui s'abandonnent au fonctionnalisme technocrate ; il n'a jamais pu se libérer entièrement du soupçon de solipsisme et, structuralement attaché à la notion de sujet kantien, il fait disparaître le monde dans sa grille. Mais s'il s'agit de la société au lieu de l'individu, comme dans l'esquisse sociologique de Luhmann, c'est alors le Je qui disparaît dans sa grille, car il est sans hésitation – en correspondance avec les exigences du fonctionnalisme technique – redéfini comme système.
Tout cela peut donner l'impression que l'on poursuit une stratégie d'évitement du thème de la subjectivité. Entre temps, en effet, l'Est et l'Ouest se sont mis tacitement d'accord sur une perspective du monde purement matérialiste, donc sur un matérialisme privé de dialectique. Et cela sans qu'une discussion, qui aurait pourtant eu une véritable

chance d'exister après la chute du "socialisme réellement existant"*, ait eu lieu ; le sujet s'est trouvé quasiment jeté dehors et continue d'attendre sa déconstruction. Un symptôme particulier de l'entreprise scientifique est caractéristique de ce fait : la cybernétique, dit-on, rejette strictement la dichotomie classique esprit-matière, matérialisme-idéalisme, car les questionnements qui en relèvent sont obsolètes. Et un scientifique, disons des sciences humaines, confirmera également que des questionnements au sujet de cette dichotomie ne jouent plus guère de rôle aujourd'hui. Mais comme Günther l'écrit, "... il est infantile d'affirmer que la métaphysique classique est abolie tant que nous utilisons encore comme *organon* de notre propre rationalité la logique issue de cette métaphysique."[[36]] Ainsi cette dichotomie apparaît sous des masques les plus divers, par exemple dans l'opposition entre symbolisme et connexionisme dans la recherche sur l'intelligence artificielle, dans le pour ou contre l'utilisation des ordinateurs comme moyens pédagogiques dans les écoles, et dans le débat socio-politique sur l'éthique concernant le génie génétique, pour ne citer que quelques exemples.

Peut-être est-ce aussi la peur d'un détrônement encore plus poussé du sujet et d'une volonté inconsciente de le protéger qui mènent à de tels évitements. Mais on ne s'est même pas encore interrogé sur ce que pourrait apporter ce détrônement. Günther écrit à propos de ce qui est nouveau : "Il ne peut pas exister une époque historique à l'horizon de laquelle il n'y ait pas quelque chose de nouveau qui attende déjà. Seul un regard non dialectique veut assigner à l'histoire un but indépassable ou un jugement dernier. Mais la dialectique du nouveau nous garantit – grâce à sa nature récursive – l'ouverture éternellement créatrice du processus historique." [[37]] Rudolf Kaehr complète cette métaphore du détrônement du sujet dans l'interview suivant : "Dans ce sens et en guise de conclusion on pourrait peut-être dire que l'accomplissement du système homme – pour m'exprimer techniquement – est en premier lieu donné par le fait qu'il s'enchevêtre, qu'il s'imbrique avec la technique qui le génère ... Ensuite commencerait pour ainsi dire la vraie vie de l'homme." [[38]]

---

* *des "real existierenden Sozialismus"* expression allemande qui servait à qualifier les ex-pays socialistes, surtout l'Allemangne de l'Est.

À propos de la théorie *des systèmes polycontexturels*

> Si l'on admet que toutes les unités peuvent se combiner ensemble, et qu'elles ne présentent aucune différence, on a alors le nombre mathématique ; il n'y a plus que ce nombre tout seul ; et il est impossible que les idées soient des nombres.
>
> Aristote, *métaphysique*

Pour pouvoir quelque peu élaborer la signification épistémologique et technique des travaux de Günther dans le contexte de la recherche moderne sur les ordinateurs et l'intelligence artificielle, il faut d'abord évoquer deux propositions de la biologie moderne sur les propriétés des systèmes vivants, et nous pourrons ensuite esquisser les conditions structurales d'une théorie des systèmes vivants. [[39]] Nous présentons d'abord la thèse selon laquelle les systèmes vivants se distinguent par leurs capacités cognitives :

Des systèmes vivants sont des systèmes cognitifs, et la vie en tant que processus est un processus de cognition. Cette proposition est valable pour tous les organismes, qu'ils possèdent un système nerveux ou non. [[40]] (2)

Cette proposition est complétée par la constatation que les systèmes vivants ne sont pas seulement autonomes mais aussi organisationnellement fermés :

Thèse de clôture :
Chaque système autonome est organisationnellement fermé.
... la clôture organisationnelle doit décrire un système sans aucun input et output ... [[41]] (3)

Gonflée de fierté, la recherche moderne sur l'intelligence artificielle fait aujourd'hui état de ses créations les plus récentes, c'est-à-dire celles d'agents autonomes qui communiquent et coopèrent entre eux, qui réagissent à leur environnement, qui apprennent et qui disposent, comme si cela allait de soi, de capacités cognitives pour accomplir tout cela.[[42]] Face à la proposition (2), on pourrait penser que l'on a déjà affaire ici à des modèles de systèmes vivants. Cependant on ne parle jamais du phénomène de la 'clôture' (cf. proposition (3)) à propos de ces créations. On rencontre une situation semblable en neuro-informatique, où l'on fait état du succès des réseaux neuronaux artificiels qui, d'après leurs constructeurs, disposent de capacités d'apprentissage, donc de capacités cognitives et qui nous sont présentés comme des modèles autonomes. Dans ces modèles aussi on n'entre pas dans le problème de la clôture. Et justement on ne le peut pas car les modèles de la neuro-informatique sont, comme les modèles-agents, des systèmes ouverts, c'est-à-dire qu'il s'agit, pour l'exprimer dans le contexte de la 'thèse de la clôture', de systèmes *input/output*. Qu'est-ce que cela veut dire ?

Que doit-on se représenter sous le mot clôture ?

Nous avons besoin d'une hypothèse de départ qui nous livrera une définition du processus de la cognition. Voici justement une définition cybernétique [[43]] :

Un système cognitif est un système vivant (ou technique) qui est capable, de sa propre initiative, d'établir une distinction entre lui-même et son environnement. (4)

Considérons d'abord un système physique, par exemple une pierre qui tombe ; du seul point de vue de l'observateur, ce système a un environnement. Du point de vue de la pierre il n'existe pas d'environnement, car elle n'a pas un point de vue propre et elle n'est pas un système cognitif. Mais la situation change radicalement si nous passons à des systèmes vivants en tant qu'objets à décrire. Un chien, par exemple, a non seulement un environnement du point de vue de l'observateur – cela il le possède en commun avec la pierre – mais encore de son propre point de vue. En règle générale, la manière dont l'environnement apparaît au chien diffère tout à fait de la manière dont il apparaît à l'observateur du chien. Cependant l'observateur ne peut pas s'apercevoir lui-même du processus de l'aperception de son objet, dans notre cas du chien. Autrement dit, il ne sait pas ce dont le chien s'aperçoit. Il peut peut-être le deviner à partir de sa mimique ou d'autres expressions, mais il n'existe pas d'autres possibilités. Malgré tout un processus cognitif a lieu, que l'observateur remarquera très vite s'il est, par exemple, attaqué ou mordu par le chien.

Traduisons en termes techniques le scénario que nous venons de décrire. Un robot qui fixe des vis sur une carrosserie dans une usine automobile a comme environnement, du point de vue de l'observateur, les vis, l'étagère dans laquelle les vis se trouvent, la carrosserie, etc. En revanche, du point de vue du robot, les vis, la carrosserie, etc. sont des parties du robot, ils font partie de son programme sans lequel il ne serait qu'un tas de taule. Autrement dit pour ce robot il n'existe ni environnement ni point de vue, il n'est pas un système cognitif.

Supposons maintenant que nous ayons un robot qui possède des facultés cognitives ; celui-ci devra être capable de sa propre initiative de distinguer les vis qui le tiennent ensemble des vis sur l'étagère qu'il doit fixer sur la carrosserie. Cela serait déjà souhaitable simplement pour que ce robot ne se dévisse pas lui-même. Il faut bien comprendre que ces considérations ne relèvent pas d'un jeu abstrait de perles de verre. Le système immunitaire, par exemple, est un système cognitif qui peut très bien faire la différence entre les protéines qui appartiennent au corps propre et celles qui appartiennent à un corps étranger, entre 'soi' et 'non soi'. [[44]] Si cette capacité disparaît, on parle alors de maladies auto-immunitaires.

Retournons à la notion de clôture et constatons qu'elle peut, elle aussi, être interprétée de deux manières différentes en fonction des points de vue. Elle peut renvoyer au fait que nous ne pouvons pas percevoir la façon dont notre partenaire perçoit le rouge d'un coucher de soleil que nous observons ensemble. Il est vrai que nous pouvons en parler, mais c'est autre chose. Ainsi le processus cognitif de notre vis-à-vis ne nous est pas directement accessible. Autrement dit, alors que nous percevons un objet quand de la lumière, donc de l'énergie, atteint nos yeux, nous ne percevons rien du processus cognitif concernant l'objet observé. Mais ce n'est pas ce que l'on entend généralement par "clôture". Ce que l'on entend ici c'est la clôture, la circularité du processus du point de vue du système cognitif. Elle n'a rien avoir, mais absolument rien, avec une clôture géométrique ou avec une clôture matérielle en général ; elle a affaire avec l'autoréflexivité, l'autoréférentialité caractéristique de ce processus de cognition et, disons-le déjà ici, de tous les processus mentaux. L'autoréférentialité mène nécessairement aux antinomies logiques et aux ambiguïtés – c'est un des problèmes central de la description mathématico-logique de ces processus qui – d'après la proposition (2) – caractérisent d'une manière particulière les systèmes vivants. Ce ne sont pas des activités

métaboliques biochimiques mais des processus mentaux tels que connaître (cognition), vouloir (volition) ou apprendre, qui mènent aux problèmes épistémologiques de description que nous avons mentionnés.
En effet on ne peut pas changer ces processus, et leur description à l'aide des outils de la mathématique et de la logique mène à des circularités logiques, donc à des contradictions logiques. Il n'existe que trois possibilités de traiter scientifiquement ce problème : a) on ignore le problème, comme le fait la recherche contemporaine sur l'intelligence artificielle, b) on conteste le problème, cela existe aussi ! c) on essaie d'élargir la logique et la mathématique d'une façon adéquate. Cette troisième possibilité est la voie difficile que le logicien et philosophe Gotthard Günther a suivie avec ténacité, et qui a donné des résultats d'une grande portée, voie que nous pouvons seulement esquisser ici.

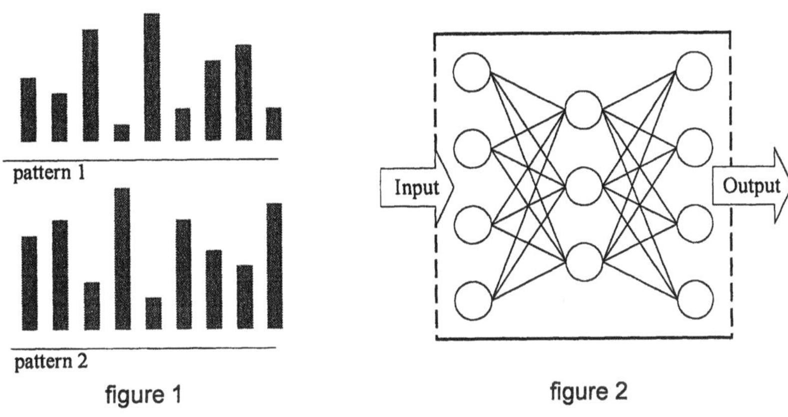

figure 1 figure 2

L'exemple suivant explicitera les problèmes de l'autoréférentialité. Pour cela nous devons regarder les deux *patterns* de la figure I. Et nous devons aussi nous représenter le modèle d'un réseau neuronal artificiel, ainsi qu'il est montré dans la figure 2. De tels modèles de réseaux neuronaux peuvent être interprétés comme des filtres de données. Dans l'exemple considéré, les données sont fournies par les *patterns*, c'est-à-dire par la longueur et la quantité des traits. Si l'on place le *pattern* 1 à l'entrée du réseau, les connexions entre les nœuds indiqués dans le réseau sont modifiées par l'algorithme 1 (produit par les instructions du programme de l'ordinateur que nous désignerons par $\underline{\mathbf{O}}_1$), jusqu'à ce qu'à la sortie apparaisse le *pattern* 1. Après ce processus d'adaptation, qualifié par les neuro-informaticiens de processus d'apprentissage [45][1] ou, suivant le modèle, d'auto-organisation, un *pattern* encore plus modifié peut aussi être reconnu correctement. C'est pour ainsi dire le "charme" des modèles de réseaux neuronaux. Donc, après que le *pattern* 1 est appris, le *pattern* 2 peut être placé. Puis le réseau apprend le *pattern* 2, c'est-à-dire que les valeurs numériques des connexions entre les nœuds sont modifiées d'une façon correspondante jusqu'à ce que le *pattern* 2 soit appris. Maintenant le réseau peut aussi reconnaître le *pattern* 2 modifié. Mais de cette façon, les valeurs des connexions concernant le *pattern* 1 se sont tant transformées que ce *pattern* doit être de nouveau appris.[2] On réadapte alors le réseau sur le *pattern* 1, puis de nouveau sur le *pattern* 2 et ainsi de suite.

La question décisive est celle-ci : est-ce que le réseau apprend quelque chose sur l'inversion, donc sur le changement du *pattern* 1 en *pattern* 2 sans que cela soit préprogrammé ? C'est-à-dire arrive-t-il à s'adapter plus rapidement à des *patterns* différents ? Dans la littérature concernée, ce processus est débattu en tant qu'apprentissage inversif (*Umkehrungslernen*) [46], il présuppose une capacité cognitive du système considéré, cela veut dire que le réseau doit être capable de sa propre initiative de distinguer les deux *patterns* l'un de l'autre. Dans le cas des modèles de réseaux neuronaux artificiels, ceux dont parle aujourd'hui la neuro-informatique, la réponse à la question est très simple : les réseaux n'apprennent rien sur l'inversion des processus observés parce qu'ils ne disposent d'aucunes capacités cognitives. Pourquoi en est-il ainsi ?

Pour développer un modèle qui soit capable de cognition, le problème suivant doit être résolu – si nous restons dans l'exemple de la

---

[1] Bien que la notion "d'apprentissage" soit utilisée par la neuro-informatique dans un sens très restreint, ce que nous n'approuvons pas, nous l'utilisons quand même dans la discussion suivante pour des raisons de simplicité. Une critique ainsi qu'une analyse des notions cybernétiques d'apprentissage se trouve dans les références [45, 48].

[2] Pour compléter, nous devons ajouter que l'on peut naturellement développer aussi des modèles de réseaux qui sont capables d'apprendre plus qu'un *pattern*, mais ce n'est pas le problème principal qui est à résoudre ici, ce qui est important pour nous, ce sont les particularités structurales de l'apprentissage inversif.

reconnaissance de *patterns* et de l'apprentissage inversif. Nous introduisons pour le processus d'adaptation du réseau décrit ci-dessus les abréviations suivantes :

$$\text{Algorithme 1 : } \underline{\mathbf{O}}_1 \text{ (pattern 1)} = \underline{\mathbf{O}}_1 \mid O_1$$

de même pour le *pattern* 2 (5)

$$\text{Algorithme 2 : } \underline{\mathbf{O}}_1 \text{ (pattern 2)} = \underline{\mathbf{O}}_1 \mid O_2$$

pour le processus complet d'apprentissage inversif, la structure de base suivante a une signification décisive :

$$\left\{ \begin{array}{ll} \text{Algorithme 1:} & (\underline{\mathbf{O}}_1 \mid O_1) \text{ ou } (\underline{\mathbf{O}}_1 \mid O_2) \\ \text{Algorithme 2:} & \underline{\mathbf{O}}((\underline{\mathbf{O}}_1 \mid O_1) \text{ ou } (\underline{\mathbf{O}}_1 \mid O_2)) \end{array} \right\} \quad (6)$$

Pour réaliser le processus d'apprentissage inversif, deux algorithmes[3] au moins doivent agir mutuellement, simultanément et parallèlement. Le parallélisme simultané en (6) doit être symbolisé par des accolades. L'algorithme 2 analyse les relations ($\underline{\mathbf{O}}_1 \mid O_1$) et ($\underline{\mathbf{O}}_1 \mid O_2$), ainsi que (($\underline{\mathbf{O}}_1 \mid O_1$) ou ($\underline{\mathbf{O}}_1 \mid O_2$)), c'est-à-dire qu'il analyse les processus d'adaptation et leur mutuelle relation.

Ce qui doit être obtenu, rappelons-le encore une fois, c'est une accélération des processus d'adaptation au moyen des apprentissages inversifs, donc une accélération des processus qui sont représentés ou modélisés par l'algorithme 1. Autrement dit, l'algorithme 1 doit être transformé par le système (de sa propre initiative) en tant qu'effet de l'apprentissage inversif – on n'en demande ni plus ni moins. C'est ce problème qui doit être résolu si l'on veut réaliser techniquement l'apprentissage inversif.

---

[3] À vrai dire ils sont plus que trois, il faut en tout 6 algorithmes simultanément parallèles qui doivent interagir mutuellement pour résoudre le problème de l'apprentissage inversif. Mais comme le problème fondamental apparaît déjà avec seulement deux algorithmes parallèles simultanément interagissants, il n'est pas nécessaire ici, ne serait-ce que pour des raisons de place, d'en représenter plus que deux.

Pour comprendre pourquoi tous les algorithmes connus aujourd'hui ne peuvent pas, par principe, représenter des processus cognitifs, et donc pourquoi l'apprentissage inversif ne peut pas fonctionner avec ces modèles, on doit d'abord éclaircir ce qui est compris aujourd'hui sous la notion d'algorithme en informatique.
On comprend sous **algorithme** une suite finie d'événements élémentaires définis d'une façon univoque, qui décrit la voie de résolution d'un problème ou le déroulement d'un processus d'une manière exacte et complète. Mais il est possible de définir un algorithme d'une façon beaucoup plus courte : [[47]]

Tout ce qui peut être accompli par une machine de Turing (MT) est appelé algorithme. (7)

La **machine de Turing** (MT) est le modèle mécanique de l'ordinateur.[4] Sa signification en tant que modèle universel de machine s'explique par le fait, par exemple, qu'elle est équivalente jusqu'à présent à toutes les formalisations du concept de calculabilité. En d'autres mots : toutes les formalisations connues jusqu'ici du concept d'algorithme peuvent être transformées en construction selon le modèle de la machine de Turing, et vice versa.
Ce qui est décisif c'est que chaque processus qui peut être décrit d'une manière algorithmique à l'aide de la machine de Turing se déroule toujours **séquentiellement**, c'est-à-dire pas à pas, et réciproquement il ne peut être décrit adéquatement que de cette manière-ci. Autrement dit : notre représentation intuitive du déroulement d'un processus, d'un algorithme, est influencée par le processus de comptage ; par conséquent le concept de MT n'est pas seulement fondé sur la conception de la logique classique mais aussi sur celle des nombres naturels, des nombres de Peano. Chaque nombre naturel a un successeur précis et – à l'exception du zéro – aussi un prédécesseur précis. C'est une des raisons de la séquentialité de tous les algorithmes connus aujourd'hui. Cela peut d'abord surprendre, car on parle aussi en

[4] Alan M. Turing (mathématicien anglais, 1912-1954) décrivit en 1936 une machine mathématique très simple, qui pouvait réaliser tous les algorithmes. La machine Turing est un tableau de commande (une unité de direction) comprenant une quantité fixe d'états, un ruban infini (fait de papier par exemple) constituant une mémoire et une tête pour lire et écrire. Le ruban (ou la tête de lecture-écriture) peut bouger seulement à droite ou à gauche, il n' y a que ces deux directions.

informatique de processus parallèles et dans ce contexte aussi d'algorithmes parallèles. Mais on peut montrer que tous les algorithmes parallèles connus jusqu'à présent peuvent être représentés sous forme d'un *pattern* fonctionnel de Turing, et être réalisés (séquentiellement) sur une MT correspondante.

Cela veut dire que le parallélisme des processus et des algorithmes, tel que nous nous le représentons encore aujourd'hui et, par conséquent, tel que nous pouvons le réaliser dans les ordinateurs actuellement à notre disposition, n'est qu'un semblant de parallélisme. Donc, quand nous parlons dans la relation (6) d'un **parallélisme simultané,** nous devons indiquer qu'il s'agit alors d'un parallélisme de processus que l'on ne peut plus représenter séquentiellement, et qui introduit de cette manière quelque chose de différent, une toute autre *processualité*.

Regardons encore une fois le processus relativement simple de l'apprentissage inversif. Il est nécessaire ici, en raison justement de cet apprentissage, que le processus d'adaptation que nous avons désigné par l'algorithme 1 subisse une accélération. Pour cela l'algorithme doit se modifier de sa propre initiative (autrement cela n'aurait rien à voir avec de l'apprentissage !), donc se transcrire. Sur la base du paradigme de Turing (7), qui dit que le processus complet (6) peut être reproduit séquentiellement sur une MT, l'exigence de modification de l'algorithme par lui-même n'a pas de sens, c'est-à-dire que c'est par principe une exigence non réalisable. Si nous restons dans l'image du schéma fonctionnel de Turing, une MT ne peut pas se changer d'elle-même sans – pour l'exprimer un peu familièrement – qu'elle s'arrête provisoirement en raison de cette transformation d'elle-même selon la devise : "fermé pour cause de travaux". Il n'est pas nécessaire d'avoir étudié la science informatique pour le comprendre. Le problème est que la MT, pour se reprogrammer, devrait pouvoir se retourner sur elle-même[5]. Or cela n'est pas possible. Dans un contexte un peu

[5] Nous devons indiquer ici que l'autoréflexion (l'autoréférence) est quelque chose de totalement différent de la récursion. Aujourd'hui la récursion peut être pratiquement réalisée par tous les langages de programmation. Il suffit pour cela que le langage de programmation soit 'orienté d'après des blocs'. Pour des programmeurs en *Pascal*, une *procédure* (qui correspond en langage *C* à une *fonction*) est chaque fois un bloc qui peut s'appeler lui-même *à l'intérieur d'un programme*. Mais cela n'a rien à voir avec l'autoréférentialité, où le programme complet devrait pouvoir s'appeler lui-même et se référer à lui-même, ce qui est quelque chose de tout à fait différent.

différent, Kurt Gödel a déjà démontré ce fait dans le champ de l'arithmétique[6] en 1931.
Si l'on veut arriver à ce qu'un algorithme se modifie d'une façon autonome en tant qu'auto-organisation des algorithmes et des données[7], il est absolument nécessaire que des MT interagissent simultanément et parallèlement – cela devrait être clair à partir de tout ce que nous avons déjà dit – des MT que l'on ne peut plus réduire à un schéma fonctionnel de Turing et que l'on ne peut plus appliquer sur une MT. L'ensemble de ces MT interagissant simultanément et parallèlement, donc la totalité de ces MT n'est plus une MT bien que chaque partie en soit une. La somme des parties (c'est-à-dire des MT singulières) est donc quelque chose de différent de la fonctionnalité du tout (des MT). Nous désignerons la fonctionnalité du tout par le nom de **machine polylogique** (MPL)[[48]], afin de la distinguer de la notion classique de MT.

À quoi ressemble la conception d'une MPL ?

Si chacune des MT dans l'ensemble d'une MPL est considérée comme un champ structural où sont valables toutes les règles de la logique et des mathématiques classiques, et si chacun de ces champs est nommé **contexture,** il est nécessaire pour l'interaction des différentes MT que ces différents champs structuraux, ces contextures ne se trouvent pas l'une à côté de l'autre sans médiatisation, mais qu'elles soient reliées

---

[6] Kurt Gödel (1906-1978). Si l'on regarde, dans le contexte du problème de l'autoréférentialité, le message du théorème d'incomplétude de Kurt Gödel de 1931, on comprend que l'on ne peut pas représenter l'autoréférentialité d'une façon adéquate avec les outils de la mathématique et plus précisément de l'arithmétique : "*Über formal unentscheidbare Sätze der Principia Mathematica und verwandter Systeme*". ("*Sur les propositions formellement indécidables des Principia Mathematica et des systèmes apparentés*".)

[7] Le problème de l'auto-organisation, débattu aujourd'hui dans la recherche sur l'intelligence artificielle en neuro-informatique, en physique ou dans le connexionisme, concerne uniquement les changements à l'intérieur de l'ensemble des données, et non les changements de l'algorithme (*nota bene* : au singulier !) – cf. aussi relation (7)).

par de nouveaux opérateurs **inter-contexturels**. De tels opérateurs sont donnés par la transjonction, mais les négations intercontexturelles des contextures sont aussi des opérateurs logiques, qui n'ont de sens qu'en tant qu'opérateurs inter-contexturels, c'est-à-dire agissant entre les contextures. De tels opérateurs ne peuvent pas exister dans une logique monocontexturale. Toutes les conceptions logiques connues jusqu'à présent – comme la logique des propositions, la logique des prédicats du premier ordre ou des ordres supérieurs, la logique modale ou la logique temporelle, les logiques probabilistes, les logiques non-monotones ou les logiques para-consisantes etc. – appartiennent à la classe des conceptions des logiques mono-contexturelles. Nous devons comprendre la logique polycontexturelle comme un calcul parallèle interconnecté, qui est nécessaire mais non suffisant pour réaliser un parallélisme simultané à l'aide des MT dans le sens de la MPL décrite ci-dessus.

Comme nous l'avons déjà indiqué plus haut, la préférence pour les modèles de processus séquentiels est due au fait qu'ils sont en rapport avec notre processus de comptage, lui-même relié à la conception de la séquence linéaire des nombres naturels [[48]] [8]. Il n'est donc pas surprenant qu'il faille développer pour la théorie des systèmes polycontexturels non seulement un calcul et une logique polycontexturels, mais aussi une structure d'écriture de positions vides polydimensionnelle (*Leerschriftstellenstruktur*), dans laquelle les contextures peuvent être chaque fois inscrites et peuvent ainsi être indiquées sans prendre la séquence d'un rang de perles. Cette structure d'écriture de positions vides se fonde sur la kéno- et morpho-grammatique, et se reflète dans le système polycontexturel de la kéno-arithmétique ainsi que dans les nombres qualitatifs. [[50]] Ces derniers sont des nombres étendus (*flächig*) dans lesquels ce n'est pas la valeur, donc la quantité qui est importante mais la structure, le *pattern* qui en est chaque fois caractéristique. Par conséquent dans la théorie de la polycontexturalité, ce ne sont pas les valeurs qui sont importantes mais les structures vides, les kénogrammes, les *pattern* qui peuvent

---

[8] Nous ne pouvons pas aborder ici le problème de la séquentialité de notre langue ni celui de la relation entre langage et pensée ou entre langage et écriture, pour cela il faut se reporter à la réf. [[49]] De même nous ne traiterons pas de la conception du polychronisme (*Mehrzeitigkeit*) qui découle nécessairement de la poly-contexturalité. Cela dépasserait le cadre de notre introduction, cf. ref. [[49]].

être occupés (indiqués) par des 'valeurs' (des indices) ou, justement, ne pas être occupés (indiqués).

De notre introduction il est important de retenir que, sur la base des structures d'écriture des positions vides développées par Gotthard Günther, formalisées ensuite par Rudolf Kaehr, donc sur la base de la kéno- et morphogrammatique et à l'aide du calcul parallèlement interconnecté de la logique polycontexturelle, calcul que Günther introduisit seulement dans la science dans les années 70, un fondement théorique – la théorie de la polycontexturalité – est créé, constituant la base d'une machine polylogique (MPL). Il n'est plus possible de représenter cette machine à l'aide du schéma fonctionnel de Turing ni de l'appliquer sur une MT universelle. Mais à partir de cette théorie il est possible, par principe, de réaliser techniquement le parallélisme simultané.

Cognition and volition – *Connaître et Vouloir.*

In jeder reinen Naturlehre ist nur soviel an eigentlicher Wissenschaft enthalten, als Mathematik in ihr angewandt werden kann. *
Kant (1724-1804)

Dans la proposition (2), vie et cognition sont mises sur le même plan. C'est là leur plus petit dénominateur commun possible. Une telle définition de la vie – en tant que technicien nous parlerions plutôt d'une hypothèse de travail – est justifiable uniquement si l'on suppose que les plantes font aussi partie des êtres vivants. Comme cette proposition vient des biologistes, on peut présumer que cette supposition y était incluse. Pour des êtres vivants appartenant à un règne plus élévé, commes les animaux et les hommes, c'est-à-dire pour tous les êtres vivants qui peuvent se mouvoir, une telle définition de la vie est trop réduite car il y manque la volonté (*volition*).
Cela, déjà, révèle l'état d'une société où des sociologues ont aboli la notion de sujet pour la remplacer par celle de 'système', où, dans le même temps, une terminologie empruntée à la biologie s'introduit dans les sciences sociales sans qu'une critique soit émise, sans que l'on fasse justement remarquer que des processus cognitifs sont impensables sans des processus volitifs, les deux se déterminant mutuellement. Une théorie de l'action est impensable sans théorie de la subjectivité, sans théorie de la connaissance ou sans théorie des qualités. Bien après la parution de *Cognition and Volition* de Günther en 1979 dans la série *Beiträge ... II*, le sociologue Niklas Luhmann aurait dû remarquer que sa théorie des sytèmes ne représente qu'une *fuite dans le paradoxe*, comme le décrit très précisément Walther L. Bühl [[51]], une fuite à laquelle Luhmann, pour ainsi dire, était forcé en raison d'un manque d'effort de pensée ; cela est valable également pour la foule de ses épigones.

* Kant, *Metaphysische Anfangsgründe der Naturwissenschaft*, Vorrede p. 7; Digitale Bibliothek Band 2 : Philosophie; p. 25 079.
"La vraie valeur scientifique de chaque théorie pure de la nature dépend de la mathématique que l'on peut lui appliquer."

Tolle numerum omnibus rebus et omnia pereunt – Enlève de toutes choses le nombre et toutes s'écroulent.
Isidore de Seville (env. 600)

Dans un livre paru en 1999, *Understanding Intelligence* [[52]], qui annonce déjà dans l'introduction :
"...ce livre présente toutes les connaissances de base nécessaires à la compréhension des principes fondamentaux de l'intelligence...", le nom de Warren St. McCulloch n'apparaît qu'en passant dans une phrase secondaire, et celui de Gotthard Günther n'y figure pas du tout. On aurait dû au contraire parler de McCulloch en détail car c'est lui – comme nous l'avons déjà mentionné au commencement – qui a introduit la notion d'hétérarchie dans la science. Hétérarchie veut dire coordination selon un ordre de l'un à côté de l'autre. Des structures hétérarchiques, c'est-à-dire des structures coordonnées, ne peuvent être reliées qu'à des processus jamais à des objets ; cela est aussi valable pour les structures hiérarchiques. Donc, si l'on parle d'une structure relevant d'une organisation hétérarchique ou hiérarchique, on doit comprendre que l'on parle seulement des processus qui s'y déroulent. (C'est le cas, par exemple, des processus de communication dans une structure hiérarchique qui fonctionne seulement graduellement, où l'on ne peut pas sauter un degré et s'adresser directement au plus haut dirigeant.)
Initialement McCulloch introduisit cette notion pour décrire les processus qui se déroulent dans les réseaux neuronaux, et que l'on ne peut pas représenter sous une forme exclusivement hiérarchique.[[53]] Par la suite, on a démontré non seulement que les différents processus de perception sensorielle ne peuvent pas être classés en processus plus ou moins dominants, c'est-à-dire que la vision, par exemple, ne domine pas la perception tactile etc., mais aussi que la sensorialité et la motricité s'impliquent réciproquement : "Analyser le sens tactile au repos équivaut presque à déterminer la performance des muscles de la jambe après l'avoir mise dans un plâtre ..." écrit le physiologiste David Katz dans son traité publié en 1925, *Der Aufbau der Tastwelt* [[54]] (*La constitution du monde tactile*). Cela fait partie aujourd'hui du savoir standard des physiologistes et n'est pas controversé. En revanche ce qui reste ouvert c'est la question de la structure d'un tel procès. Car, si elle ne peut pas être décrite comme une structure hiérarchique, cela signifie qu'elle ne peut être qu'hétérarchique ou se manifester comme

un jeu réciproque de processus hiérarchiques et hétérarchiques. On pourrait penser que ce sont justement les recherches sur l'intelligence artificielle qui s'intéressent à cette question : [55]

Comme l'intelligence artificielle traditionelle, la science cognitive incorporée (embodied) a pour but de comprendre l'intelligence en construisant des artefacts. Comme l'intelligence est "incorporée", nous avons besoin de construire des objets physiques : des robots.

Mais la recherche sur l'intelligence artificielle ne se préoccupe toujours pas de cette problématique, car elle ne recourt, comme nous l'avons exposé plus haut, qu'à des processus représentables par algorithmes, qui peuvent être notés dans un schéma fonctionnel de Turing et qui ne représentent rien d'autre qu'une suite séquentielle des différents pas de ces processus. Or la structure de tous les processus séquentiels est rigoureusement hiérarchique, c'est quasiment la hiérarchie même. Dans les ordinateurs actuels il n'existe – et nous ne pourrons jamais assez le souliger – que des processus modélisables structurés hiérarchiquement. Ainsi, non seulement les ordinateurs actuels mais aussi toute la conception de la machine de Turing et avec elle la notion d'algorithme ne sont pas appropriés à une modelisation ni à une simulation des processus cognitifs et volitifs. C'est pourquoi le programme de l'"intelligence incorporée" (*embodied intelligence*) ou de la "*embodied cognitive science*", que l'on considère aujourd'hui comme la pointe de la recherche sur l'intelligence artificielle, repose sur des pieds d'argile, et cela d'autant plus que le problème épistémologique n'est même pas encore abordé. Dans le livre cité, *Understanding Intelligence*, aucune ligne n'est dédiée à cette problématique. La notion de 'logique' n'apparaît qu'une fois – quasiment dans une phrase marginale – et la notion d''hétérarchie' apparaît aussi peu que celle de 'volition'. On ne tient pas compte du fait que les processus cognitifs et volitifs s'impliquent mutuellement et que l'on ne peut, ainsi, les traiter séparément. La recherche actuelle sur l'intelligence artificielle ne parle pas de tout cela, ni d'ailleurs la philosophie contemporaine. Dans le livre d'environ 800 pages, *Bewußtsein* [56] (*Conscience*), pas une seule ligne n'est consacrée à cette question épistémologique. C'est une des raisons pour laquelle nous avons introduit dans la nouvelle édition de "*La conscience des machines*" le travail de Gotthard Günther datant de 1971, *Cognition and Volition* [57]. Une autre raison de cette introduction est le fait que la version longue de ce travail n'a pas encore paru en allemand sous forme de livre.

Witten & Neuss, juillet 2002

Eberhard von Goldammer
Joachim Paul

Bibliographie

On peut trouver sur internet quelques un des travaux présentés ci-dessous, ainsi que d'autres qui n'ont pu être cités ici et qui concernent la *polycontexturalité* :

http://www.vordenker.de

et

http://www.techno.net/pkl/

1 "... Was uns in der Maschine begegnet, ist gewesenes Leben, ist lebendiges Fühlen und alte Leidenschaft, die der Mensch nicht gescheut hat, dem Tod der Objektwelt zu übergeben. Nur dieser Tod ist das Tor zur Zukunft..."
G. Günther, *Maschine, Seele und Weltgeschichte*, dans : Beiträge zu einer operationsfähigen Dialektik, Band 3, p.211-235, Felix Meiner Verlag, Hamburg, 1980

2 G. Günther, *Selbstdarstellung im Spiegel Amerikas*, dans : Philosophie in Selbstdarstellungen II, L.J. Pongratz, Hrsg., Felix Meiner Verlag, Hamburg, 1975.

3 R. Kaehr et J. Ditterich, *Einübung in eine andere Lektüre, Diagramm einer Rekonstruktion der Güntherschen Theorie der Negativsprachen*, Philosophisches Jahrbuch, 86. Jhg., 1979, p. 385-408.

4 "Jedes Einzelsubjekt begreift die Welt mit derselben Logik, aber es begreift sie von einer anderen Stelle im Sein. Die Folge davon ist: insofern, als alle Subjekte die gleiche Logik benutzen, sind ihre Resultate gleich, insofern aber, als die Anwendung von unterschiedlichen ontologischen Stellen her geschieht, sind ihre Resultate verschieden. Dieses Zusammenspiel von Gleichheit und Verschiedenheit in logischen Operationen wird durch die Stellenwerttheorie der mehrwertigen Logik beschrieben. Die zusätzlichen Werte sind hier überhaupt nicht mehr Werte im klassischen Sinn,... sie repräsentieren vielmehr die unterschiedlichen ontologischen Stellen, an denen zweiwertige Bewußtseinsoperationen auftreten können." (1a)

"... der logische Formalismus hat nicht einfach zwischen Subjekt und Objekt zu unterscheiden, er muß vielmehr die Distribution der Subjektivität in eine Vielzahl von Ichzentren in Betracht ziehen. Das aber bedeutet, daß das zweiwertige Verhältnis von Subjekt und Objekt sich in einer Vielzahl von ontologischen Stellen abspielt, die nicht miteinander zur Deckung gebracht werden können." (1b)

G. Günther, *Das Problem einer transklassischen Logik*, dans : Beiträge zur Grundlegung einer opertionsfähigen Dialektik, Band 3, Felix Meiner, Hamburg, 1980, p.87.

5 "Von Norbert Wiener 1948 begründete und benannte Wissenschaft von dynamischen Systemen, d.h. theoretischen oder wirklichen Ganzheiten, deren einzelne Bestandteile (Elemente) in einer funktionalen Beziehung zueinander und zum Ganzen stehen und auf Einwirkungen von außerhalb des Systems reagieren können und die über mindestens einen (rückgekoppelten) Regelkreis verfügen"

Meyers grosses Taschenlexikon, 2. überarb. Auflage, Mannheim, Wien, Zürich, 1987, Bd. 12, p. 296.

6 N. Wiener, *Cybernetics: or Control and Communication in the Animal and the Machine*, MIT Press, Cambridge Mass., 1948.

7 A.-M. Ampère, *Essai sur la philosophie des sciences ou exposition naturelle de toutes les connaissances humaines*, paragraphe 'Sur le mot "cybernétique"', Paris 1834.

8 "Als Gast der 6. Macy-Konferenz am 24. und 25. März 1949 war ich von der Geschäftssitzung dieses Abends ausgeschlossen. Als man mich jedoch wieder hineinbat, verkündete mir der Vorsitzende Warren S. McCulloch, daß man aufgrund meiner schlechten englischen Sprachkenntnisse bemüht sei, für mich eine Möglichkeit zu finden, wie ich mir diese Sprache möglichst schnell und gründlich aneignen könnte. Und, wie man mir sagte, hätte man eine Möglichkeit gefunden. Mir wurde aufgetragen, den Sitzungsbericht der Konferenz zu verfassen, der so schnell wie möglich herausgegeben werden sollte. Ich war völlig platt! Nachdem ich mich wieder gefaßt hatte, sagte ich, daß mir der Titel der Konferenz 'Zirkulär-kausale Rückkoppelungsmechanismen in biologischen und sozialen Systemen' zu schwerfällig erscheine, und ich mir überlegt hätte, ob diese Konferenz nicht einfach 'Kybernetik' heißen und die gegenwärtige Bezeichnung als Untertitel benutzt werden könnte. Als dieser Vorschlag unmittelbar und einstimmig unter Gelächter und Applaus begrüßt wurde, verließ Norbert Wiener mit feuchten Augen den Raum, um seine Ergriffenheit zu verbergen."

H. von Foerster, *Epistemologie und Kybernetik*, Rückblick und Ausblick, ein Fragment, dans: KybernEthik, Merve Verlag Berlin, 1993, p. 115.

9 "This knowledge of personal awareness, therefore, is prior to all other forms of knowledge."

W.R. Ashby, *Design for a Brain*, New York 1952, p. 11.

10 "Kybernetik untersucht alle Phänomene in Unabhängigkeit ihres Materials, so sie regelgeleitet und reproduzierbar sind."

W.R. Ashby, *Einführung in die Kybernetik*, p. 7.

11 W.St. McCulloch & W. Pitts, *A Logical Calculus of the Ideas Immanent in Nervous Activity*, Bull. Math. Biophys., 5, 1943, p. 115-133, imprimé dans : Embodiments of Mind, Warren S. McCulloch, MIT Press, Cambridge Mass., 1970.

12 W.St. McCulloch, *A Heterarchy of Values Determined by the Topology of Nervous Nets*, Bull. Math. Biophys., 7, 1945, p. 89-93, imprimé dans : *Embodiments of Mind*, Warren St. McCulloch, MIT Press, Cambridge Mass., 1970.

13 "Obwohl die zweiwertige Grundoperation des tradierten begrifflichen Denkens, nämlich die Negation, ein streng symmetrisches Umtauschverhältnis darstellt, tendieren wir dazu, in dem Verhältnis von designierender Positivität und designationsfreier Negativität ein Rangverhältnis zu sehen. Das führt zu einer hierarchischen Struktur aller theoretischen Reflexion. Die berühmteste, fraglos akzeptierte Demonstration dieses Vorurteils ist die Jahrtausende alte Platonische Begriffspyramide, die das Verhältnis des Allgemeinen zum Besonderen (genus proximum und differentia specifica) regelt. Mit diesem Denkschema hat man sich in der abendländischen Geistesgeschichte – und auch anderswo – bislang zufrieden gegeben. Demgegenüber aber fand der Neurologe McCulloch, daß die Neuronen des Gehirns dieses Vorurteil nicht teilen und zulassen, daß ihre Aktivität unter bestimmten Bedingungen auch zyklischen Gesetzen unterliegt. Daraus resultiert eine logische Struktur, für die McCulloch den Terminus 'Heterarchie' (Nebenordnung) prägte."
G. Günther, *Identität, Gegenidentität und Negativsprache*, conférence : Internationaler Hegel-Kongress, Belgrad 1979, Hegeljahrbücher 1979, p. 22-88.

14 H. von Foerster, *Begegnung mit Gotthard Günther*, extrait d'un interview, Gotthard Günther, Lebenslinien der Subjektivität – Kybernetische Reflexionen, Audio-CD, Supposé, Köln, 2000.

15 *"nichts an die Seite zu stellen vermag"*
G. Günther, *Selbstdarstellung im Spiegel Amerikas*, dans : Philosophie in Selbstdarstellungen II, Felix Meiner, Hamburg 1975, p.31, 32.

16 G. Günther, *Number and Logos – Unforgettable Hours with Warren S. McCulloch*, dans: Realitäten und Rationalitäten, (R. Kaehr & A. Ziemke, Hrsg.), dans : Selbstorganisation, Jahrbuch für Komplexität in den Natur-, Sozial- und Geisteswissenschaften, Bd. 6, Duncker & Humblot, Berlin, 1995, p. 318-348.

17 Cf. 16, op. cit. p. 327.

18 C. Longyear, *Towards a Triadic Calculus*, I-III, Journal of Cybernetics, 1972, p. 50-65, 7-25 et 51-78.

19 G. Günther et C. Baldus, *Phaidros und das Segelflugzeug - Von der Architektonik der Vernunft zur technischen Utopie, Gespräche mit Gotthard Günther*, dans : Das Abenteuer der Ideen, Architektur und Philosophie seit der industriellen Revolution, Internationale Bauaustellung, Berlin 1987, p. 69-83.

20 Kant, *Kritik der reinen Vernunft*, S. 370ff, Digitale Bibliothek Band 2: Philosophie, p. 24010 (cf. Kant-W Bd. 3, p. 285)

21 "...sich selbst begegnende Denken ... die Basis der Erkenntnis, und alles sichere Wissen wird in der Selbstbewegung der Vernunft produziert."

J. Castella, *Zur Sprach- und Schriftkonzeption bei Günther*, conférence dans le cadre d'un séminaire : "Grenzen des Metamodells und seine Entgrenzung durch die Polykontexturale Logik." 14.-16.6.1996, Ltg. R. Kaehr, Bildungsstätte Hoedekenhus, Winzenburg, 15.06.1996 – cf. aussi: www.techno.net/pkl/winzen.htm

22 Cf. 16, op.cit. p. 324.

23 "reinen Sichselbstgleichheit im Anderssein"
Hegel, *Phänomenologie des Geistes*, S. 61. Digitale Bibliothek Band 2: Philosophie, S. 38 817, cf. Hegel-W Bd. 3, p. 53)

24 "der im deutschen Idealismus so tief eingewurzelte Haß gegen den logischen Formalismus, der bei Hegel geradezu groteske Formen erreicht."
G. Günther, *Das Ende des Idealismus und die letzte Mythologie*, manuscrit inédit (fragment), Staatsbibliothek Berlin - Preußischer Kulturbesitz, Handschriftenabteilung, Nachlass Nr.196, Gotthard Günther, Mappe 268.

25 G. Günther, *Grundzüge einer neuen Theorie des Denkens in Hegels Logik*. Meiner: Leipzig 1933.

26 Cf. 3

27 Cf. 16

28 R. Kaehr, *Neue Tendenzen in der KI-Forschung, Metakritische Untersuchungen über den Stellenwert der Logik in der neueren Künstlichen-Intelligenz-Forschung*, Stiftung Warentest, 1980.

29 A. Bammé, *Wider das Ende der Geschichte - Der andere Gotthard Günther*, dans : Realitäten und Rationalitäten, dans: Selbstorganisation, (R. Kaehr & A Ziemke, Hrsg.), Jahrbuch für Komplexität in den Natur-, Sozial- und Geisteswissenschaften, Bd. 6, Duncker & Humblot, Berlin, 1995, p. 299-315.

30 G. Günther, *Die amerikanische Apokalypse*, aus dem Nachlass herausgeg. v. Kurt Klagenfurt, München, Wien, 2000.

31 "Der Paradigma-Wechsel, wie er sich in der Grundlagenforschung der amerikanischen Kybernetik, der 'Second Order Cybernetics', vollzieht, .. geht einher mit einer radikalen Entthronung des Menschen, mit einer neuen Bestimmung der Stellung des Menschen im Kosmos ..."
R. Kaehr, *Einschreiben in Zukunft*, publié dans : ZETAH 01, Zukunft als Gegenwart, Rotation Zukunft, Berlin 1982.

32 "Beide, Intelligenz und Welt, bedingen einander ; und das ist ebenso ein kybernetischer wie auch ein anthropologischer Satz." "Der Mensch als technische Existenz : das scheint mir eine der großen Aufgaben einer philosophischen Anthropologie von morgen zu sein."
M. Bense, *Kybernetik oder Die Metatechnik einer Maschine*, dans : Kursbuch Medienkultur, (C. Pias et al, Hrsg.), Stuttgart 1999.

33 V. Flusser, *Vom Subjekt zum Projekt. Menschwerdung*, Mannheim 1994.

34 Und Peter Sloterdijk warnt vor "Vereinfachungen", für ihn ist es Günther, der mit seiner 'Mehrwertigkeit' "wirklich die Schallmauer durchbrochen zu haben scheint", der "die Logik des nach-metaphysischen Zeitalters umrissen" und gezeigt hat, wie man den "ideologischen Bastarden", den "grauenvollen halbwissenschaftlichen Meinungssystemen" entkommt, die sich seit dem 19. Jahrhundert "an die Stelle der Metaphysik" gesetzt hatten.

Sloterdijk, *Amphibische Anthropologie und informelles Denken, Gelassenheit und Mehrwertigkeit*, dans: Peter Sloterdijk, Hans-Jürgen Heinrichs, *Die Sonne und der Tod, Dialogische Untersuchungen*, Suhrkamp, Frankfurt a.M., 2001, p. 351 et suivantes.

35 M. Pauen, *Grundprobleme der Philosophie des Geistes*, Frankfurt am Main, 2001.

36 "...es ist kindisch, zu behaupten man habe die klassische Metaphysik abgeschafft, solange man die Logik, die aus dieser Metaphysik entsprungen ist, immer noch als das Organon der eigenen Rationalität benutzt."
Cf. 15, a.a.O, p. 51.

37 "Es kann somit keine historische Epoche geben, an deren Zukunftshorizont nicht schon ein Neues wartet. Nur die undialektische Betrachtung der Geschichte will ihr ein unüberholbares Ziel oder ein Jüngstes Gericht setzen. Die Dialektik des Neuen aber garantiert uns – kraft ihrer rekursiven Natur – die ewige schöpferische Offenheit des geschichtlichen Prozesses."
G. Günther, *Die historische Kategorie des Neuen*, Hegel-Jahrbuch 1970, 34-61, également dans : *Beiträge zu einer operationsfähigen Dialektik*, Band III, p.183-210, Felix Meiner, Hamburg, 1980.

38 "In dem Sinn läßt sich vielleicht als Abrundung sagen, daß die Vollendung des Systems Mensch – wenn ich's mal technisch sagen darf – gegeben ist, erstens dadurch, daß er sich mit seiner Technik, die ihn generiert, verwebt, verquickt .... Und dann würde überhaupt erst quasi das Leben der Menschen anfangen."
R. Kaehr & T. Schmitt, *FREISTIL, oder die Seinsmaschine, Mitteilungen aus der Wirklichkeit*, Interview, WDR, Köln, 1993.

39 Des exposés détaillés se trouvent chez :
E. von Goldammer & R. Kaehr, *Problems of Autonomy and Discontexturality in the Theory of Living Systems*, dans : Informatik-Fachberichte 275 der GI; Analyse dynamischer Systeme in Medizin, Biologie und Oekologie (D.P.F.Moeller & O.Richter, eds.), Springer Verlag, Berlin, 1990 ; p.3-12.
Kaehr, R., *Zur Logik der 'Second Order Cybernetics' - Von den 'Laws of Form' zur Logik der Reflexionsform*, in: Kybernetik und Systemtheorie – Wissenschaftsgebiete der Zukunft?, (E. von Goldammer, H. Spranger, S. Fuchs, Hrsg.), ICS-Symposium, Dresden 1991.
E. von Goldammer & J. Paul, *Autonomie in Biologie und Technik*, dans : Selbstorganisation – Jahrbuch für Komplexität in Natur-, Sozial- und Geisteswissenschaften, Band 6: "Realitäten und Rationalität" (A. Ziemke und R. Kaehr, Hrsg.), Duncker & Humblot, Berlin 1995, p.277-298.

40 H. Maturana & F. Varela, *Autopoiesis: The Organization of the Living*, dans : Autopoiesis and Cognition, Boston Studies in Philosophy of Science, Vol. 42, p.63-134, (M.S.Cohen, M.W. Wartoisky, eds.) D. Reidel Publ., Dodrecht 1972.

41 "Closure Thesis:
Every autonomous system is organizationally closed.
...organizational closure is to describe a system with no input and no output..."(3)
F. Varela, *Principles of Biological Autonomy*, dans : General Systems Research (G. Klir, ed.), Vol.II, North Holland Publ., Amsterdam, 1979.

42 S. Franklin & A. Graesser, *Is it an Agent or just a program?*, dans: Proc. 3rd Int. Workshop on Agent Theories, Architctures, and Languages, Lecture Notes in AI, Springer, Berlin, 1996, p.1193.

N. Saam & B. Schmidt (Hrsg.), *Cooperative Agents*; Applications in the Social Sciences, Theory and Decision Library Series A Volume 32; Kluwer Academic Publishers, Dordrecht, Boston, London, 2001.

43 Ein kognitives System ist ein lebendes (oder technisches) System, welches in der Lage ist, zwischen sich und seiner Umgebung (aus eigener Leistung) eine Unterscheidung treffen zu können. Cf :

G. Günther, *Das Problem einer transklassischen Logik*, dans: Beiträge zur Grundlegung einer operationsfähigen Dialektik, Band 3, Felix Meiner Verlag, Hamburg 1980, p.73-94.

G. Bateson, *Die logischen Kategorien von Lernen und Kommunikation*, dans: Ökologie des Geistes, Suhrkamp Verlag, Frankfurt 1985, p.362-399.

44 E. von Goldammer & R. Kaehr, *Das Immunsystem als kognitives System*, 5. Ebernburger Gespräch, GI-AK 4.5.2.1 ASIM, "Fortschritte der Simulation in Medizin, Biologie und Ökologie 4: März 1992, Informatik-Berichte 92/6 TU Clausthal, p. 249-259.

45 R. Kaehr & E. von Goldammer, *Poly-contextural modeling of heterarchies in brain functions*, dans : Models of Brain Functions (R.M.J. Cotterill, ed.), Cambridge University Press, 1989, p.483-497.

46 Cf. par exemple : G. Bateson, *Ökologie des Geistes*, Suhrkamp, Frankfurt 1985.

47 Pour plus de détails sur les algorithmes et les machines de Turing cf. par exemple :

Duden – Sachlexikon für Informatik, Dudenverlag, Mannheim 1993.

48 E. von Goldammer & R. Kaehr, *'Lernen' in Maschinen und lebenden Systemen*, dans : Design & Elektronik, März 89, p. 146-151.

49 E. Kronthaler, *Alphabet und Ideogramm zum Verhältnis von Lautschrift / Ideeschrift*, semiosis 19 Heft 3, 1980.

E. Kronthaler, *ZAHL - ZEICHEN – BEGRIFF metamorphosen und vermittlungen*, Semiosis - Jg.17, 1992, p. 282-302.

E. Kronthaler, *sätze und gegensätze*, dans : Signum um Signum : Elisabeth Walther-Bense zu Ehren (U. Bayer, Hrsg), semiosis 22/23, H.85/90, 1997, p.259-273.

E. von Goldammer, *ZEIT-MEHRZEITIGKEIT-POLYRHYTHMIE oder das polylogische orchestrion*, dans: "Theorie - Prozeß - Selbstreferenz - Systemtheorie und transdisziplinäre Oliver Jahraus & Nina Ort (Hrsg.). UVK Verlagsgesellschaft, Konstanz, 2003, p. 129-185.

50 R. Kaehr, *Materialien zur Formalisierung der dialektischen Logik und der Morphogrammatik 1973-1975*, dans : G. Günther, Idee und Grundriß einer nicht-Aristotelischen Logik, Felix Meiner Verlag, Hamburg, [2]1978.

E. Kronthaler, *Grundlegung einer Mathematik der Qualitäten*, [Dissertation, Stuttgart (Prof. Max Bense)] 1981, Verlag Peter Lang 1986.

R. Kaehr & Th. Mahler, *Morphogrammatik - Eine Einführung in die Theorie der Form*, KBT, Heft 65, 251 S., Klagenfurt 1994.

51 W. L. Bühl, *Luhmanns Flucht in die Paradoxie*, dans: Die Logik der Systeme: Zur Kritik der systemtheoretischen Systemtheorie von Niklas Luhmann,

(P.-U.Merz-Benz & G. Wagner, eds.), Universitätsverlag Konstanz, 2000, p. 225-256.

52 "...this book presents all the background knowledge required for understanding the fundamental principles underlying intelligence ..."
R. Pfeifer & Ch. Scheier, *Understanding Intelligence*, The MIT Press, Cambridge Massachusetts, 1999.

53 Cf. 12.
Une réinterpretation du travail de McCulloch dans le contexte des travaux de Günther se trouve dans :
R.Kaehr, R. & E. von Goldammer, *Again Computers and the Brain*, Journal of Molecular Electronics Vol. 4 S31-S37, 1988.

54 D. Katz, *Der Aufbau der Tastwelt*, Zeitschrift für Physiologie, Ergänzungsband 11, Leipzig, 1925.

55 Like traditional artificial intelligence, embodied cognitive science has as its goal understanding intelligence by building artifacts. Because intelligence is "embodied," we need to build physical things: robots.
Cf. 52.

56 Th. Metzinger (Hrsg.), *Bewußtsein – Beiträge aus der Gegenwartsphilosophie*, Paderborn, [2]1996.

57 G. Günther, *Cognition and Volition. A Contribution to a Theory of Subjectivity*, version raccourcie présentée dans : Cybernetics Technique in Brain Research and the Educational Process, 1971 Fall Conference of American Society for Cybernetics, Washington D.C., 119-135.

Gotthard Günther

La conscience des machines
Une métaphysique de la cybernétique

Préface à la deuxième édition et remarques préliminaires

Les phrases suivantes sont des reprises de la préface de la première édition : « Pour rendre cet écrit accessible à un nouveau cercle de lecteurs éclairés, aucune formule de logique symbolique n'est utilisée. Je me suis limité à des tableaux qui n'exigent pas de connaissances préliminaires spéciales, et auxquels peut facilement s'initier quelqu'un de bonne volonté avec un peu d'effort. Il n'existe qu'une exception : ce sont les formules situées dans la première partie à la page 69 et 70, et dans la deuxième partie à la page 119. Mais elles peuvent être passées sans que la compréhension du tout en soit gênée. »

D'autre part ce livre ne peut paraître sans que je reconnaisse une double dette et que j'exprime un double remerciement. Comme l'indique la formule* anglaise de la page précédente, la deuxième édition a été préparée pendant que je faisais des études sur la théorie de la logique polyvalente (morphogrammatique), dans le cadre des champs de recherches soutenus par l'U.S. Air Force. C'est grâce au Dr. Harold Wooster et à Madame Rowena Swanson du USAF-Office of Scientific Research, à la largesse d'esprit sans égale avec laquelle ils ont interprété mes obligations que j'ai pu bénéficier d'un temps supplémentaire pour augmenter mon texte initial.

Mon éditeur, monsieur Karl G. Fischer de Baden-Baden, a fait preuve lui aussi d'une grande générosité à mon égard. Quand je l'ai

* The second edition of "*Das Bewußtsein der Maschinen*" was prepared under the sponsorship of the Air Force Office of Scientific Research, Grant AF-AFOSR-8-63 (Directorate of Information Sciences)

interrogé sur le nombre de pages dont je disposais pour la nouvelle édition, il m'a répondu clairement : autant que vous voulez. Mon remerciement à un tel éditeur est toutefois mélangé à un certain regret. Je souhaitais ajouter une quatrième partie, dans laquelle je voulais essayer d'aller au-delà des indications que j'avais seulement esquissées dans la troisième partie, et qui portaient sur une métaphysique de l'histoire de la cybernétique (*Geschichtsmetaphysik der Kybernetik*). Je crois qu'il est déjà possible de donner aujourd'hui une image positive et bien définie d'une telle métaphysique de l'histoire. Des travaux préparatoires à ce sujet, que j'avais entrepris ces dernières années, devaient servir comme matériaux pour cette quatrième partie.

Mais un manque de temps et d'autres travaux urgents auxquels je suis soumis me forcèrent d'abandonner provisoirement ce projet. Cependant l'espoir existe de reprendre plus tard, dans une autre publication, une analyse cybernétique plus exacte de la pensée métaphysique de l'histoire. Ce thème est important en raison du projet de certains cybernéticiens russes, qui veulent soumettre la société humaine et son avenir à un contrôle cybernétique.

Comme le nouveau texte porte un jugement très positif sur la valeur logico-transcendantale du matérialisme dialectique, des amis de bonne volonté m'ont conseillé d'ajouter à cette préface une déclaration dans laquelle je donnerais mon point de vue politique. En ce qui me concerne je rejette par principe cette exigence. Mais pour protéger mon éditeur d'éventuels soupçons, je déclare ce qui suit :
Celui qui perçoit dans mon texte la moindre prise de parti ou la moindre sympathie pour un système historico-politique quelconque m'a profondément mal compris. Dans ce livre il n'existe de prise de parti que pour la cybernétique, où que nous la trouvions. Du reste l'apôtre Paul et Lénine sont cités avec le même sérieux.

Je me permets maintenant de passer à quelques remarques introductives concernant mon écrit. Une partie des considérations métaphysiques et des analyses logiques contenues dans ce livre ont été présentées pour la première fois au public en 1957 sous le même titre. Le texte de cette édition consistait en une conférence un peu augmentée que j'avais tenue durant le semestre de l'hiver 1955/56 à l'université de Hambourg, puis dans le Cercle de Travail Cybernétique de l'université technique à Stuttgart. Il contenait, en outre, une analyse logique de la cybernétique qui développait davantage le point de vue d'une logique transclassique utilisant plus de deux valeurs théoriques (positive, négative). Cette présentation schématique de quelques pensées philosophiques de base sur la polyvalence et sa relation avec le problème de la conscience a été écrite au printemps 1956, pendant un séjour de plusieurs mois à Chicago ; on peut constater qu'elle exposait, d'une façon passablement adéquate, l'état des recherches de cette époque concernant le rapport entre conscience, théorie des machines et polyvalence. Mais c'est peu dire. En ce qui concerne la relation entre la logique transclassique et la théorie des machines, il n'existait à cette époque que des travaux très disséminés et rares ; quant à la mise en relation de cet ensemble de questions avec la théorie transcendantale de la conscience inaugurée par l'idéalisme allemand (Kant, Fichte, Hegel et Schelling), j'étais, en 1956, quasiment seul à y travailler.

Depuis, cette situation a beaucoup changé, et si l'on veut entreprendre aujourd'hui des recherches pointues dans cette direction, on peut compter sur un nombre toujours plus grand de collaborateurs qui visent, eux aussi, une théorie cybernétique transcendantale de la conscience. Je cite spécialement ici les chercheurs anglais Gordon Pask et D. H. Mackay. Les remarques de Pask sur la différence entre systèmes cognitifs et systèmes de conscience — un système de conscience doit être cognitif mais une opération cognitive n'est pas encore *per se* un acte de conscience — et sa constatation de la dépendance entre la profondeur potentielle (*"profundity"*) d'un système de réflexion et son degré d'autoréférentialité (*"feedback"*) vont, d'une façon étonnante, dans la même direction que celle développée par la logique transcendantale dialectique de Kant à Schelling. Les travaux de D. H. Mackay sont peut-être encore plus importants. Je veux surtout signaler une publication de cet auteur. Dans son essai *The Use of Behavioural Language to refer to Mechanical Processes*[1], Mackay n'introduit pas seulement la différenciation Je-Tu dans le concept de la subjectivité et ne montre pas seulement son importance pour la cybernétique, il indique en plus un corrélat technique précis (*technical correlate*) pour cette distinction. Or un corrélat technique correspondant à cette différenciation indique que cette opposition est aussi importante pour la logique formelle. C'est à l'occasion du XIe congrès international de

---

[1] The British Journal for the Philosophy of Science, vol. XIII, 50 pp. 89-103 (1962)

philosophie à Bruxelles que j'ai annoncé pour la première fois l'importance de l'antithèse Je-Tu pour les théories de calcul, et que je l'ai mise en relation avec le problème de la polyvalence et avec la logique transclassique. Mais aujourd'hui encore, des chercheurs qui connaissent peu de chose dans le domaine de la logique cybernétique contredisent[2] cette théorie. Il semble qu'en Allemagne la problématique posée par la cybernétique à l'étranger n'a pas encore eu d'influence sur le développement de la logique.

À côté de la mention des travaux de Pask et Mackay, je tiens spécialement à souligner l'influence d'un de mes proches collaborateurs à l'université de l'état de l'Illinois, le docteur Heinz von Foerster, sur l'approfondissement de ma logique cybernétique. La généralisation de la théorie transclassique de la pensée, qui est à la base des parties supplémentaires de cette nouvelle édition, n'aurait pas été réalisée si vite - peut-être ne l'aurait-elle jamais été - sans les indications, sans la critique souvent pointue et sans les pensées personnelles et fécondes de ce collègue. Et, en ce qui concerne les aspects métaphysiques de la cybernétique, je souhaite surtout mentionner les travaux de Warren S. McCulloch (Massachusetts Institute of Technology) au fondement desquels se trouvent des conceptions similaires sur le rôle de la cybernétique.

La troisième partie ajoutée au texte précédent doit sa naissance à la diffusion intense que la cybernétique a connue dans les pays de l'Est, spécialement en Russie. Je l'ai écrite parce que je pense que toute conception du monde fondée sur l'opposition idéologique entre idéalisme objectif et matérialisme dialectique est dépassée. Aujourd'hui encore nous évoluons dans ce cadre uniquement parce que nous ne sommes pas capables de nous libérer d'une position de conscience et d'un mode de réflexion qui ont eu besoin des aspects complémentaires de l'idéalisme et du matérialisme pour faire naître en l'homme cette spiritualité, sur laquelle se sont fondées et ont fleuri les hautes cultures régionales. Mais le temps de ces cultures et de la spiritualité qui y est associée est irrévocablement passé. Aucun cybernéticien, conscient des conséquences logiques et métaphysiques de la théorie des systèmes calculateurs et autoréflexifs, ne peut

---

[2] Cf. la critique d'Hermann Schmitz dans la revue *Philosophische Rundschau IX*, 4 (1962), pp. 283-304, du livre de G. Günther, *Idee und Grundriß einer nicht-aristotelischen Logik*, Hamburg (1959), particulièrement la page 289.

aujourd'hui encore se prononcer en faveur du matérialisme ou de l'idéalisme. L'alternative a perdu son sens en tant qu'expression d'une position métaphysique. Que cela ne soit pas avoué officiellement en Russie ni à l'Ouest n'empêche pas le scientifique indépendant de travailler depuis longtemps dans ce champ, avec des formules et des modes de pensée qui sont complètement indifférents à cette opposition. L'antithèse de l'esprit et de la matière, qui a occupé la conscience humaine pendant des millénaires, est aujourd'hui en train de disparaître comme problème philosophique – non pas parce que l'on a résolu ce problème, mais parce qu'il est dépassé par un autre questionnement et qu'il est donc devenu inintéressant.

À celui qui considère aujourd'hui que la mise en opposition de l'idéalisme objectif de l'Ouest et du matérialisme dialectique de l'Est simplifie trop la situation historique actuelle, on doit faire remarquer que son opinion se fonde sur une confusion entre argumentation et représentation logico-métaphysiques et argumentation et représentation empirico-historiques. Ce sont des types-*idéaux* logiques de la pensée dont nous parlerons dans la troisième partie. Il est inutile de dire qu'elles ne sont nulle part purement réalisées. Mais ce manque de mise en pratique du programme idéal présenté n'a pas d'importance pour les visées que poursuit la troisième partie du livre. Et la distribution géographique aléatoire des thèmes idéalistes et matérialistes de la pensée n'est pas, elle non plus, importante. Non seulement cette distribution ne change pas de décennies en décennies, mais nous ne sommes même pas capables d'avoir un jugement constant sur une telle distribution au cours de l'histoire passée. À partir de notre point de vue actuel cette répartition nous paraît différente. Ici nous prétendons seulement que toutes les hautes cultures régionales doivent leur existence et leur forme à un état de conscience général, qui se caractérise par le combat que s'y livrent impitoyablement des conceptions contradictoires d'expériences de vie, conceptions qui sont inconciliables par principe. En outre nous prétendons que toutes les formes historiques qui adoptent cette antithèse se valent dans leur principe, et qu'à la lumière de la cybernétique, qui est en train de forcer un nouvel état de conscience historique, on ne peut plus opter pour l'une ou l'autre de ces formes. Il est intéressant d'observer comment, sous l'influence des théories cybernétiques, l'Ouest semble devenir plus « matérialiste » et l'Est plus « idéaliste ». Celui qui lit aujourd'hui les publications des cybernéticiens russes est étonné de voir avec quelle passion le matérialisme dialectique insiste sur le fait que l'homme est dans son essence supérieur à la machine. (Cf. par exemple Todor Pavlov, *Automats, Life and Consciousness)*. C'est, si nous voulons encore utiliser une terminologie aujourd'hui obsolète, de l'idéalisme pur et dur, idéalisme qui accuse en plus – avec une certaine justesse – les cybernéticiens de l'Ouest d'être de mauvais matérialistes, c'est-à-dire d'être des matérialistes non dialectiques. Dans de telles controverses s'affirme une pensée qui n'a pas encore trouvé sa nouvelle orientation ; par conséquent elle ne prend pas conscience que l'on ne peut pas répondre (et que l'on ne pourra jamais répondre) à la question de savoir si l'homme est supérieur à une machine douée d'une « conscience » pleinement réflexive, parce que cette question est mal posée et qu'elle se révèle, à une analyse plus précise, absurde. Toutefois la controverse à propos de la question précédente montre que les thèmes de réflexion relatifs à l'idéalisme objectif et au matérialisme dialectique sont l'un et l'autre enchevêtrés, même sur le plan géographique. Mais cela ne doit pas nous empêcher de rester attaché au fait que la pensée de l'Est est orientée vers le matérialisme dialectique et celle de l'Ouest vers son antithèse (qu'on le nomme idéalisme ou non), et que l'une et l'autre reçoivent leur élan de ces orientations dernières.

L'important est d'être simplement conscient de l'équivalence métaphysique des deux positions antithétiques. Et il me semble utile d'indiquer cet aspect en priorité parce que dans le texte suivant le traitement de l'idéalisme est un peu négligé. Cela est dû à une considération purement didactique : ce livre s'adresse principalement au lecteur de l'Ouest. Il serait regrettable qu'il soit encore nécessaire de lui recommander l'orientation idéaliste. Mais il ne fait aucun doute que le matérialisme dialectique est considérablement sous estimé à l'Ouest (malheureusement pour lui), et qu'il est toujours confondu, d'une façon récurrente, avec le matérialisme pré-hégélien. C'est pourquoi, dans la troisième partie, nous dessinons une image très positive du mode de pensée qui règne à l'Est. Il est superflu d'ajouter que la représentation du matérialisme dialectique que l'auteur a développée est rejetée à l'Est. Il semble qu'il faudra attendre encore un certain temps, ici comme là-bas, pour que l'on soit capable d'accepter sans parti pris l'interchangeabilité des thèses de l'idéalisme objectif et du matérialisme dialectique, et ainsi surmonter définitivement cette position de conscience antithétique.

Ces remarques préliminaires sont complétées par les indications suivantes : le nombre des appendices est augmenté par deux. L'appendice 3 contient un tableau qui sert à illustrer un passage du texte, et l'appendice 4 est un essai qui fut écrit en 1952 et qui traite de l'évolution de la notion de « machine ». Le texte original de cet essai a été publié comme commentaire de la traduction allemande du livre *I, Robot* de Isaak Asimov (Rauch Verlag, Düsseldorf).

La bibliographie qui se trouvait dans la première édition est ici radicalement raccourcie. La littérature cybernétique s'est tant multipliée qu'il est impossible de faire un simple tour d'horizon sans remplir un livre entier avec la seule énumération des titres. Le lecteur peut avoir une idée approximative de l'étendue de la littérature cybernétique, s'il sait qu'un domaine aussi étroit que l' « intelligence artificielle », à la fin de l'année 1960, présente une telle richesse de publications qu'un cybernéticien américain a édité une liste de celles qui sont les plus remarquables. Or cette liste comprend 559 titres de 400 auteurs différents[3]. C'est pourquoi la nouvelle bibliographie ne contient que des références concernant les publications d'auteurs qui ont développé un aspect fondamental d'un point de vue philosophique, et/ou qui sont mentionnés dans le texte. Il n'est même pas nécessaire que ces références soient complètes.

En revanche un nombre important de publications d'auteurs russes apparaît dans la bibliographie. Leur citation est faite à partir de traductions américaines. Dans certains cas nous n'avons pas pu accéder à la source russe ; dans ces cas-là nous demandons l'indulgence du lecteur. Comme plusieurs auteurs russes ont eux-mêmes ajouté des listes bibliographiques à leurs textes, les références que nous donnons dans notre bibliographie ont une portée beaucoup plus grande que nous pourrions le penser. Comme source supplémentaire de littérature russe, nous indiquons particulièrement le mémorandum R-3675-PR de Ware et Holland de RAND Corporation à Santa Monica (Californie) ; ainsi que le mémorandum RM-3675-PR de Levien, Holland et Paul.

Urbana (Illinois) USA, Juillet 1963 Gotthard Günther

---

[3] Marvin Minsky *A selected Bibliography to the Literature of Artificial Intelligence*... IRE, Transactions on Human Factors, vol. 2 (Mardi 1961) p.39

Partie I

La métaphysique classique et le problème de la cybernétique.

Une nouvelle branche de la science est venue récemment s'ajouter aux théories et aux disciplines scientifiques qui mettent en question notre vision classique du monde – telles la logique mathématique depuis Frege et Russell, la physique relativiste et la théorie quantique. Plus radicalement encore que les modes de pensée logiques et physiques de celles-ci, elle semble dissoudre les formes traditionnelles et les orientations métaphysiques de notre pensée.

Ce nouveau domaine du savoir, qui s'annonce avec de telles perspectives inquiétantes et bouleversantes, est la théorie cybernétique qui a vu le jour dans les années 40 aux Etats-Unis. Un public plus large en a pris connaissance au cours de l'année 1948, quand Norbert Wiener fit paraître son livre *Cybernetics*[1]. Depuis, peu d'années se sont écoulées, mais la cybernétique est déjà considérée aux Etats-Unis, en Angleterre et ailleurs comme une science pleinement accomplie. Plus encore, elle commence à se déployer à un rythme rapide en un système complet de sciences spéciales, où la théorie de l'information de Shannon, la théorie générale de la communication, la théorie des systèmes auto-organisés et les disciplines mathématiques nouvellement créées jouent le rôle de piliers de base pour cet édifice imposant de la pensée.

Même dans les journaux quotidiens et dans quelques livres qui cherchent à faire scandale, elle est discutée sous le nom populaire de théorie des *mechanical brains* (cerveaux mécaniques) dans l'intention, d'une part d'offrir quelque chose de spectaculairement nouveau, d'autre part de provoquer un certain frisson. Le bruit qu'ont suscité les théories cybernétiques, leurs techniques et leurs produits industriels est tout à fait justifié. Ils interviennent en effet dans notre existence d'une manière qui était jusqu'à présent inaccoutumée.

---

1 Norbert Wiener, *Cybernetics, or Control and Communication in The Animal and The Machine*. New York, 1948.

La révolution de nos notions traditionnelles, instaurée par la théorie de la relativité et la théorie quantique et inaugurée par Einstein et Planck, ne porte que sur des conceptions scientifiques relativement neutres qui, dans le meilleur des cas, ne touchent que l'aspect le plus extérieur de l'essence spirituelle de l'homme. Mais avec la cybernétique et la logique mathématique qui se mêle de plus en plus intimement à celle-ci, les choses se présentent différemment. Ainsi un auteur, qui par ailleurs n'approfondit pas trop les problèmes, écrit : « nous devons nous rendre compte que les cerveaux électroniques d'aujourd'hui n'ont probablement atteint qu'un stade embryonnaire de développement, où la technique – qui jusqu'à présent était exclusivement un phénomène matériel de surface – pénètre pour la première fois dans des couches plus profondes de l'être humain, c'est-à-dire dans des couches qui ne sont plus immédiatement saisissables. »[2] De même, un savant[3] de l'école technique supérieure de Zurich (ETH Zürich) juge que « la pénétration dans la sphère mentale de l'homme à l'aide d'appareils logistiques de calculabilité » est aussi « révolutionnaire... que le développement de l'énergie atomique ». Max Bense exprime une opinion semblable : « Ce n'est pas l'invention de la bombe atomique qui est l'événement décisif de notre époque, mais la construction des grandes machines mathématiques que l'on a nommées parfois, peut-être avec une certaine exagération, machines à penser... Avant elles, jamais la technique n'avait pénétré aussi profondément dans notre vie sociale et mentale. Nous pouvons tout à fait parler à ce propos d'une nouvelle marche du monde technique ou de la civilisation technique. »[4] Quant à nous, nous pensons que de tels jugements présentent un aspect encore trop conservateur. Ce qui se passe en ce moment dans le champ de la cybernétique dépasse largement, dans ses ultimes conséquences, le développement des théories scientifiques atomiques ; ainsi Wiener et son école remettent en question d'une manière jusqu'alors inédite la vénérable et millénaire différenciation entre spiritualité et matérialité, telle qu'elle nous est transmise dans sa forme classique particulière.

---

[2] Rolf Strehl, *Die Roboter sind unter uns* (*Les robots sont parmi nous*). Oldenburg 1952. S.76

[3] Donald Brinkmann, *Technik und Naturwissenschaft*. Schweiz. Bauztg. 72,1 (1954) S. 15.

[4] Max Bense in seiner Einführung der deutschen Übersetzung von L.Couffignal, *Les Machines à penser*. Paris 1952

Mais ce serait une erreur fatale de penser que la théorie des cerveaux mécaniques ne fait que développer une nouvelle variante du matérialisme vulgaire, et que son intention est de dépasser par de nouveaux moyens techniques la dichotomie de l'esprit et de la matière.

La critique cybernétique va au contraire dans une direction exactement opposée. Elle souligne que la différenciation traditionnelle entre subjectivité simple et objectivité est trop grossière et trop primitive. L'hypothèse de la métaphysique classique qui est encore en cours aujourd'hui, selon laquelle l'essence de la réalité et plus spécialement de la nature humaine peut s'expliquer par deux et uniquement deux composantes de réalité métaphysique, soit la matérialité et la spiritualité, est fondée sur une erreur. Car, quelle que soit la façon dont on interprète cette opposition phénoménale primaire – par exemple sous la forme du sujet et de l'objet, de l'être et de la pensée, de la mort et de la vie... – il reste toujours un aspect des phénomènes, aujourd'hui parfaitement définissable, que l'on ne peut placer ni sur un plan physique matériel ni sur un plan subjectif spirituel.

Aujourd'hui, dans la science cybernétique, ce reste inclassable est habituellement désigné par le mot clé « information », sous lequel on comprend, au cours de débats fondamentaux, non seulement le fait direct de l'information mais aussi le processus de communication à travers lequel celle-ci est transmise. Et Wiener, abordant cette nouvelle complexion de problèmes, a fait une déclaration sans ambiguïté contre le matérialisme : « Information is information, not matter or energy. No materialism which does not admit this can survive at the present day. »[5]

Toutefois on ne doit pas davantage admettre que le processus de l'information ou de la communication appartient au domaine de l'esprit, qu'il s'agit donc, pour la cybernétique, d'absorber progressivement le stock complet des données psychiques de la conscience subjective et du sujet-je dans la construction des cerveaux électroniques. C'est exactement le cas contraire. En effet, de même que la théorie de l'information se démarque d'une manière tranchée du domaine de l'objet pur et de ses lois, de même elle trace une limite inexorable entre elle et le sujet absolument transcendant de

[5] N. Wiener, op. cit. p. 155. (« L'information est information, elle n'est ni matière ni énergie. Tout matérialisme qui n'admet pas ça ne peut survivre aujourd'hui. »

l'information. En d'autres mots : dans un premier temps la cybernétique fait l'hypothèse métaphysique qu'il y a des objets. Toute technique agit ainsi en tant que technique. Mais dans un deuxième temps, elle établit l'hypothèse métaphysique que la subjectivité et l'autoconscience doivent aussi être posées comme des grandeurs « existantes », si l'on veut que des théories cybernétiques soient possibles.

Ainsi la théorie de l'information prend en compte deux transcendances inverses : la transcendance objective des choses matérielles et l'introscendance subjective de l'autoconscience[6]. La confirmation de cette deuxième transcendance spirituelle est habituellement argumentée de la manière suivante : l'introduction d'une composante métaphysique, que nous pouvons nommer intériorité, sujet ou autoconscience, est nécessaire pour deux raisons. La première est méthodique, la seconde est factuelle. Regardons d'abord le point de vue formel. Dans la technique du travail cybernétique, il existe un principe méthodique strict qui consiste à ne pas utiliser une notion "psychologique" avant de pouvoir en montrer un modèle objectif dans un "*non-living system*"[7] (système non-vivant). En revanche cela présuppose que l'on admette un sujet, c'est-à-dire une autoconscience, dans le contenu de laquelle on pêche ces notions "psychologiques" que l'on a l'intention de répéter dans des modèles techniques.

Beaucoup plus important est le deuxième argument, l'argument factuel, qui suppose "l'existence" autonome de la subjectivité ou de l'autoconscience, puisqu'elle constitue la condition fondamentale de toutes les analyses cybernétiques. Indiquons le fait suivant : il est possible qu'un événement quelconque de la conscience, considéré jusqu'à maintenant comme purement subjectif, psychique et spirituel, soit démasqué comme mécanisme objectivement représentable. Or ce démasquage n'est justement possible qu'en présupposant qu'il existe une conscience subjective, sujet-je, qui a elle-même faussement interprété ce mécanisme, c'est-à-dire qu'elle l'a interprété en tant que mécanisme subjectif et non objectif. On illustre parfois cela avec l'exemple suivant. Si je perçois un objet, il se peut que l'on me prouve plus tard que le phénomène de ce prétendu objet est fondé sur le

---

6 Plus tard nous verrons qu'il faut y ajouter l'idée d'une troisième transcendance.

7 Cf. W. Ross Ashby, *Design For A Brain*. New York 1952, p. 9.

mécanisme d'une illusion des sens. Ou il se peut que je sois convaincu que mon expérience appartient à un rêve. Mais dans tout l'univers il n'existe aucun élément de preuve, qui pourrait me convaincre que dans ce processus d'expérience je n'étais pas présent en tant que "je" vivant cette expérience. Bref, on peut peut-être me convaincre que j'ai interprété faussement mon propre contenu de conscience, mais personne ne pourra me persuader que dans celui-ci aucun sujet du processus de l'interprétation n'était présent. Le chercheur cybernétique Ross Ashby, qui utilise cet argument, ajoute cette remarque : "This knowledge of personal awareness, therefore, is prior to all other forms of knowledge."[8]

Il s'ensuit que la construction de modèles objectifs des fonctions de la conscience, qui livrent eux-mêmes de l'information (comme le réalisent en fait les mécanismes cybernétiques), présuppose une conscience vraiment subjective, transparente à elle-même et introscendante au modèle. Mais cette conscience, c'est l'autoconscience ! Elle est donc, telle qu'elle est, au-delà de toute possibilité de mécanisation et de projection dans le monde extérieur, et dans cette position inattaquable qui lui est propre, elle ne pourra pas être touchée et encore moins captée dans sa totalité ni dans son introscendance par aucun moyen cybernétique.

C'est pourquoi nous devons prendre en compte, d'après la conception cybernétique, trois composantes proto-métaphysiques de notre réalité phénoménale. Premièrement l'objet transcendant objectif. Deuxièmement la composante d'information. Et troisièmement l'autoconscience subjective introscendante. Précédemment nous avons déjà indiqué, citant Norbert Wiener, qu'il est par principe impossible de réduire la notion d'information cybernétique à des catégories purement matérielles et énergétiques. Nous répétons encore une fois

[8] "... an observation showing that consciousness is sometimes not necessary, gives us no right to deduce that consciousness does not exist. The truth is quite otherwise, for the fact of the existence of consciousness is prior to all other facts." op.cit. p.11.
("Cette connaissance de la conscience personnelle, par conséquent, est antérieure à toutes les autres formes de connaissance."
"...une observation montrant que la conscience n'est pas toujours nécessaire ne nous autorise pas à en déduire que la conscience n'existe pas. La vérité est tout autre, parce que le fait de l'existence de la conscience est antérieur à tous les autres faits.")

avec Wiener : l'information est information et non matière ou énergie. Mais maintenant nous devons ajouter : il est aussi impossible d'identifier l'information et le processus de communication qui la porte avec l'intériorité sujet-je, c'est-à-dire avec la subjectivité. Nous pouvons donc renverser la phrase de l'auteur de *Cybernetics* citée précédemment et dire : l'information est information et non esprit ou subjectivité.

Avec cette triade complexe de notions mutuellement non transformables sont ébranlés les derniers principes qui étaient jusqu'ici à la base de notre image du monde. Toute notre tradition spirituelle et même la structure objective complète de notre culture occidentale reposent sur quelques prémisses essentielles de la métaphysique ; celle-ci est fondée sur le principe d'identité qui remonte aux grecs et sur la logique classique qui lui correspond et qui, encore aujourd'hui, domine presque exclusivement notre pensée. Dans nos développements suivants nous allons brièvement rappeler les contours de cette structure métaphysique fondamentale et le formalisme de notre pensée théorique qui y correspond.

L'être absolu, l' ὄντως ὄν ou τὸ τί ἦν εἶναι τὸ πρῶτον, est l'origine (ἀρχή) des deux composantes de la réalité métaphysique, à savoir l'étant objectal (*objekthaft*) et la réflexion subjectale (*subjekthaft*) ou la pensée. Dans l'absolu ces deux composantes coïncident et sont identiques l'une à l'autre. Elles constituent, comme l'a formulé plus tard Nicolas de Cues, l'unité divine de tous les antagonismes, la *coïncidentia oppositorum.* Mais dans ce que nous considérons comme le monde réel empirique, dans notre en deçà, elles se séparent comme des oppositions qui nous paraissent inconciliables. Toute la réalité qui nous entoure possède, selon la conception de la théorie de l'identité, un côté objectif, le côté matériel des choses, et un côté subjectif, le côté de l'esprit et du sens. Et ce n'est que la consonance de ces deux composantes inverses de l'être qui constitue la plénitude de l'être réel métaphysique.

Deux choses sont remarquables dans cette conception du monde. Premièrement, elle exclut que la réalité puisse être constituée de plus de deux composantes transcendantales. Deuxièmement, elle implique que les deux racines métaphysiques de l'être, dans leur relation exclusivement contraire, doivent être identifiables.[9] Autrement dit : il n'existe qu'une seule coupure logique, unique, absolument univoque entre l'être et la pensée, entre le Je et le monde, entre la réflexion et l'objet de la réflexion. Et une donnée qui n'appartient pas à un côté appartient inévitablement à l'autre. Cette coupure unique et primordiale, qui traverse tout l'univers de notre expérience, est établie de telle manière que le sujet et l'objet doivent arriver à une coïncidence exacte, non pas empiriquement mais métaphysiquement. C'est la théorie de la dualité classique de l'absolu.

Ces propriétés structurales de notre conception générale du monde, que nous venons brièvement d'esquisser, sont confirmées par l'axiomatique dite classique de notre logique traditionnelle. Dans les trois propositions,

de l'identité égale à elle-même
de la contradiction interdite
et du tiers exclu,

est en effet stipulé ce qui suit. Premièrement, que l'objet de la réflexion en tant qu'objet doit être identique à lui-même pour, en raison de cette identité constante, se distinguer d'une façon univoque du processus de la réflexion subjective (B. Erdmann). Deuxièmement, que, si une telle identité est déterminée par un prédicat positif, la négation de ce prédicat ne tombe pas dans le domaine de l'objet mais dans celui de la pensée réflexive. Et troisièmement, qu'entre deux prédicats contradictoires, dont l'un est attribué à l'objet et dont l'autre est situé dans la réflexion en tant que négation de l'objet, est exclu inconditionnellement et absolument un troisième prédicat.

Cette logique domine encore aujourd'hui notre pensée rationnelle. J'usqu'à présent l'ensemble de notre savoir théorique en est totalement dépendant. Si l'on essaie d'abandonner ne serait-ce qu'un des trois axiomes mentionnés plus haut, tout le système de notre réflexion conceptuelle commence à se désagréger. L'exemple de l'intuition-

---

9 Dans la théologie ce fait est exprimé par l'idée du jugement dernier. Un jugement dernier sur le monde ne peut exister que si l'opposition entre matérialité et spiritualité, donc aussi entre mal et bien, est établie d'une façon univoque à travers tout le temps.

nisme mathématique l'a clairement démontré. En effet, si l'on restreint avec L. E. J. Brouwer l'emploi du principe du tiers exclu, tout de suite une quantité considérable de notre savoir mathématique actuel se perd en tant que savoir logiquement problématique, et il ne peut être sauvé que par des méthodes détournées.

L'axiomatique classique représente un système de pensée strictement fermé sur lui-même, qui présuppose une dichotomie radicale de nos notions théoriques. Son principe le plus élevé, le principe d'identité, implique que tous les thèmes cognitifs de notre réflexion peuvent être identifiés à partir de lui, que ces thèmes représentent l'être objectif ob-jectif (*objektiv gegenständlich*) ou le processus subjectif de la réflexion. Métaphysiquement parlant, cela signifie que pour cette pensée il ne peut jamais exister de doute entre ce qui est chose morte et sujet vivant, ni de doute pour déterminer quelles notions doivent être classées dans telle région ou dans telle autre. Celui qui accepte l'idée que la barrière métaphysique entre chose et subjectivité ou esprit peut être effacée dans ce monde-ci est superstitieux, dans le sens le plus profond du terme, car il croit aux fantômes. Or dans notre monde-ci, le fantôme n'est que l'âme ramenée à l'état de chose.

Formellement parlant, cela signifie que les concepts d'objet en général (*Objekt-überhaupt*) et de sujet en général (*Subjekt-überhaupt*) se situent dans l'absolu dans une relation d'échange pure. Ils représentent une simple relation de renversement comme droite et gauche, relation qui ne permet pas de différenciations graduelles. Dans la logique mathématique ce fait existe sous le nom d'isomorphie de deux systèmes. Cela veut dire que la structure logique du monde des choses et la structure logique du monde intérieur du *sujet-je* (*ichhaft*) sont des applications isomorphes l'une de l'autre.

Sous le terme d'isomorphie nous devons comprendre l'idée d'une correspondance univoque entre les notions d'un système et celles d'un autre, à condition que les notions d'un système qui satisfont ou non à une relation déterminée correspondent aux notions de l'autre système qui satisfont ou non à la relation correspondante. Sur la base de cette proposition il existe donc dans la logique classique une relation d'isomorphie entre le système de tous les énoncés positifs qui concernent le monde des objets et le système de leurs négations spécifiques qui appartiennent à l'espace de conscience du sujet réfléchissant, relation qui peut être représentée de la manière suivante:

a) chaque énoncé positif s'applique à sa négation,
b) l'opérateur "négation" s'applique à lui-même,
c) la conjonction s'applique à la disjonction.

Du principe de la contradiction interdite il s'ensuit que :

$$p \not\equiv \sim p$$

du tiers exclu que :

$$p \equiv \sim\sim p$$

et du principe de la dualité que :

$$\sim(p \& q) \equiv \sim p \vee \sim q$$

c'est-à-dire que les deux groupes d'énoncés ou systèmes sont isomorphes.
Bien sûr cela n'est valable que pour le calcul des propositions. Mais la relation isomorphe démontrée ici peut également être prouvée pour les présupposés métaphysiques du calcul de prédicat. Nous l'argumentons ainsi : comme nous avons uniquement affaire à la différenciation fondamentale entre sujet en général et objet en général, les formules concernées de la théorie de quantification sont toujours reliées aux universaux logiques qui contiennent un individu unique. D'un côté l'individu logique qui satisfait le domaine auquel il appartient est la notion d'objet en général, de l'autre c'est le sujet en général. Or de tels systèmes qui ne contiennent qu'un seul individu ont une propriété très caractéristique. Chez eux le domaine de validité de l'opérateur d'existence et celui de l'opérateur totalité coïncident. C'est-à-dire que pour un tel univers cette formule est valable :

$$(\forall x)f(x) \equiv (\exists x)f(x) \qquad (1)$$

En outre il n'est plus nécessaire d'utiliser encore l'opérateur existence ou l'opérateur totalité. C'est-à-dire que l'on peut passer de l'utilisation de variables liées à des variables libres, parce que maintenant

$$f(x) \equiv (\forall x)f(x) \qquad (2)$$

représente aussi une formule vraie. La raison en est que la différenciation entre

$$(\forall x)\,[f(x) \supset a] \qquad (3)$$

et

$$(\forall x)\, f(x) \supset a \qquad (4)$$

qui est importante dans un univers composé d'une pluralité d'individus, est ici obsolète, parce que dans notre cas limite métaphysique, (4) doit être équivalent à l'expression[10]

$$(\exists x)\, f(x) \supset a \qquad (5).$$

La situation esquissée précédemment entraîne la conséquence suivante : dans chaque univers dont le domaine d'individus contient un seul et unique individu logique, le calcul de prédicats prend la forme du calcul de propositions. Les deux calculs sont donc isomorphes pour notre cas limite métaphysique. Ainsi rien ne change en ce qui concerne le rapport d'isomorphie de positivité et de négativité quand on passe du calcul de propositions à celui de prédicats.

C'est ainsi que le mathématicien Reinhold Baer a constaté très justement, lors du deuxième congrès Hegel de 1931, que la *coïncidentia oppositorum* de l'être et de la pensée ou du sujet et de l'objet peut être directement démontrée dans la structure fondamentale de la logique classique.[11] Si l'on résout une telle identité métaphysique en ses composantes polarisées Je et non-Je, le résultat immédiat, ainsi que nous l'avons déjà souligné, est une relation d'échange direct de celles-ci parce qu'elles ne sont pas déterminées autrement que par leur négation mutuelle formelle. Des transitions graduelles ou des

---

[10] Cf. Hans Reichenbach *Elements of Symbolic Logic.* New York 1947, p.174. Dans les formules (3), (4), (5) "a" représente une constante qui est indépendante des variables liées.

[11] Reinhold Baer, *Hegel und die Mathematik.* Verhandlungen des zweiten Hegelkongresses vom 18. bis 21. Okt. in Berlin. Ed. B.Wigersma. Tübingen 1932.

distanciations graduelles de ces composantes inverses par un élément intermédiaire séparateur sont par principe impossibles, parce que cela détruirait le caractère initial de la relation d'échange.

Il s'ensuit donc que la logique classique abstractive, fondée sur le principe d'identité, présuppose d'une façon absolue que dans chaque acte concret de la pensée et dans chaque situation théorique généralement possible on peut différencier d'une manière univoque la pensée en tant que processus subjectif et la pensée en tant que contenu de pensée. D'après la conception classique cette différenciation est éternelle et immuable. Elle peut être annulée uniquement en Dieu ou dans l'absolu. Aristote la définit en tant que différence métaphysique entre forme (εἶδος, μορφή) et matière ou contenu (ὕλη). La tension entre ces deux composantes fondamentales du réel traverse tout le monde de notre réalité empirique immanente, dès que celui-ci sort de la potentialité seule (κατὰ τὸ δυνατόν); et cette tension ne finit que là où ce mouvement entre dans son dernier port et atteint le but métaphysique du νόησις νοήσεως. Et, comme paraît le prouver le développement de ces pensées au cours de l'histoire de la philosophie, il semble même que là aussi elle ne veut pas tout à fait finir.

Si on les regarde sous l'angle de la logique formelle, ces conceptions ontologiques du système aristotélicien sont importantes dans la mesure où elles présupposent, elles-aussi, que notre réalité donnée peut être partagée d'une façon dichotomique en objet et sujet, donc en contenu de pensée et acte de pensée, sans reste (tiers exclu). Et ce qui n'est pas l'un est inévitablement l'autre. Cette inversion arché-phénoménale de l'intériorité en extériorité, de la spiritualité en matérialité représente le schéma métaphysique de notre logique classique, qui est ainsi essentiellement bivalente. Ses deux valeurs, que l'on nomme dans une terminologie réflexive "positive" et "négative", ou dans une terminologie irréflexive "vraie" et "fausse", correspondent à une structure rationnelle d'expérience et de conscience, dans laquelle un Je universel se perçoit immédiatement opposé à quelque chose d'universel. Dans ce schéma, être et pensée représentent des dimensions proto-métaphysiques de la réalité strictement divisée, où nous pouvons identifier, suivant l'image de Hegel, la valeur positive à l'être, la choséité ou l'objectivité, et la valeur négative à la réflexion, la subjectivité ou la non objectivité.

Mais, nous devons encore le souligner expressément, ce schéma binaire, sur lequel reposent aujourd'hui encore toute notre tradition, la structure de notre culture, la classification de nos sciences et le plein développement de la technique occidentale, est en train de s'écrouler. Les théories cybernétiques ne peuvent nullement s'intégrer dans cette image dichotomique de la réalité. Nous avons déjà mentionné plus haut que la cybernétique prétend avoir découvert une nouvelle composante métaphysique dans les phénomènes des processus d'information et de communication ; cette composante ne peut entièrement être réduite à l'objectivité pure ni à la subjectivité pure ; on n'en finit pas de la partager et de la distribuer partiellement entre le sujet et l'objet.

La position de la cybernétique à l'égard de la différenciation traditionnelle entre processus mort et processus vivant, c'est-à-dire entre mécanisme et organisme, prouve qu'elle n'a pas du tout l'intention de maintenir la dichotomie classique de ces phénomènes. Au regard du complexe entier des problèmes cybernétiques, cette différenciation est déclarée sans importance. C'est ce que Wiener formule comme un des principes fondamental de la théorie de la communication dans la phrase suivante : "Within any world with which we can communicate, the direction of time is uniform."[12] Ainsi constate-t-on le fait étonnant qu'il existe une relation des plus intimes et des plus maîtrisables par voie de calcul entre information et entropie. Information et entropie sont en effet interprétées comme une relation d'échange mutuelle. Il en résulte, en outre, que la théorie des machines cybernétiques est soumise aux lois de la mécanique statistique et non à celles de la mécanique classique de Newton, c'est-à-dire que la structure temporelle d'un processus d'information et de communication, même si on l'a projetée d'un sujet conscient présent à lui-même sur un mécanisme cybernétique, est là encore celle d'un organisme. Autrement dit : dans la cybernétique la différence essentielle entre mécanisme et organisme s'annihile. Wiener conclut cette controverse par les mots suivants : "Vitalism has won to the extent that even mechanisms correspond to the time-structure of vitalism; but... this victory is a complete defeat, for from the point of view which has the slightest relation to morality or religion, the new mechanics is fully as mechanistic as the old... The whole mechanist-

[12] Wiener op. cit. p. 45 " Dans chaque monde avec lequel nous pouvons communiquer, la direction du temps est uniforme."

vitalist controversy has been relegated to the limbo of badly posed questions."[13]

Que la cybernétique insiste sur le fait que l'information est information et non matière ou énergie permet, même à celui qui ne s'est pas encore familiarisé avec cette nouvelle problématique, de se dire en accord avec elle sans trop de réserve. Mais il serait essentiellement plus difficile pour lui de comprendre que l'information, bien qu'elle ne relève pas du côté objectif de la réalité, ne doit pas non plus appartenir à son côté subjectif.[14] Jusqu'à présent il allait de soi de considérer le phénomène de l'information, de sa communication et avant tout celui de la direction intelligente et de l'influence des interconnexions de la réalité par des données d'information, par des structures logiques et des motifs abstraits comme appartenant naturellement au côté dit spirituel de la réalité ; car, ici, des catégories de l'intériorité comme par exemple la mémoire, l'oubli, la spontanéité, la capacité de décision, la résolution, la faculté d'apprendre, l'homéostasie, l'intelligence, etc. commençaient à intervenir.

Jusqu'à présent on considérait que ces modes de comportement n'appartenaient qu'à la vie autoréfléchissante, en particulier dans ses formes librement mobiles comme chez l'animal ou chez l'homme. Et on les appréhendait comme totalement inséparables de cette essence que l'on désignait sous le nom de subjectivité. Il s'agissait ici, ainsi qu'on l'a cru, de modes de fonctionnement plus ou moins mystérieux, appartenant à une intériorité vivante se référant à elle-même. Chaque individu capable de jugement peut savoir – du moins depuis Platon – qu'un processus comme celui de l'imitation (μίμησις) ne peut pas être appréhendé sous forme de notions matérielles, concrètes ; mais comme tout ce qui n'est pas objectif, d'après le principe du tiers exclu, doit nécessairement être subjectif, de telles catégories et d'autres ont été placées sans hésitation dans le règne de la spiritualité.

---

[13] Wiener op.cit. p.56 " Le vitalisme a une telle portée que même les mécanismes correspondent à la structure du temps du vitalisme ; mais cette victoire est une complète défaite, parce que d'un point de vue un tant soit peu moral et religieux la nouvelle mécanique est tout aussi mécaniste que l'ancienne... Toute la controverse entre vitalisme et mécanisme est reléguée dans les limbes des questions mal posées."

[14] Sur ce point, ce seront surtout des réserves théologiques qui entreront en jeu. Car la révélation est sans doute un processus de communication.

La cybernétique a protesté énergiquement contre une telle classification. Elle a déclaré, et plus encore elle a déjà montré dans sa pratique que des catégories telles que la mémoire, l'oubli, la spontanéité, l'intelligence, etc. ne doivent pas nécessairement être considérées comme des manifestations de la spiritualité, du moins tant que celles-ci sont représentables et reproductibles dans un modèle mécanique ; que cela est surtout valable pour les lois statistico-mathématiques qui dominent la structure de l'information et du processus de communication intelligente ; et que de telles lois, il est vrai, ne sont pas des lois de la nature mais qu'elles ne sont pas non plus des lois de la vie subjective de l'esprit, si nous supposons que celle-ci est, d'une façon générale, susceptible d'être soumise à des lois formulables. Donc, non seulement l'information n'est pas matière ni énergie mais elle n'est pas non plus esprit ni subjectivité, comme nous l'avons déjà indiqué plus haut.

Avec la cybernétique se révèle ainsi un domaine intermédiaire, qui possède ses propres lois et qui se distingue radicalement, par une première négation, du pur objectif et de la chose pure, mais tout aussi catégoriquement, par une deuxième négation, du subjectif absolu et de l'intériorité. Le problème philosophique que nous impose la cybernétique consiste, premièrement, en ce que l'isomorphie classique de l'être et de la pensée, c'est-à-dire le principe absolu d'identité devient obsolète dans le champ de la théorie de l'information ; et deuxièmement, dans le fait que, par le détachement du processus de la communication de la conscience de soi, des catégories jusqu'à maintenant éminemment métaphysiques – ou du moins partiellement métaphysiques – sont transférées dans le champ de l'empirisme et sont ainsi livrées à une mainmise technique de l'homme, mainmise qui semble être presque blasphématoire.

La mémoire par exemple fait partie d'une telle catégorie, elle qui, depuis que Platon a conçu sa notion d'ἀνάμνησις, a appartenu pendant les derniers 2500 ans aux thèmes les plus importants de l'image du monde métaphysique. Mais si aujourd'hui on aborde ce sujet, à savoir que l'homme essaie d'intégrer des fonctions de la mémoire dans une image cybernétique de lui-même, on ne peut pas l'interpréter autrement qu'en disant que l'*homo faber* essaie plus que jamais d'insuffler son propre souffle à l'essence du monde technique qu'il a créé.

Même la catégorie métaphysique fondamentale de l'existence humaine, celle de liberté, est insérée d'une certaine façon dans ce processus. Une des thèses essentielles de la théorie de l'information s'énonce donc ainsi : the unpredictable part of a message is information. (La part non prédictible d'un message est information).

Pour préciser cette notion, il faut ajouter que cette part est par principe non prédictible. À cette définition négative correspond une définition positive, selon laquelle l'information est à chaque instant équivalente au taux de liberté dont on dispose au cours du processus de communication dans le choix de chaque message. La liberté dont on parle ici est toujours relative au système donné des symboles de communication. Et la mesure de l'information que l'on peut produire n'est rien d'autre que la mesure de liberté qui peut se confirmer dans l'usage des symboles.

Arrivé à ce point, nous devons signaler une interprétation fausse, grossière – mais facilement compréhensible – du rôle que jouent de telles références métaphysiques, comme la "mémoire" et la "liberté", dans la science cybernétique et spécialement dans la théorie de l'information. Naturellement il ne peut être question de faire entrer intégralement les prédicats que nous avons nommés plus haut, ceux d'intériorité pure et de subjectivité – ainsi que d'autres d'ailleurs – dans la théorie d'un modèle mécanique de la conscience. Plus encore : rien de leur profondeur métaphysique introscendante n'y est intégré. Ces catégories sont plutôt soumises à un processus de séparation au cours duquel on ne transpose dans le domaine cybernétique que ce qui peut être travaillé avec les méthodes logico-mathématiques. Nulle part, donc, on ne pose un mètre sur l'âme, sur cette catégorie métaphysique limite, quel que soit le nom qu'on lui donne.

Malgré cela, il est de fait que le matériau relevant de la cybernétique est gagné par un processus de séparation qui, jusqu'alors, n'était pas courant ; au cours de ce processus on dissocie certaines couches prétendument intérieures de la subjectivité – que l'on tient jusqu'à ce jour pour inviolable et intouchable – et on les démasque comme non intérieures et pseudo-subjectives. Dorénavant ces éléments démasqués d'une spiritualité qui se méprend sur elle-même ne sont pas du tout assignés – on ne peut suffisamment le souligner – au champ sans intelligence et naturel de l'objet en général, mais, comme nous l'avons déjà dit, nous devons requérir pour eux une troisième sphère proto-métaphysique, qui n'est ni sujet ni objet mais bien un processus intelligent produisant de l'information.

Peut-être peut-on dire que la découverte essentielle de la cybernétique est le fait d'avoir démontré, d'une façon empirique, qu'il est absolument impossible de décrire la structure transcendantale du réel à l'aide de deux composantes alternatives de la réalité. Les modes de compréhension qui résultent de notre pensée traditionnelle dualiste ne sont que des raccourcis. On ne peut lire le texte complet de la réalité à partir d'eux. Leur structure relationnelle est beaucoup trop pauvre pour rendre compte au minimum de la richesse des *Gestalten* du réel. Il en est de même avec le contraste entre l'abondance du romantisme et le style austère, sobre du classicisme. Ici, avec le plus grand succès, on a fait de vice vertu. Et, ici aussi, on doit chercher la raison pour laquelle le classicisme atteint des profondeurs métaphysiques beaucoup plus grandes que la sensibilité romantique. C'est parce qu'il s'est soumis à une rigueur exigée par la situation historique, qu'il l'a positivement mise en forme et qu'il a réussi à avancer jusqu'aux racines dernières de notre existence.

Cependant il semble que *cette* époque de la tradition classique arrive aujourd'hui à sa fin. La forme technique de la cybernétique repose sur la condition transcendantale que la réalité contient un vaste complexe de phénomènes, dont les structures relationnelles ne peuvent être ramenées à la dualité ontologique composée simplement du sujet et de l'objet. La situation des analyses de la théorie de l'information et de la technique de communication implique qu'à côté des deux composants traditionnels et classiques de la subjectivité pure et de l'objectivité pure on doit encore en stipuler un troisième, absolument d'égale valeur, et auquel nous tentons de donner le nom de processus de réflexion ou simplement de processus. En effet un processus n'est ni une chose ni un sujet. Dans le premier cas il lui manque le caractère de la vraie objectivité concrète et dans le second celui de l'ipséité.

Ce troisième composant – comme nous le savons déjà – est obtenu méthodiquement en dégageant du composant classique initial de la subjectivité certains éléments dont on peut montrer positivement qu'ils ne peuvent être de nature spirituelle. Cette preuve est, dans ce cas donné, extrêmement simple. Ce que l'on peut répéter dans un modèle et construire techniquement n'est pas spirituel. Mais d'un autre côté on nous fait énergiquement remarquer – et cela nous semble justifié –

qu'en aucun cas les phénomènes débattus ne doivent être interprétés en tant que matière. C'est-à-dire qu'ils constituent entre matérialité et spiritualité une troisième sphère autonome qui comprend ses propres lois. L'autonomie transcendantale de ces nouvelles régions est fondée sur le fait que la cybernétique a ouvert la vue sur une troisième transcendance, à savoir la transcendance spécifique des processus. Cela signifie que la réflexion ne peut jamais être complètement objectivée et que le cerveau mécanique ne peut jamais prendre le caractère d'un Je. Ni pour le processus de l'objectivation de la réflexion ni pour celui de la subjectivation des mécanismes, il n'existe de frontière finie. Mais si le processus progressif de subjectivation d'un *mechanical brain*, qui se rapproche toujours plus de l'esprit, et l'objectivation de la conscience, qui atteint des profondeurs toujours plus grandes, peuvent, dans un mouvement inverse, se rapprocher infiniment l'un de l'autre sans jamais se rencontrer, ils dévoilent de ce fait un "au-delà intermédiaire" entre eux. En d'autres termes : le processus de la réflexion, ou information, dispose d'une propre transcendance. Or, posséder une transcendance signifie avoir un fond inaccessible. Nous disposons donc maintenant de trois formes (*Gestalten*) jouissant d'une telle inaccessibilité. Premièrement l'inaccessibilité objective de l'en-soi, deuxièmement l'inaccessibilité subjective de l'intériorité, auxquelles s'ajoute maintenant une troisième inaccessibilité, qui nous enseigne que sujet et objet ne peuvent pas complètement se rencontrer au centre. Ils courent à la rencontre l'un de l'autre sans jamais se rattraper ni se joindre ensemble dans une identité. Et c'est justement ainsi que se confirme l'indépendance métaphysique du processus de réflexion. Il est soumis à un principe régulateur infiniment lointain, qui n'appartient ni au côté de l'objet ni à celui du sujet.

Malgré cela, il est de la plus extrême importance de se rappeler que notre accès à cette troisième région de la réalité n'a été obtenu qu'en séparant les phénomènes considérés de la dimension subjective originelle. La nouvelle image du monde en train de se créer ne modifie donc que la notion de sujet et non celle d'objet. Nous devons admettre que nous avons réuni jusqu'à présent deux idées proto-métaphysiques hétérogènes sous l'idée de subjectivité. Et la séparation de ces idées va conduire à une nouvelle métaphysique comprenant trois valeurs et même, d'une façon plus générale, à une métaphysique plurivalente. Mais ce qui sera d'un poids infini pour notre actuelle tradition de pensée classique et pour son destin futur est le fait sécurisant que l'idée métaphysique classique de l'objet et de l'objectivité n'est pas touchée ni attaquée par ce nouveau développement.

En d'autres termes : la logique classique binaire reste intacte et garde encore sa pleine validité tant que sont uniquement concernées des structures purement objectives ; c'est-à-dire des structures dans lesquelles la réflexion encore reliée au Je, ou le sujet, n'est pas thématiquement concerné. En outre, cela implique que les catégories ontologiques de la métaphysique classique gardent toujours, elles aussi, leur légitimité et qu'elles sont toujours indispensables comme motifs de base de notre compréhension de la réalité. La seule différence en regard de ce qui existait avant est que ces formes catégorielles, considérées jusqu'ici dans le cadre de la tradition platonicienne et aristotélicienne comme compétentes pour l'étendue totale de notre conscience de la réalité, doivent voir maintenant leur compétence restreinte au domaine pur et isolé de l'objet. Leur validité ne peut plus s'étendre à la sphère subjective primordiale, parce que cette dernière est, d'après les théories cybernétiques, différenciée en deux domaines strictement séparés, à savoir celui du processus de réflexion produisant de l'information et celui de l'intériorité purement subjective, c'est-à-dire de l'intériorité introscendante.

Ainsi le principe classique d'identité reçoit une forme complètement différente, une forme plus riche et plus profonde. Comme nous le savons, il stipule à l'origine une forme simple telle que dans l'absolu l'objet et le sujet ou l'être et la pensée deviennent identiques. Mais cela présuppose que sujet et objet représentent une relation d'échange pure, qu'un tiers qui dérangerait la symétrie métaphysique de la pensée et de l'être est donc exclu inconditionnellement.

Maintenant nous devons prendre en compte ce tiers révélé par la cybernétique. L'identité métaphysique originelle est donc supprimée. Elle est remplacée par trois principes d'identité binaires, d'une validité relative, que nous nommerons :

a) identité d'être
b) identité de réflexion
c) identité transcendantale,

Ces trois termes sont à interpréter de la manière suivante : le schéma cybernétique nous livre, ainsi que nous l'avons déjà dit, trois composants de base :

objet processus de réflexion sujet

Sur la base de cette triade, trois relations d'identité sont donc possibles. Premièrement celle entre "objet" et "processus de réflexion". Nous l'avons nommée *identité d'être*. Elle correspond au vieux principe d'identité absolue, mais il faut savoir qu'il subsiste un reste de réflexion non assumé dans cette pose de l'identité. Cet excédent est indiqué par le terme "sujet".

La deuxième relation d'identité peut être établie entre "processus de réflexion" et "sujet". Elle mène à la notion d'*identité de réflexion*. Il reste ici aussi un excédent qui ne se résorbe pas dans le processus d'identification. Il est cette fois indiqué par le terme "objet".

Finalement la troisième identification peut se faire entre "objet" et "sujet". Nous arrivons à travers elle à la conception de l'*identité transcendantale*. Comme dans les deux cas précédents, cette identification, elle non plus, n'est pas absolue au sens métaphysique classique ; car maintenant encore un reste non assumé demeure. Dans cette situation c'est le "processus de réflexion" que l'on ne peut désigner ni comme "objet" ni comme "sujet".

À cet endroit nous devons introduire une remarque historique. La distinction précise entre *identité d'être* et *identité de réflexion* émerge pour la première fois dans la logique hégélienne, bien qu'il ne soit pas trop difficile de faire remonter les premiers motifs philosophiques de cette différenciation de deux conceptions d'identité à la critique de la raison pure, ou même plus loin encore.

Mais pourquoi ces trois principes d'identité ? Qu'ils résultent de facteurs purement combinatoires dès que nous introduisons dans notre pensée l'idée de trois composantes de réalité métaphysique ne veut rien dire, tant que nous ne sommes pas capables de présenter des interprétations "ontologiques" de nos trois principes d'identité. C'est maintenant notre tâche de les développer.

La métaphysique classique binaire qui ne connaît qu'un principe d'identité nous met dans un vif embarras. Il faut dire que nous savons très précisément que l'identité d'une chose avec elle-même ne signifie pas la même chose que l'identité d'un Je qui s'éprouve lui-même, c'est-à-dire d'une autoconscience. L'une est identité "morte", c'est-à-dire non-réflexive, identité d'un être se reposant en lui-même. L'autre est identité "vivante", donc identité d'un Je qui se réfléchit lui-même et qui se distingue expressément de l'être. Le mot "âme" n'est qu'une autre expression pour désigner ce phénomène. Toute la vie de notre esprit est fondée sur cette distinction et, dans le moindre mot que nous énonçons, elle en est la condition tacite. Mais, autant nous sommes intuitivement conscients de cette différence d'identité entre chose et âme, autant la logique binaire ne nous donne aucun moyen d'élaborer une expression logique précise de cette évidence intérieure. De même, notre intuition se hérisse contre le fait que dans la perspective de la logique formelle binaire héritée de Platon et d'Aristote les deux identités, celle de la chose avec elle-même et celle du Je avec lui-même, soient l'une et l'autre exactement équivalentes. Il est typique que Kant, qui se trouve sous cet aspect entièrement dans le prolongement de la tradition classique, parle de la chose en soi et du Je en soi d'une façon telle que tous les deux possèdent une identité de même essence, celle de l'être en soi.

Mais si nous introduisons maintenant, d'après le modèle cybernétique, une troisième composante de réalité proto-métaphysique ou de réalité transcendantale logique, il apparaît : Premièrement que nous pouvons établir sous une forme tout à fait logique une distinction entre identité objective d'être et identité non objective d'un sujet avec lui-même. Deuxièmement que nous sommes capables de constater avec précision en quoi consiste la différence entre un sujet Je et un sujet Tu dans la perspective de la logique formelle. C'est-à-dire que la conscience de notre propre identité ne nous dit pas seulement qu'il existe sur ce point une différence entre une chose morte et nous ; elle nous informe en outre que nous ne sommes pas identique à d'autres Je. Cela veut dire que pour notre réflexion il existe trois différentielles d'identité. Premièrement, la différentielle entre la chose et le Je qui est le Je propre ; deuxièmement, la différentielle entre le Je propre et un autre quelconque qui est toujours un Tu. Et maintenant nous savons aussi, avec la même force d'évidence avec laquelle nous nous distancions du monde des choses, que le Tu, bien qu'il se donne dans notre monde des choses comme une grandeur objective, se distingue aussi lui-même des choses et des événements de ce monde en tant qu'identité personnelle, comme nous-même le faisons. Il existe donc une troisième différentielle d'identité en plus des deux jusqu'ici mentionnées : celle entre le Tu et les objets.

Ainsi résulte une interprétation ontologique de nos trois notions d'identité. L'identité d'être explicite le sens dans lequel un objet pur, un ça impersonnel est identique à lui-même. Seuls la composante d'objet pur et le procès mécanisable ont part à cette identité. En revanche le sujet ou l'intériorité n'est pas concerné par cette relation d'identité. Dans cette situation la subjectivité pure joue le rôle de tiers exclu.

Sous l'expression identité de réflexion nous devons entendre le caractère spécifique de l'autoconscience, c'est-à-dire de l'identité du Je dans son sens le plus privé et le plus intérieur. Elle représente le sujet qui repose dans sa propre réflexion décidée par lui-même. C'est pourquoi il n'y a que la composante intermédiaire du processus de réflexion et la composante de la subjectivité pure qui sont concernées par cette relation. L'objet pur, opposé d'une façon tout à fait abrupte au Je, n'est pas concerné car il est l'autre ou l'étranger de cette identité. Et comme dans le premier cas de l'identité d'être, le sujet était exclu en tant que pure intériorité, dans le principe de l'identité de réflexion transparente à elle-même, l'objet est exclu en tant qu'élément impénétrable à la réflexion, car il est dans le sens le plus fort non-Je.

Il nous reste en dernier lieu l'identité transcendantale. Nous l'avons nommée ainsi parce qu'à travers elle se crée une relation d'identité entre les notions situées aux deux extrémités, celle de sujet en général et celle d'objet en général. C'est-à-dire qu'ici la pure intériorité de la subjectivité référée à elle-même est identifiée à l'objet existant dans le monde. Or une telle identification ne donne rien d'autre que l'image du Je que nous (pour nous-même) ne sommes pas. L'identité transcendantale constitue donc le Tu tel que nous le rencontrons dans la réalité objective. En effet, d'un coté nous concédons au Tu la même intériorité pure que celle que nous constatons en nous-même. Mais de l'autre nous ne pouvons faire l'expérience vivante du Tu en tant que processus de réflexion, nous pouvons seulement la faire en tant qu'objet transcendant relié à notre conscience dans le contexte des choses. Ainsi chaque autre Je, ou Tu, constitue pour nous l'identité immédiate de l'objet et du sujet, pendant que nous sommes pour nous-même uniquement l'identité du sujet et du procès de réflexion.[15] Dans le Tu le processus de réflexion ne nous est pas donné. Il est justement exclu – pour notre pensée – parce que nous nous identifions à ce processus actif de réflexion. En effet, penser concerne toujours notre propre pensée. Le Tu reste éternellement le Je pensé, c'est pourquoi il est impossible de l'identifier au processus de réflexion.

Le schéma suivant donne une vue d'ensemble des trois principes d'identité qui sont possibles sur cette base de réflexion.

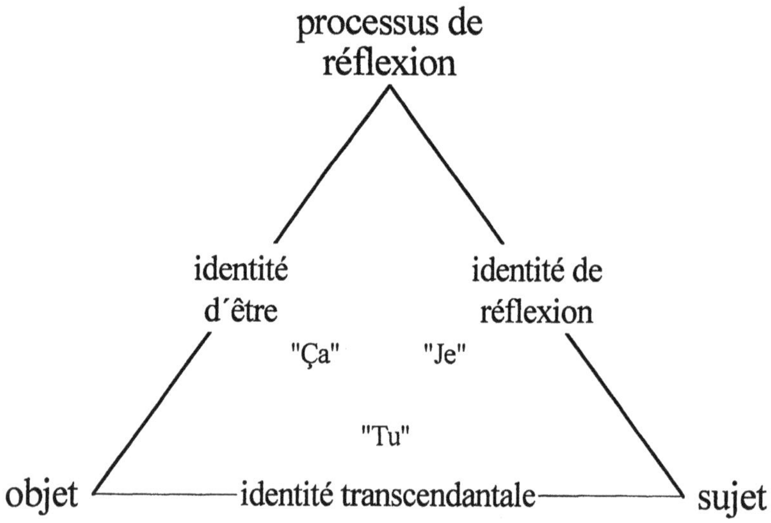

C'est ainsi que se révèle aussi le sens transcendantal plus profond de la cybernétique. La subjectivité en général nous est donnée dans notre expérience sous deux formes : premièrement à travers la propre vie de notre âme, et deuxièmement à travers la vie d'une âme étrangère (*Fremdseelisches*). Mais la subjectivité pure ne nous est accessible que dans la sphère privée, intime de notre propre Je. En revanche

[15] "La notion de Tu se forme par l'unification du Ça et du Je. La notion de Je... est la synthèse du Je avec lui-même." ("Der Begriff des Du entsteht durch Vereinigung des Es und des Ich. Der Begriff des Ich... ist die Synthesis des Ich mit sich selbst.") C'est la formulation de Fichte dans le neuvième paragraphe de la deuxième introduction de *Wissenschaftslehre* (*Doctrine de la science*).

l'autre Je, dans son intériorité personnelle, nous est aussi éloigné et aussi inaccessible que l'au-delà lui-même. Cette distance entre l'âme du Je et celle du Tu nous la vivons, certes, comme un fait mais son essence nous reste incompréhensible.

Dans la construction d'un mécanisme produisant de l'information et rendant possible de la communication se situe, en tant qu'ultime intention, le désir de surmonter d'une manière rationnellement maîtrisable le clivage primordial qui inaugure le différentiel d'identité de Je et de Tu, et qui distribue pour l'éternité la subjectivité identique à elle-même sur deux racines métaphysiques. Car si deux Je différents ne partagent pas mutuellement leur propre intériorité privée et s'ils ne peuvent pas la posséder ensemble, il ne reste qu'une voie à leur compréhension mutuelle, une voie ontologiquement inévitable et objectivement obligatoire : à savoir projeter hors d'eux-mêmes l'image de leur subjectivité dans une action commune et la construire techniquement dans le champ de l'objectivité. Et c'est seulement dans un tel effort que peuvent se révéler, en même temps, ce reste de spiritualité pure, intérieurement privée et introscendantalement inaccessible et ce qui appartient à la deuxième composante pseudo-subjective, qui est inévitablement et semblablement possédée par tous les Je et qui a ainsi un sens profondément public. Dans ce contexte on peut signaler que Kant a déjà établi dans un court écrit une distinction entre raison privée et raison publique.[16]

Cette nouvelle tentative de l'homme de construire son Je dans un modèle concret, jusqu'au point où il est objectivement intelligible, repose sur la compréhension herméneutique que le Je lui-même ne pourrait accéder à une compréhension ontologique pleine du Tu par introspection pure et réflexion sur soi que si la tradition classique avait raison quand elle déclare que la subjectivité en général, où qu'elle apparaisse, doit être comprise comme une constellation métaphysique toujours identique, formée par les composantes qui la portent.

Or c'est justement cette conception qui est contestée aujourd'hui. La nouvelle distinction entre identité de réflexion et identité transcendantale signifie finalement que ces catégories, à l'aide desquelles le Je se réfléchissant lui-même gagne sa propre image, ne remplissent plus leur fonction quand on essaie d'interpréter grâce à

---

[16] Emmanuel Kant, *Beantwortung der Frage : Was ist Aufklärung ?* 1784. (*Réponse à la question : Qu'est-ce que les Lumières?*)

elles le rôle du Tu qui vient à notre rencontre dans le monde. Dans la métaphysique classique les deux images de la subjectivité, c'est-à-dire la variante subjective en tant que Je et la variante objective en tant que Tu, peuvent se recouvrir parfaitement. En effet la métaphysique binaire ne connaît que la différence simple entre sujet en général et objet en général, la différenciation entre Je et Tu n'a pour elle aucune signification ontologique. Cette différence intra-subjective doit déjà être annihilée quand s'accomplit dans l'absolu la *coincidentia oppositorum*.

Par conséquent, pour notre tradition métaphysique, la division de la subjectivité en général entre Je et Tu n'a qu'une signification empirique de surface. Sous un aspect transcendantal cette différenciation est sans essence. Car si la subjectivité, ainsi que le suppose toute pensée binaire, doit être saisie dans chaque forme réelle avec les mêmes catégories introscendantes, nous devrons nous plonger dans une authentique et profonde introspection de nous-même pour, dans cette réflexion sur notre essence la plus personnelle, accéder aussi à la connaissance du Tu. Ce fut depuis toujours l'attitude de tous les utopistes, qui lisaient dans le fond de leur propre cœur les règles exactes d'après lesquelles les autres hommes devaient se comporter.

Mais la cybernétique affiche *la fin de l'utopie classique*. Dans sa thèse, la cybernétique déclare que le phénomène du procès de communication informative ne doit pas être interprété comme expression d'une subjectivité ipséiquement privée mais d'une subjectivité partout identique ; elle enseigne donc implicitement que la voie vers une compréhension ontologiquement adéquate du Je et du Tu ne peut être menée qu'à travers un modèle *objectif* de subjectivité, que tous les Je individuels reconnaîtront d'une manière identique et que, d'une manière également identique, ils appréhenderont comme étranger. Dans l'introspection il existe toujours une préférence pour notre propre intériorité ; le Je étranger ne se déduit d'elle que secondairement. Il en est de même en ce qui concerne la méthode utilisée pour ressentir la vie de l'âme d'autrui. La base primaire est ici aussi notre propre sentiment. De tels résultats peuvent être précieux pour notre propre compréhension et notre propre comportement, mais sous cette forme ils ne possèdent pas du tout le caractère ontologique nécessairement objectif. Il reste, comme Hegel le constate justement, de l'esprit subjectif, et leur transformation dans le contexte structural de l'esprit objectif reste problématique.

Le chemin vers la représentation que l'homme a de lui-même passe donc par le Non-Je commun à tous, c'est-à-dire par la dimension d'objectivité. Ainsi nous voyons que notre tradition classique, encore dans l'avenir, restera fondamentale quant à sa conception de l'idée d'objectivité. En aucune façon la nouvelle révolution de notre façon de penser, qui a commencé avec l'idéalisme transcendantal et qui se poursuit aujourd'hui avec l'interprétation technique réalisée par la cybernétique, ne critique sérieusement l'idée d'objectivité. La pensée classique a élaboré là quelque chose de définitif. En revanche cette révolution soumet l'idée de subjectivité qui existait jusqu'à présent à une analyse inexorable, et elle est en train de la dissoudre.

Les conséquences d'un tel essai, spécialement depuis que la technique s'est saisi de cette problématique, sont évidentes pour la philosophie sociale et historique. En guise de courte illustration, nous voulons citer ces mots curieux d'Aristote situés dans le quatrième chapitre de la *Politique* : "Si donc il était possible à chaque instrument, parce qu'il en aurait reçu l'ordre, ou par <simple> pressentiment, de mener à bien son œuvre propre, comme on le dit des statues de Dédale ou des trépieds d'Héphaïstos qui, selon le poète (Homère), entraient d'eux-mêmes dans l'assemblée des dieux, si, de même, les navettes tissaient d'elles-mêmes et les plectres jouaient <tout seuls> de la cithare, alors les ingénieurs n'auraient pas besoin d'exécutants ni les maîtres d'esclaves."[17]

Aujourd'hui nous savons précisément que ce transfert aux choses objectives des modes comportementaux interprétés jusqu'alors comme relevant de la subjectivité, c'est-à-dire de l'âme, transfert auquel Aristote s'est amusé à rêver, n'est pas réalisable avec les moyens de la pensée classique. La logique binaire traditionnelle, sur laquelle notre tradition scientifique passée s'est posée comme sur un fondement stable, n'est plus à la hauteur de cette nouvelle problématique en raison de sa capacité limitée. Une logique comprenant au moins trois valeurs doit se mettre à sa place, une logique qui contient en elle notre rationalité classique comme un cas d'abréviation théorique et qui, par ses relations structurales plus riches, est capable d'assumer ces nouvelles tâches de la pensée.

L'architecture de la cybernétique, qui nous semble aujourd'hui encore fantastique, s'élève sur le champ désertifié de notre récente

---

[17] Aristote, *Politique*, 1253 b. Trad. Pierre Pellegrin.

histoire passée. Elle-même n'est d'abord qu'une expression négative de l'avenir qui s'annonce en elle. Son existence montre seulement qu'une forme historique de l'homme a déjà commencé à se désagréger et qu'elle va disparaître définitivement. Mais les nouvelles perspectives métaphysiques qui s'étendent au-delà des théories cybernétiques nous enseignent en même temps que cette mort n'est pas le dernier mot, et que les paroles de Hegel sont plus que jamais valables ici : "Pourtant, ce n'est pas la vie qui s'épouvante devant la mort et se garde pure de la dévastatation qui est la vie de l'esprit, mais celle qui la supporte et se conserve dans elle." *

* "Aber nicht das Leben, das sich vor dem Tode scheut und von der Verwüstung rein bewahrt, sondern das ihn erträgt und ihm sich erhält, ist das Leben des Geistes." Hegel *Phénoménologie de l'esprit*, Préface, p. 47. Trad. Jarczyk et Labarière, Gallimard 1999.

Partie II

Mécanisme, conscience et logique non-aristotélicienne.

Le passage, exigé par la cybernétique, d'une logique binaire à une logique comprenant au moins trois valeurs (ou probablement à une logique généralement polyvalente) implique un changement radical de la structure de la conscience humaine telle qu'elle se présentait jusqu'à présent, ainsi que l'apparition d'une nouvelle image métaphysique du monde et, *last but not least*, une représentation totalement nouvelle de la nature de la machine et de la relation que l'homme entretient avec elle. Cela devrait être évident à partir de tout ce que nous venons de dire. Mais ce que nous pouvons à peine déduire des considérations précédentes, ce sont les perspectives logiques et métaphysiques spécifiques, qui se manifestent lorsque nous nous posons la question que nous suggèrent les formations cybernétiques : est-il possible de construire des analogies de conscience dans un mécanisme ?

Le concept d'analogie de conscience – aujourd'hui presque oublié – est en réalité très vieux. Il est utilisé à grande échelle dans la métaphysique religieuse de Saint Augustin. L'être de l'homme est une analogie de l'Être divin et la conscience terrestre est une analogie de la conscience absolue de Dieu. Mais une telle distinction ne peut avoir un sens déterminable que si l'on différencie, dans les expériences du sens (*Sinnerlebnisse*), deux niveaux métaphysiques différents : premièrement les expériences du sens illimitées qui relèvent du savoir et du vouloir divins, et deuxièmement les expériences du sens limitées dans lesquelles une conscience terrestre humaine peut se constituer. En fait cette distinction est établie dans l'histoire des idées de toutes les hautes cultures, et si l'on veut obtenir des informations concernant cet aspect dans la tradition occidentale, on peut lire le texte de Nicolas de Cues : *De docta ignorantia.* D'après lui, et d'après chaque métaphysicien qui s'est penché sur ce problème, la logique divine est univalente. Dans l'absolu, les valeurs terrestres de positivité et de négativité se rejoignent et surpassent ainsi la distance infinie qui sépare éternellement, pour la pensée terrestre, l'en deçà et l'au-delà, le bien et le mal, la vérité et l'erreur et finalement la raison et la volonté.

Mais aucune intelligence terrestre ne peut penser avec les moyens "théoriques" d'une "logique" vraiment univalente, parce que celle-ci désavoue radicalement les conditions de base et d'existence de la conscience humaine, soit l'antagonisme du Je et du non-Je. Comme nous le savons, dans la "logique" absolue univalente de Dieu penser et être coïncident, et Sa Parole fait surgir la réalité hors du néant. Car le Verbe de Dieu est l'être lui-même. Mais la deuxième valeur (la négation) décrit dans la pensée la distance entre la conscience humaine et son origine divine, et l'ambiguïté infinie du jugement négatif annonce qu'aucun nombre fini de pas théoriques ne peut atteindre ces lointaines transcendances, où la conscience divine univalente se tient dans son essence. Il n'existe qu'une seule et unique dimension "logique" au-delà de Dieu, c'est l'éloignement de Dieu, la négativité pure de l'expérience bivalente.

À l'égard de son original, l'analogie de conscience se trouve dans une relation telle que le mode de fonctionnement du prototype est projeté, dans l'analogie, sur une valeur supplémentaire et se réfléchit dans cette dernière. Mais "réfléchi" veut dire "réfracté", ce n'est qu'une reproduction. Dans ce sens la conscience terrestre n'est donc qu'une analogie de l'absolu. Sa manière de fonctionner n'est pas absolu-logique mais seulement ana-logique. Uniquement sous cette condition Dieu est vraiment Dieu, parce qu'uniquement sur le terrain de la bivalence d'une expérience vécue du sens il existe une déclivité (*Sinngefälle*) métaphysique univoque, déclivité de valeur et de sens de la réalité divine vers l'homme. En effet, Dieu ne peut donner des commandements et des lois à l'homme que si l'on suppose une telle déclivité du sens et son univocité inconditionnelle. L'appel de l'éternité – tel qu'il touche personnellement l'homme dans toutes les hautes cultures – n'est perçu comme tel par l'âme que si la révélation vient d'en Haut, c'est-à-dire d'une dimension qui est au-dessus de la réfraction (*Gebrochenheit*) de la conscience réfléchissante.

D'après ce qui vient d'être décrit, il est possible de parler d'expériences du sens métaphysique du premier et deuxième ordre. Celles du premier ordre, nous ne pouvons pas les effectuer. Nous ne pouvons pas nous identifier à elles. C'est pourquoi elles nous apparaissent comme des commandements et des lois venant d'en Haut. Mais le fait que nous pouvons les admettre et les comprendre dans un contexte de signification présuppose que nous sommes capables, nous aussi, d'avoir des expériences du sens métaphysique – quoique d'un ordre inférieur. Ce n'est donc pas seulement une conscience absolue archétypique qui présuppose des expériences du sens. La même capacité – quoique dans une forme réduite – doit être attribuée à une analogie de conscience. Mais ici nous nous trouvons devant une énorme question : est-ce qu'une logique trivalente n'implique pas, avec une *double* réflexion du sens originel, une nouvelle analogie de conscience à l'égard de laquelle la conscience bivalente classique de l'homme joue le rôle de l'archétype ? En d'autres termes : si la cybernétique nous force d'introduire une logique trivalente, est-ce qu'il ne serait pas possible de produire dans des mécanismes des analogies de conscience, qui se comporteraient envers la conscience humaine comme celle-ci se comporte à l'égard de la pensée divine hypostasiée ? Si nous formulons notre question ainsi – bien que d'autres formulations avec d'autres conséquences soient aussi possibles – cela implique que la distance entre conscience humaine et conscience "mécanique" est infinie, mais cela suppose aussi que le "*mechanical brain*" peut être interpelé par son créateur d'une manière analogique, comme l'homme par les commandements de Dieu. C'est-à-dire que nous avons un mécanisme qui ne réagit pas seulement aux influences causales mais aussi à des motifs raisonnables signifiants. Une telle forme de réaction, qui semble aujourd'hui encore incroyable, aurait pour conséquence de nous contraindre psychologiquement à interpréter le comportement d'un tel mécanisme comme "conscient". Toutefois, et nous ne le soulignerons jamais assez, le terme de conscience ne doit pas être pris, dans ce cas, dans le sens de conscience humaine mais comme étant analogue à cette dernière.

Ce qui est inquiétant dans la perspective que l'on vient d'ouvrir, c'est qu'à partir de maintenant (comme on pouvait déjà l'entendre dans la première partie de nos considérations) la différenciation longtemps familière entre chose et âme va se perdre à jamais. La "*Grande Logique*" de Hegel possède encore cette différence. Elle y est définie comme la différence entre identité et identité de réflexion. Une chose est complètement ce qu'elle est. Elle est complètement identique à elle-même. Elle ne peut pas se contredire elle-même. Elle est être *objectif* et, comme tel, elle livre l'image de la forme existentielle de la vérité. Il n'y a pas de choses fausses parce que leur vérité coïncide avec leur être. Tous les vrais objets sont univalents. Ils partagent cette propriété avec Dieu ou l'Absolu. Ce qui les distingue de l'existence divine est uniquement le fait que leur univalence s'applique exclusivement à leur être, c'est-à-dire à leur être-là objectif, alors que l'absolu doit être univalent en tant qu'*autoconscience*.

Le seul critère qui permet de distinguer un Je d'une chose est le fait que celui-là ne possède pas une identité simple et directe mais une identité de réflexion. Aucun Je n'est jamais tout ce qu'il est. Il n'est jamais complètement identique à lui-même parce qu'il se réfléchit, si bien que son identité est réfractée. Toute conscience, comme l'indique déjà son nom (*Bewußt-Sein*), se reflète dans l'être (*Sein*) et peut se comprendre et s'appréhender seulement dans ce *medium* non ipséiste. Aussi se contredit-elle elle-même en permanence, car elle se connaît en tant que subjectivité opposée à tout être pur et à toute choséité métaphysique, mais, malgré cela, elle ne peut pas se comprendre autrement que dans les catégories de l'objectivité, donc comme une variante de l'être. Cette scission inévitable et cette tension réflexive trouvent leur expression dans le fait que le Je, en opposition à la chose, a une existence ontologique-bivalente – et ambiguë !

Hegel fait un commentaire remarquable à ce propos. Il dit que le Je n'est rien de plus que la pensée quand on se la représente comme une chose. Mais si la pensée bivalente est chosifiée, elle reste quand même bivalente. C'est pourquoi être conscient est en permanence une contradiction avec soi-même. Des choses fausses ne peuvent pas exister mais bien de faux contenus de conscience. Ainsi la tradition classique enseigne avec droit que le sujet est la source de toute erreur, et que la vérité n'apparaît dans sa forme définitive que lorsqu'elle s'est exprimée elle-même dans le *medium* de l'objectivité. Univalence n'est qu'une expression théorique pour infaillibilité. On ne peut pas argumenter avec des choses mortes ni avec Dieu. Quant à l'existence bivalente, elle se manifeste dans des actions ou des décisions, et celles-ci peuvent, confrontées à la positivité infaillible de l'être, être vraies ou fausses.

En tout cas la différence entre univalence et bivalence est un critère définitif pour différencier de simples objets de sujets réfléchis en eux-mêmes. Aussi s'agit-il d'un critère ontologique, donc d'un critère d'être pur, et de cette façon on constate que ce qui est plus qu'univalent ne peut plus être abordé comme être direct positif. Bivalence de l'existence signifie en toute circonstance être-là subjectif, donc conscience. Cette délimitation entre objectivité et subjectivité est parfaitement claire et ne peut donner prise à aucun malentendu. C'est pourquoi, jusqu'à présent, la différenciation simple entre Je et chose est acceptée dans la tradition philosophique comme ce qui se comprend de soi-même. Il n'existait aucune raison d'aller au-delà d'elle, parce que la logique bivalente représentait jusqu'alors le seul système possible de pensée dans lequel la conscience pouvait se réaliser.

Mais aujourd'hui la situation épistémologique a fondamentalement changé. Depuis, nous savons que des logiques plurivalentes sont entrées dans le domaine des possibilités, nous devons donc nous demander sérieusement si toute subjectivité s'épuise vraiment dans une bivalence simple ; c'est-à-dire si la bivalence classique est par excellence la forme d'existence de toutes les formes de conscience, ou si elle n'est peut-être que la limite inférieure qui protège toute subjectivité de l'être réel simple. En d'autres mots, est-ce qu'il y a de la conscience plurivalente et quelle relation entretient-elle avec la conscience originelle bivalente ?

Dans la première partie de ces considérations nous avons essayé de montrer que la pensée cybernétique présuppose au moins une logique trivalente, donc que le niveau de conscience que s'est approprié la problématique de la théorie des cerveaux électroniques est déjà forcé de penser avec des catégories trivalentes. Mais qu'est-ce qu'une conscience trivalente et quelle relation entretient-elle avec les états d'une conscience bivalente ? Si nous sommes honnêtes, nous devrons avouer que pour le moment nous n'avons pas la moindre représentation d'une subjectivité polyvalente. Plus encore : l'opposition phénoménale archétypale entre Je et non-Je semble être constitutive de toute subjectivité, c'est pourquoi la conception d'une pensée polyvalente semble contredire l'essence de la logique en général[1]. À cela nous devons répondre que cette opposition phénoménale archétypale est en fait fondamentale pour toute conscience. La logique trivalente ne la désavoue nulle part, et ce sera notre devoir de montrer dans ce qui suit qu'elle est valable non seulement pour le Je des cybernéticiens, pour le Je de l'homme classique mais davantage encore pour la "conscience" d'un *mechanical brain* en projet.

---

[1] Récemment cette opinion a été de nouveau présentée par B. v. Freytag-Lörringhoff.

Afin d'apporter une preuve à ce que nous venons de dire, nous voulons revenir encore une fois sur notre schéma cybernétique originel de base.

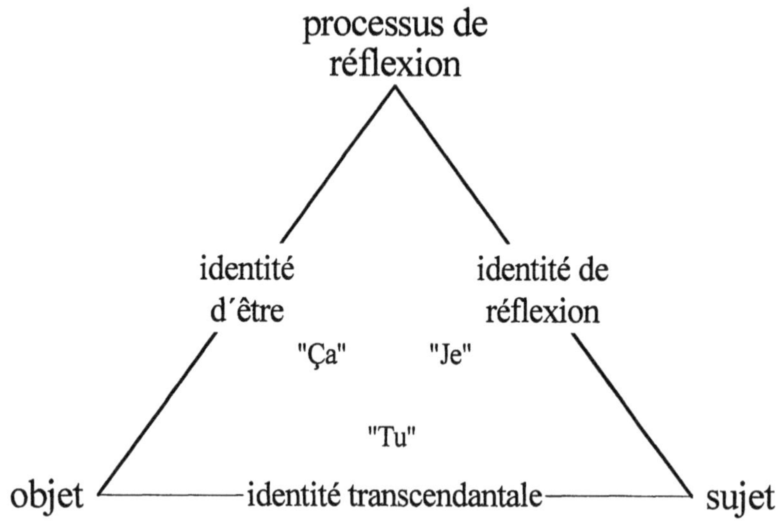

Nous pouvons maintenant représenter nos trois composantes métaphysiques par trois valeurs logiques. Objectivité signifie irréflexivité logique, c'est pourquoi nous voulons la désigner par "I". Pour réflexion nous posons le signe de valeur "R". La subjectivité nous est connue seulement comme réflexion sur l'opposition de "I" et "R". Elle se présente donc comme réflexion sur une situation de réflexion (subordonnée). Cela veut dire qu'elle est une réflexion *double*, c'est pourquoi nous voulons la désigner par "D".

Dans la situation bivalente classique, la différence entre "R" et "D" n'existe pas, c'est pourquoi nous ne possédons ici que l'opposition simple de "I" et "R", où "I" est identifié comme d'habitude avec vrai et "R" avec faux. Ainsi "I" et "R" forment, dans la pensée bivalente, deux formations matérielles de base de conjonction et de disjonction que l'on note d'habitude dans le tableau suivant :

p	q	p∧q	p∨q
I	I	I	I
I	R	R	I
R	I	R	I
R	R	R	R

(I)

Mais on peut aussi noter les deux autres paires de valeurs "R" et "D", ainsi que "I" et "D", avec la même relation conjonctive et disjonctive. Nous obtenons ainsi les tableaux suivants :

(II)

p	q	p∧q	p∨q
R	R	R	R
R	D	D	R
D	R	D	R
D	D	D	D

(III)

p	q	p∧q	p∨q
I	I	I	I
I	D	D	I
D	I	D	I
D	D	D	D

Une logique trivalente n'est rien d'autre que la réunion des trois tableaux (I), (II), (III) dans un système unique ! Chacun des trois tableaux bivalents contient à la fois une conjonction et une disjonction. Le tableau trivalent de la réunion contient huit fonctions conjonctives et disjonctives. De ces fonctions, seules les deux centrales "pΔq" et "p∇q" doivent être notées.

p	q	pΔq	p∇q
I	I	I	I
I	R	R	I
I	D	I	D
R	I	R	I
R	R	R	R
R	D	D	R
D	I	I	D
D	R	D	R
D	D	D	D

(IV)

La structure de ces suites de valeurs devient tout de suite claire, si nous les décomposons dans leurs éléments du système bivalent :

		pΔq			p∇q		
p	q	∧	∧	∨	∨	∨	∧
I	I	I		I	I		I
I	R	R			I		
I	D			I			D
R	I	R			I		
R	R	R	R		R	R	
R	D		D			R	
D	I			I			D
D	R		D			R	
D	D		D	D		D	D

(V)

La signification des fonctions trivalentes du tableau (IV) découle d'une manière univoque du tableau de résolution (V). Une logique trivalente, qui se construit sur des fonctions comme "pΔq" "p∇q", est un système de trois logiques bivalentes avec les paires de valeurs :

I R
RD
I D

où les relations de valeurs "IR" "RD" sont quasiment mises en "parallèle", c'est-à-dire qu'elles représentent des relations d'échange des valeurs voisines. Elles sont, pour utiliser une expression de Hegel, des relations de valeur "directes". En revanche la logique binaire de "ID" constitue une opposition de valeur des valeurs non voisines. Ainsi "I" et "D" ne sont médiatisées mutuellement que par la valeur "R", qui n'existe pas dans leur système bivalent.

Cela constitue le noyau logique formel de l'idée hégélienne de "médiation absolue". Dans quel sens cette médiation est-elle absolue ? Nous le constaterons dès que nous aurons pris connaissance d'une autre propriété de la logique "ID". Dans la mesure où la logique du tableau (III), pourvu qu'on la réunisse avec les logiques des tableaux (I) et (II) dans un tableau trivalent (IV), enceint les systèmes de (I) et (II), elle doit être interprétée comme une réflexion sur les deux relations de réflexion plus étroite. Elle représente donc un niveau de réflexion supérieure et, de cette façon, la signification des fonctions trivalentes se révèle être : *une signification qui ne montre pas la vérité ou l'erreur comme les fonctions de la logique classique, mais des différences de réflexion dans la conscience.*

Mais cette réflexion médiatisée sur la réflexion est "absolue", si elle apparaît dans les fonctions "pΔq" et "p∇q" qui sont représentées en haut. Cela se comprend ainsi : dans les fonctions classiques bivalentes il existe toujours une déclivité de réflexion : de l'être descendant vers la "simple" réflexion (*"bloße" Reflexion*). Seules des valeurs positives peuvent représenter une conjonction. Dès qu'une valeur négative apparaît, la conjonction, elle aussi, devient aussitôt négative. De même, la disjonction est toujours et seulement vraie si au moins une des valeurs est positive. Il existe donc une déclivité de réflexion entre positivité et négation. Les valeurs ne sont pas égales. En d'autres termes : la logique classique répète dans sa structure de vérité la relation d'ordre primordiale qui existe entre la logique divine univalente et la logique humaine bivalente.

Étonnamment, les fonctions trivalentes "pΔq" et "p∇q" ne répètent pas cette relation d'ordre des valeurs. On peut facilement s'en convaincre si chaque fois, pour nos fonctions, on fixe les valeurs choisies dans les colonnes de déterminations "p" et "q" du tableau (IV). Nous allons le montrer pour "pΔq" :

Valeurs disponibles	nombre de valeur
I et R	R
R et D	D
I et D	I

Cela veut dire que, dans le choix entre la valeur irréflexive et la valeur réflexive simple, on préfère la dernière. Et dans le choix entre réflexion simple et double réflexion, on se décide pour la réflexion supérieure. Mais celui qui attend que ce principe de choix possède un caractère transitif, et qu'ainsi la valeur D est préférée à la valeur I, se trompe. Dans le troisième cas l'irréflexivité est préférée à la réflexion. Un principe de choix exactement inverse est valable pour "p∇q".

Alors que dans la logique binaire les deux fonctions conjonctives et disjonctives montrent une relation de valeurs d'ordre strictement hiérarchique, dans les fonctions trivalentes données la relation d'ordre de l'irréflexivité et de la réflexivité est cyclique. Les valeurs "tournent" dans "pΔq" et "p∇q" en contresens. (Les directions des flèches s'orientent toujours vers la valeur préférée.)

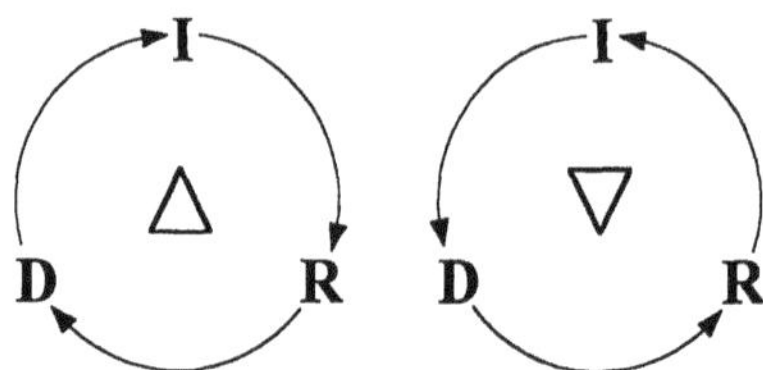

C'est aussi ce que pense Hegel quand il dit que l'automédiatisation de la pensée par la réflexion double (totale) est absolue. La chose et la pensée ne représentent plus une relation de proportion irréversible. Ce n'est pas un hasard si la phénoménologie de l'esprit, dans le même contexte, parle de la "relation prodigieuse" du "cercle" dans laquelle se meut la réflexion totale. Dans la logique classique binaire la pensée ne peut jamais être "absolue", parce que l'irréflexivité de l'être identique à soi-même (le vrai en-soi) est mise au-dessus d'elle dans chaque situation de réflexion et pour toujours. Nous l'avons constaté avec la conjonction et la disjonction traditionnelles[2]. La valeur désignante est toujours positive-irréflexive. Cet ordre hiérarchique et métaphysique des valeurs peut aussi être démontré avec l'implication bivalente. Seule l'implication positive représente l'identité définitive qui repose en soi-même. Cela signifie que seule la valeur positive implique exclusivement elle-même. L'implication de la valeur négative (réflexive) est de nouveau "réfractée" (*gebrochen*). La valeur négative implique elle-même mais aussi la valeur positive. Ce qui est typique, c'est que cette implicativité négative, ambiguë quant au but de la conclusion logique, doit d'abord être éliminée, comme cela se passe dans la figure de conclusion

$$\begin{array}{rl} \text{si} & p \\ \underline{\text{et}} & \underline{p \supset q} \\ \text{alors} & q \end{array}$$

[2] Tableau (I)

où la première prémisse garantit que la valeur de "p" est positive et qu'ainsi, dans la conclusion, seule l'implication positive (irréflexive) a l'occasion d'agir.

Formulons d'une façon transcendantale cet état de fait : pour la pensée binaire de notre tradition spirituelle passée, la relation entre réflexion et objet de la réflexion constitue toujours un ordre hiérarchique ontologique. Le "vrai" être est placé d'une façon absolue au-dessus de la "pure" réflexion. Ainsi toute pensée est relative et dépendante de son objet. La réflexion en tant que réflexion n'a pas d'existence autonome fondée sur elle-même. La "vraie" objectivité lui reste éternellement transcendante. Dans ces conditions il n'est pas étonnant que l'on ait considéré, jusqu'à présent, l'existence d'un "*mechanical brain*" doué d'une "conscience" intelligente comme une idée blasphématoire. En ce qui concerne la subjectivité rationnelle, la tradition classique connaissait seulement deux possibilités : ou une telle subjectivité était placée au dessus de notre propre pensée, dans ce cas elle était une propriété de Dieu ou du moins des anges, en tout cas une grandeur transcendante que l'on ne pouvait jamais rencontrer ici-bas sinon dans une révélation mystique ; ou l'on considérait qu'une deuxième subjectivité était sur le même niveau que notre propre subjectivité. Dans ce cas elle était toujours le Tu de l'autre personne humaine. Cette mise sur le même plan s'exprimait dans le fait que "Tu" et "Je" représentaient une relation d'échange pure pour chaque conscience rationnelle réfléchissant sur elle-même. Car l'autre est toujours pour moi le "Tu", en tant que je suis le "Je" dans la pensée. En revanche je suis, quant à moi, toujours le "Tu" dans la pensée ipséiste de l'autre.

Ce qui importe dans la poursuite de notre problème, c'est que la tradition a implicitement reconnu deux possibilités de relations fondamentalement différentes entre des subjectivités. Premièrement, la relation d'analogie comme expression d'une position inférieure ou supérieure de deux "Je" à l'égard l'un de l'autre, deuxièmement, la relation d'échange comme relation entre deux formes de conscience situées sur le même niveau.

Le schéma ci-dessous doit illustrer ces deux relations, mais en même temps nous amener à nous demander si la relation d'analogie ne peut pas se prolonger vers "le bas", en dessous du plan de la réflexion humaine.

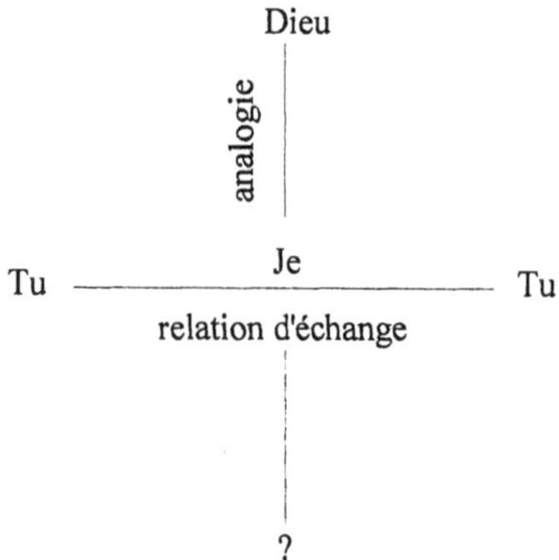

Jusqu'ici nous ne pouvons concevoir une réponse positive à cette question, parce que nous savons qu'en "dessous" de la conscience humaine apparaît celle de l'animal. Mais si les théologiens, qui sont mieux formés à la pensée analogique que les philosophes, s'accordent sur un fait, c'est sur l'idée que l'âme animale ne peut en aucun cas être conçue en analogie avec celle de l'homme. Nous ne donnons ici, parmi les innombrables raisons qui le démontrent, que deux des plus importantes. Premièrement, la relation d'analogie implique une relation créateur-créature. Mais l'homme n'est pas créateur de l'animal et ne peut l'imiter dans une construction consciente. Si la catégorie d'analogie est juste à propos de l'animal (ce que nous pensons en fait), une telle analogie vient alors directement de Dieu. L'âme animale est elle aussi directement reliée à Dieu. Elle n'a pas besoin d'une médiation à travers l'homme. La deuxième raison se réfère au fait que l'on ne peut pas éliminer la dimension temporelle, dans le sens phylogénétique, de la relation homme-animal. Nous en reparlerons quand nous nous occuperons de l'idée d'homoncule.[3]

Toutefois, les difficultés dans lesquelles nous conduit la conception de l'âme animale laissent entendre que nos méthodes classiques de pensée n'opèrent pas ici, et que le schéma ci-dessus décrit aussi la situation d'une façon très insuffisante, parce qu'il est encore conçu sur le terrain de nos modes traditionnels de réflexion. En effet, si par la pensée nous prolongeons vers le bas la ligne d'analogie verticale Dieu-Je, dont le point final aboutit à la conception d'une conscience mécanique créée par l'homme, nous nous voyons alors

[3] cf. Appendice 1.

contraints à cette conclusion extrême que la conception d'une analogie de conscience est transitive. Mais cela serait en fait, métaphysiquement et théologiquement parlant, un blasphème. Il existerait donc (d'après les méthodes classiques de pensée) les relations transitives suivantes :

l'homme analogie de Dieu
le robot analogie de l'homme
le robot analogie de Dieu à travers l'homme.

Il n'est que trop compréhensible, vu d'ici, que le sentiment pieux, cherchant *directement* son Dieu (et c'est pourquoi il est toujours bivalent), résiste aux théories cybernétiques. Sur le terrain de la logique classique, la cybernétique est folie pure, plus encore elle est hérésie ! On ne peut le nier. Mais nous devons nous reporter aux développements de notre première partie, où nous avons essayé de montrer que la problématique de la pensée cybernétique ne rentre plus du tout dans l'image du monde binaire, et que seule une compréhension trivalente est capable de la représenter d'une façon adéquate. Nous pouvons brièvement le montrer ici à partir des fonctions "pΔq" et "p∇q". Celles-ci se résolvent comme nous l'avons indiqué, et comme le tableau (V) le montre clairement dans les trois logiques bivalentes

de	I R	(tableau I)
	R D	(tableau II)
	I D	(tableau (III)

Il s'ensuit pour le moment que la logique trivalente non-aristotélicienne ne représente absolument plus la relation immédiate de positivité et de négation dans sa distribution sur les grandeurs contingentes "p" et "q". Non seulement ce problème relève du calcul binaire, mais en plus il y est tout de suite définitivement réglé. Et il l'est par le fait suivant : il existe une déclivité de réflexion irréversible de l'être vers la pensée. Cette dernière est seulement "négativité" et, comme telle, métaphysiquement provisoire.

Une fois ce thème traité, il n'est plus nécessaire de le reprendre dans le calcul trivalent. La logique "IRD" non-aristotélicienne représente une thématique complètement nouvelle. Elle peut, dans une certaine mesure, être formulée dans les phrases suivantes : *Etant donnée une logique (aristotélicienne) binaire de l'être, quelle position possible celle-ci peut-elle prendre dans une conscience qui ne réfléchit plus sur l'être mais sur elle-même ? Et comment ces valeurs logiques de position se comportent-elles entre elles, si on les représente dans un calcul non-aristotélicien (trivalent) ?*

Il est évident que la nouvelle logique ne peut plus représenter une théorie conceptuelle de l'être en-soi (objectif), ou de l'état de conscience dans lequel un tel être est vécu par un sujet qui en fait l'expérience. *Cela constitue maintenant un présupposé de base.* Mais d'un autre côté, dans le nouveau système transclassique, le thème "être" apparaît trois fois –représenté par trois relations de valeur différentes. Pour cela il n'existe qu'une seule interprétation possible. La triple apparition de la thématique ontologique classique dans le nouveau système représente une réflexion de soi-même ; cela veut dire qu'il existe deux niveaux de conscience dans lesquels on peut faire l'expérience de l'"être". Premièrement, la réflexion naïve binaire dans laquelle l'étant est vécu par le Je comme un autre transcendant et étranger à la conscience. D'une façon très pertinente Hegel a nommé cette réflexion immédiate qui s'oublie elle-même réflexion-sur-l'autre. Deuxièmement, la conscience qui peut réfléchir sur elle-même en tant qu'opposition à cet être. Pour cela il est nécessaire :

1. que la thématique originaire "être" soit fixée,
2. que la conscience, comme réflexion de cette thématique, soit en contraste avec elle,
3. qu'une nouvelle réflexion réfléchisse l'opposition de 1 et 2.

Hegel, qui fut le premier à voir ce fait théorique avec une clarté pertinente et à essayer de l'appliquer dans la logique, nomme cette relation de conscience présentée ici : la réflexion-sur-soi de la réflexion-sur-soi-et-sur-l'autre. Donc la pleine conscience théorique : 1. a un objet (être, autre), 2. elle se sait en opposition avec cet objet, 3. elle est un savoir sur l'état de tension inverse entre non-être et être.

Nous avons désigné le premier de ces trois motifs de conscience par la valeur "I" (pour "être" ou irréflexivité), le deuxième par "R" (pour simple réflexion immédiate) et le troisième par la valeur transclassique "D" (pour l'opposition réfléchie de "I" et "R"). Ces trois valeurs donnent alors cette logique trivalente pour laquelle – entre autre – les fonctions nommées "p∆q" et "p∇q" sont représentatives. Il était ensuite facile de démontrer [tableau (V)] qu'une logique trivalente, comme représentation de toute l'étendue consciente de l'autoconscience, contient *trois* logiques binaires qui, comme nous le savons maintenant, représentent des situations immédiates de conscience.

Mais pour le moment, empiriquement, nous n'avons différencié dans le monde que deux principaux états de conscience. Premièrement, notre propre état de conscience qui est orienté d'après notre "Je" intime, et deuxièmement l'âme étrangère du "Tu", c'est-à-dire de l'autre personne. La notion de "Tu" peut être prise le plus largement possible. Si l'on veut, on peut évidemment la restreindre au prochain. Mais il est logiquement permis de l'élargir à l'animal, et, si l'on veut être radical, également à la plante. Toutefois, aussi étroite ou large que l'on veuille la prendre, elle livre uniquement l'idée d'un *deuxième* état de conscience à côté du nôtre propre. Or, notre logique trivalente implique en plus un troisième état de conscience binaire, qui se distingue non seulement de celui du "Je" mais encore de celui du "Tu".

L'animisme nous aide à comprendre l'histoire passée de la conscience humaine. En effet la vieille théorie animiste déclare : il existe encore, à côté de l'âme présente dans le Je et dans le Tu, une troisième forme qui est investie dans la chose. Et toutes les trois ensemble (mana) sont équivalentes à l'étendue complète de la réalité. Naturellement nous ne pouvons plus travailler avec des théories animistes, mais il est quand même caractéristique que la thèse qui attribue une âme à tout n'ait pas disparu lors du passage des cultures primitives aux hautes cultures. Elle hante encore l'unité synthétique de l'aperception transcendantale de Kant, et dans la logique spéculative de l'esprit absolu elle nous saute aux yeux.

Ce qui se tient derrière toutes ces idées, qui vont de la foi fétichiste primitive jusqu'aux distinctions les plus subtiles de la philosophie positive de Schelling, c'est la compréhension instinctive que la notion de moi et de subjectivité s'épuisent aussi peu dans la dimension du "Je" et du "Tu" que l'être dans la conception de l'objet chosifié. Ainsi *l'essence de l'autoconscience implique-t-elle encore un troisième (binaire) état de conscience, qui n'est pas identique à celui du "Je" ni à celui d'un "Tu" ontologiquement donnés.* C'est la thèse métaphysique de base qui agit comme ressort secret derrière tous les essais cybernétiques, qui les motive et qui les oriente. Mais justement l'animisme et l'idéalisme métaphysique semblent aussi le dire. Où est donc la différence ?

En réalité il existe là une différence tout à fait considérable, et l'on peut heureusement l'exprimer en peu de mots. L'animisme admet ou suppose que cette troisième subjectivité est précisément un fait ontologiquement donné, comme le "Tu" qui, depuis le commencement du monde (ou encore plus tôt ?), était toujours là. C'est ce que l'on appelle, justement, superstition primitive. L'idéalisme transcendantal métaphysique, quant à lui, pose ce troisième état de conscience à la fin de tous les temps. C'est seulement dans la venue à soi-même de la conscience absolue que ce dernier état de conscience sera réalisé au soir du monde historique, et c'est seulement à ce moment-là que la conscience partielle s'accomplira dans l'autoconscience divine totale. Cette fois nous avons affaire à de la spéculation métaphysique – la version éduquée de la superstition.

Ces deux conceptions ont un point commun : la troisième subjectivité –comme la deuxième du "Tu" – est pour elles une donnée ontologique du processus du monde, indépendante de l'homme. Pour la première, elle est toujours déjà là d'une manière fantomatique. Pour la seconde, elle se réalise à travers le mécanisme objectif de la "ruse de la raison" qui spolie l'homme de l'héritage inestimable de sa subjectivité intime, car celle-ci est sacrifiée à un "but plus haut".

En revanche, face à cela, la cybernétique déclare : le troisième état de conscience d'une subjectivité accomplissant l'autoconscience, qui n'est pas un "Je" ni un "Tu" ontologiquement donnés, existe seulement en tant que reste inachevé de réflexion dans un système fragmentaire que nous nommons autoconscience humaine. Ce reste-là de réflexion demeure non assumé par le processus de la pensée réflexive parce que, justement, il ne peut pas se dissoudre totalement dans de la réflexivité subjective. Il est cet autre, ce moment de l'irréflexivité autour duquel le courant de la conscience s'écoule comme autour d'un corps étranger, sans pouvoir le traverser ni le rendre transparent.

Mais les contenus, que la conscience ne peut pas assumer ni dissoudre grâce au processus de réflexion, doivent justement être réglés d'une autre manière. Or la seule autre méthode qui, à côté de la réflexion sur sa propre réflexion, est à la disposition du "Je" pour l'appropriation de ses contenus, c'est l'action, c'est-à-dire la rétroprojection de ce reste irréflexif dans le monde extérieur.

Ainsi se ferme le cercle ! La conscience naïve, immédiate, commençait ainsi : elle se voyait face à un monde extérieur (l'autre), objectif, indépendant d'elle et impénétrable à la pensée, monde extérieur qui se réfléchissait en elle (simple réflexion en-soi). C'était la situation de la pensée classique qui reconnaissait un être en-soi transcendant à la pensée. Puis venait l'étape suivante de la double réflexion en-soi, qui semblait posséder comme contenu : d'abord l'autre, puis la réflexion en-soi, et troisièmement la relation de l'autre à la première réflexion en-soi. C'était du moins la foi de l'idéalisme transcendantal, qui était imperturbablement convaincu que toute la réalité pouvait être comprise et assumée par la puissance divine de la troisième pensée.

Aujourd'hui l'effondrement de cette foi est un fait historique qui nous accable plus ou moins. Mais pire que le déclin de la vision idéaliste du monde est la maladie insidieuse que celui-ci a laissée en nous, c'est-à-dire l'idée fausse que le passage de la réflexion naïve à la double réflexion est un faux pas métaphysique de la conscience, que nous devrions régler en revenant, repentis, à la situation de conscience naïve de l'homme classique. Mais on ne peut faire reculer la roue de l'histoire, et le regard théorique de la pensée aristotélicienne appartient pour toujours à un passé que l'on ne peut répéter.

La grande erreur historique de l'idéalisme allemand ne réside pas dans le nouveau chemin qu'il a pris, celui d'une réflexion sur toute la réflexion précédente, mais dans la croyance démesurée qu'il possède plus, par cette nouvelle méthode, qu'une technique supérieure de la pensée philosophique. Une telle supériorité sur toute la pensée précédente était en fait acquise depuis la critique de la raison pure. Mais chez les successeurs spéculatifs de Kant, elle allait jusqu'à la croyance hérétique que cette nouvelle pensée dévoilait le dernier secret du *Dasein* de la réflexion omnisciente, et que la notion pure était capable de s'approprier l'omnipuissance de Dieu. Toutefois, depuis que Hegel avait réussi à dissoudre irrévocablement et incontestablement la notion de la chose en-soi dans la réflexion sur la réflexion, une telle foi, aussi blasphématoire qu'elle pût être, flottait comme un parfum enchanteur, séduisant, au-dessus du nouvel état de conscience. Rien ne semblait plus impossible à une telle pensée. Mais ce que le penseur transcendantal, exalté par la victoire, ivre de succès, avait complètement oublié, c'était que son analyse n'avait fait disparaître que la *notion* de la chose en-soi, et que cette liquidation de la transcendance de l'être avait lieu uniquement pour la *réflexion*. Pour la conscience naïve primitive et pour l'action concrète de l'homme qui n'était pas réfléchie, la chose en-soi restait existante. Et sa réalité solide n'était pas du tout touchée par le fait qu'une réflexion irréfutable avait totalement dissout sa notion dans le néant.

C'est le point exact où commencent les considérations cybernétiques. Que la chose en-soi, c'est-à-dire somme toute l'être transcendant la conscience, soit un problème définitivement réglé par la réflexion réfléchissant sur elle-même constitue pour la cybernétique un fait extrêmement ambigu. En effet, il signifie d'une part que l'on ne peut pas faire entrer le *factum brutum* de l'existence nue dans la réflexion, et que l'on ne peut pas davantage le réfléchir tant qu'il s'exprime en elle comme "*motif*" de pensée. Il est principalement irréflexif. Mais d'autre part ce même fait signifie que l'être, justement parce qu'il ne possède plus aucune catégorie spécifique pour la réflexion dissolvante, est livré sans protection à l'emprise de la conscience. Seule la pure contingence du *Dasein* est délaissée par la réflexion, c'est-à-dire que le monde objectif n'a plus de *Sosein* par lequel il s'oppose à la conscience dans des catégories primordiales invariables. Toutes les catégories sont alors "réflexions" et, comme telles, elles sont depuis longtemps dissoutes. En d'autres mots, l'être n'a plus maintenant de propriétés prédéterminées de toute éternité. La conscience peut donc lui attribuer toutes celles qu'elle veut.

Nous connaissons depuis toujours un tel rapport arbitraire de la conscience avec son objet. C'est le rêve. Le rêve éveillé aussi bien que le rêve du dormeur. Dans cet état de conscience, la réflexion s'est totalement retirée en elle-même et s'est séparée du monde "réel". Elle ne réfléchit plus que ses *propres* images et c'est pourquoi elle est en état de les munir d'une propriété quelconque ou d'une propriété *désirée*. Cette imagination de réflexion, c'est la volonté tournée vers l'intérieur. Ce que nous pouvons apprendre du rêve, c'est le fait essentiel que les objets de conscience de la deuxième réflexion sont complètement ouverts à la prise de l'imagination désirante, et que l'on peut leur imposer des propriétés désirées.

Mais justement la double réflexion comprend à la fois la réflexion sur-soi et la réflexion-sur-l'autre. La conscience comme volonté ou action a donc deux groupes d'objets sur lesquels elle peut se rapporter. Le schéma suivant peut expliciter cela :

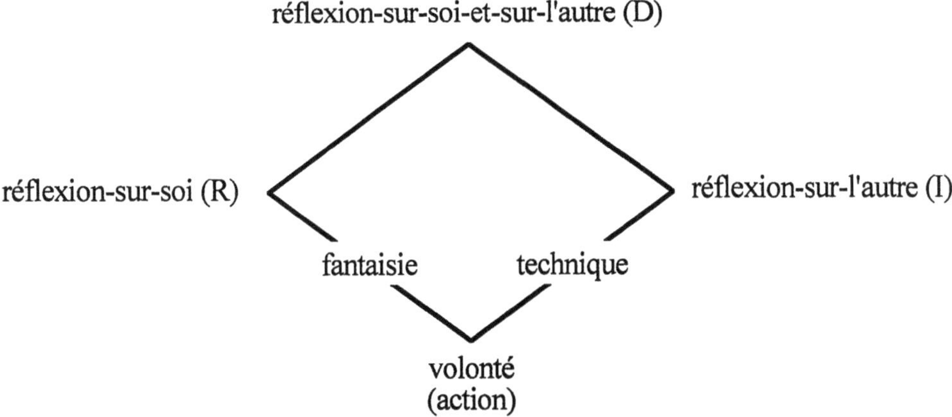

La direction de la volonté vers l'"intérieur", c'est-à-dire vers l'état (R), produit des objets de fantaisie. Mais la direction inverse de la volonté vers l'"extérieur" aboutit au phénomène de la technique.

Pourtant il existe entre la technique classique de la conscience aristotélicienne et la technique transclassique de la cybernétique débutante une différence énorme, qui remonte au principe des conditions métaphysiques de toute action. La technique classique se développe dans le premier plan de réflexion. Son objet, la "nature", est pour elle une donnée objective indépendante de la pensée, qui possède ses propres lois "physiques" ; celles-ci se distinguent fondamentalement de la logique de l'homme qui pense techniquement. En d'autres mots, pour la technique il existe des lois naturelles de la matière qui sont complètement indépendantes de la pensée humaine, et en plus des lois théoriques qui ont une forme en partie logique, en partie mathématique. Ces lois de conscience servent maintenant à copier les mystères de la nature afin d'en tirer profit. Ainsi l'homme doit compter ici avec une donnée qui a ses propres lois spécifiques, originairement étrangères. Il ne dépasse pas cette donnée. Il ne peut pas dicter à la matière ses propres lois, mais il doit au contraire essayer avec peine de lire celles de la matière dans le contexte de la nature.

Dans la cybernétique – en tant que cybernétique pure elle ne se sert plus des techniques auxiliaires classiques – ces conditions fondamentales n'existent plus. Ici, il ne s'agit plus du tout de découvrir les mystères propres à la nature, mais il s'agit, en gros, d'apprendre à penser à la matière pure qui ne peut pas se réfléchir elle-même ! La pluralité des phénomènes de la nature, avec la variation infinie des lois physiques et chimiques de la matérialité, deviennent maintenant complètement insignifiantes. Car, bien entendu, on ne veut pas enseigner la réflexion intelligente au bois, à l'eau, au fer ni même à une violette, mais à l'être substantiel en général, physiquement objectif. Et si les formes d'existence offertes par la nature sont impropres à atteindre ce but – on ne doit pas d'abord prouver qu'il est impossible d'apprendre aux violettes le calcul différentiel – on crée soi-même les formes d'être appropriées. On recule même jusqu'aux dernières conditions de l'existence matérielle, et l'on cherche à observer s'il existe encore un "deuxième" chemin qui puisse créer un être capable de réflexion, hors des formes de base de l'existence objective. Nous connaissons déjà le premier chemin, c'est celui que la "nature" a pris elle-même quand elle a créé des organismes.

Mais une question reste encore totalement ouverte : est-ce l'unique chemin ontologiquement possible ou existe-t-il encore d'autres possibilités non organiques. De là vient l'affinité intime de la cybernétique avec les problèmes de la physique des cristaux, avec la physique des corps solides en général et avec les perspectives de la théorie quantique. Ainsi, autant que la cybernétique s'intéresse à la physique, elle remonte aux conditions de base les plus élémentaires sur lesquelles se construit la nature apparente, avec sa pluralité fantastique de lois singulières et de relations causales individuelles.

Aujourd'hui encore les exigences de la cybernétique apparaissent totalement absurdes et même proches de la folie à la plupart des gens même intelligents, car l'amateur imagine derrière une machine pensante quelque chose comme une locomotive douée d'intelligence, un briquet raisonnant ou un moulin à café radotant[4]. Ils ont

[4] Nous devons citer le commentaire d'un écrivain américain qui montre comment, aujourd'hui déjà, la notion de "machine" est en train de changer chez des penseurs très progressistes, et qu'elle annonce un nouveau type de machines non classiques : "We of today, living in what is, really, the beginning of a science-technical culture tend to think of machines... in terms of 'huge' and 'intricate' and 'complex'. Those are the crude, unfinished, compromise machines. The perfect machine is small, compact, extremely simple in its mechanical structure, and has no mechanical moving parts, is not assembled in the ordinary sense, and is inherently incapable of wearing out. We have, today, two examples of machines that closely approach that ideal – such humble, simple things mechanically that we never think of them as machines. One is the ordinary electric transformer – from the toytrain size to the power-line substation variety. Mechanically it consist

parfaitement raison, il est fou de vouloir admettre qu'un mécanisme classique, dont le mode de fonctionnement dépend inconditionnellement de séries causales "naturelles", puisse un jour apprendre à penser. La pensée exige la liberté, et l'on ne peut nulle part trouver celle-ci dans le lien de cause à effet de la nature.

---

of two hanks of wire and a hunk of iron. It has no moving mechanical parts – the movement is all done by atoms, large electrons and magnetic fields that can't wear out. Those large ones are 99,8% efficient. Of course, a 3500 horsepower aircraft engine roaring at take-off, with its myriad ingeniously shaped parts, is more impressive. But the transformer approaches perfection. More recently, the Bell Laboratories have produced another near-perfect machine – the *transistor*. It's a crystal of germanium, with two wires and a tiny brass tube, and it does the work of a vacuum tube. No human fingers assemble complex grids and cathodes and electrodes; natural interatomic forces 'assemble' the crystal. There is nothing to wear out. It is immensely important – but the pencileraser size brass tube, with its two tiny wires, is so inimpressive – so much less spectacular than a new Diesel stream-liner. The really important, really perfect machines are so easy to overlook." (John W. Campbell, jr. *My Best S.F. Story*, New York 1949, p.124 s.)
"Aujourd'hui, nous qui vivons dans ce qui n'est que l'aube d'une culture techno-scientifique, nous avons tendance à penser aux machines en termes de "compliquées", "complexes", "énormes". Celles-ci sont des machines rudimentaires, inachevées, provisoires. La machine parfaite, elle, est petite, compacte, de structure mécanique très simple ; elle n'a pas de pièces mécaniques mobiles, elle n'est pas assemblée au sens ordinaire du terme et, fondamentalement, elle ne s'use pas. On peut aujourd'hui trouver deux exemples qui approchent de cet idéal ; ce sont des objets si simples, mécaniquement parlant, que nous ne les considérons pas comme des machines. Le premier est le transformateur électrique ordinaire, celui qui sert aussi bien pour le petit train électrique que pour la centrale EDF. Mécaniquement il est formé de deux bobines de fil de cuivre et d'un morceau de fer ; aucun mouvement, si ce n'est celui des atomes, des électrons et des champs magnétiques qui ne s'usent pas. Les plus grands sont efficaces à 99,8 %. S'il est évident qu'un moteur d'avion de 3500 CV, construit de myriades de pièces soigneusement usinées, est plus impressionnant, surtout quand il rugit au décollage, le transformateur, lui, est presque parfait. Plus récemment les laboratoires Bell ont produit une autre machine presque parfaite : le *transistor*. Composé d'un cristal de germanium, de deux fils et d'un minuscule tube de cuivre, il fait le même travail que les lampes des vieux postes radio. On n'y voit pas d'assemblage complexe de cathodes et d'électrodes fait par la main de l'homme ; seules les forces interatomiques ont assemblé ce cristal et rien ne s'use. Très important, cet objet : un tube de cuivre de la taille d'une gomme au bout d'un crayon avec deux petits fils qui en sortent, est très peu impressionnant, beaucoup moins qu'un spectaculaire avion de ligne. On oublie très facilement les machines vraiment importantes, les machines parfaites.

À la limite, la cybernétique s'intéresse aux lois classiques de la nature dans la mesure où il lui importe de trouver, *à côté* d'elles, un chemin vers cette couche profonde de l'être, sur laquelle ces lois connues de la nature s'édifient seulement comme des formes secondaires de la réalité. Il n'est plus possible de remettre en question l'existence de cette couche de l'être ni la forme transclassique, non-aristotélicienne de ses lois. Dans cette couche profonde la causalité est remplacée par la probabilité statistique, et l'identité fixe irréflexive du corps classique par des fonctions qui sont aujourd'hui encore très obscures pour nous et qui semblent avoir un caractère réflexif, c'est-à-dire se référant à soi-même[5]. On ne peut pas rejeter la supposition que dans cette région sub-atomique la différence classique entre lois de l'être et lois de la pensée devienne obsolète, et ainsi celle entre Non-je et Je. Cela a été observé en premier par W. Heisenberg et constaté dans la phrase lapidaire : "L'objet complètement isolé... [n'a] ... principalement plus de propriétés descriptibles." [6]

Donc, il semble que dans cette région plus profonde existe une relation entre pensée et être fondamentalement différente de celle qui existe entre le Je et la nature classique. Dans cette dernière relation, c'est à l'aide de sa faculté de penser que la conscience se voyait face au monde des lois purement objectives de la nature, lois qu'elle a eu à découvrir – comme nous tenons à le répéter encore une fois. Dans ce domaine les lois de la pensée et les lois de la nature appartenaient à deux classes différentes d'existence, et l'être était l'étranger absolu de la pensée parce que, justement, il suivait ses propres lois, des lois qui se distinguaient fondamentalement de celles de la subjectivité ; et c'est pourquoi il est absurde de vouloir apprendre à penser à un moulin à café ou à un mécanisme de cette sorte. Ledit appareil appartient au contexte de la nature classique, il obéit donc exclusivement aux lois de

---

[5] Cf. l'analyse logique que C.F. von Weizsäcker a faite récemment concernant les fondements de la physique quantique, et qui montre clairement que cette problématique ne peut plus être représentée d'une manière classique, c'est-à-dire selon la logique *du premier ordre* (*einstufig*), sur le fonds d'un langage simple d'objet. W. a besoin pour sa représentation d'un langage d'objet et d'un métalangage, signe certain qu'il s'agit ici de relations réflexives. (C.F. von Weizsäcker, Komplementarität und Logik. *Naturwissenschaften* 42, Heft 19, p. 521-529 et Heft 20, p. 545-555)

[6] "Der völlig isolierte Gegenstand ... hat ... prinzipiell keine beschreibbaren Eigenschaften mehr." Kausalgesetz und Quantenmechanik. Erkenntnis II (Ann. d. Phil. 9), p.182.

la nature, dont le système de fonctionnement exclut automatiquement les lois de la conscience.

Mais aujourd'hui nous ne pouvons plus douter que la relation décrite précédemment entre réflexion et objet de la réflexion n'existe plus, dès que nous avançons dans des dimensions plus profondes de l'objectivité, hors des domaines familiers classiques. L'objet naturel "aristotélicien" opposait à la pensée une résistance métaphysique qui venait précisément de sa propre légalité transcendant la conscience. Mais si l'on accepte la thèse de Heisenberg d'après laquelle "il n'est plus possible de partager nettement le monde en sujet et objet", cette différence entre loi de la pensée et loi objective des choses doit disparaître. De même, une séparation nette entre loi de conscience logique et loi d'objet ontologique n'est plus réalisable. Par conséquent, dans cette situation, l'argument aristotélicien, à savoir que l'on ne peut jamais enseigner à la chose pure les lois de la *pensée* parce que celle-ci doit suivre les lois de la chose, devient obsolète. Dans ce nouveau domaine l'être n'a plus de lois propres que l'on pourrait distinguer fondamentalement de celles de la pensée. Cette thèse est réversible. Aussi la conscience ne dispose-t-elle plus maintenant d'une autolégalité spécifique qui séparerait son existence et son mode de fonctionnement de ceux de l'objet. Ces lois logiques sont en même temps celles de la construction ontologique de l'objet.

En d'autres termes : *il existe une forme de réflexion que l'on ne peut localiser ni dans le Je ni dans le Tu, mais qui apparaît seulement dans le Ça, c'est-à-dire dans l'objet.* L'autoconscience qui se manifeste uniquement dans la subjectivité, donc exclusivement dans le Je et dans le Tu, reste fragmentaire. Elle n'est pas totale. Elle reste relative parce qu'elle dépend d'un reste de réflexion non assumé, un reste de réflexion qui ne peut se développer à l'intérieur des dimensions du Je et du Tu et qui a besoin, en revanche, de l'objet objectif comme base de réflexion et de projection.

Nous avons remarqué plus haut que la réflexion sur la première situation de réflexion aristotélicienne dissout complètement la notion de chose. Maintenant nous sommes capables de mieux comprendre cette grande découverte de l'idéalisme transcendantal-spéculatif et de mieux la préciser. La thèse selon laquelle la chose en-soi disparaît dans la double réflexion signifie qu'à chaque état de conscience théorique appartient une certaine image de l'être, ou, autrement dit, à une situation donnée de la réflexion d'un Je qui vit cette situation correspond une certaine couche de réalité de l'être. Si l'état de conscience du Je change, alors le niveau de réalité qui communique avec lui disparaît et un autre prend sa place. La structure théorique classique de l'expérience vécue est celle d'une simple réflexion naïve – ou comme Hegel le dit : d'une réflexion immédiate – qui fait l'expérience de l'être en tant que vis-à-vis transcendant, en tant qu'être absolument différent. C'est pourquoi l'être suit aussi d'autres règles que la conscience, des règles qui confirment cet étranger transcendant. C'est pourquoi il est impossible et absurde d'octroyer à l'objet pur, qui doit suivre ses propres lois transcendantes, les modes de fonctionnement de la conscience. (Pour une pensée binaire conséquente, les buts de la cybernétique sont le fruit d'un cerveau malade !) Les règles de l'être, dans cette situation de réflexion, sont représentées par l'incarnation des lois classiques de la nature.

Maintenant, si cet état de conscience est relayé par un second, de telle sorte que le plus tardif réfléchisse sur le précédent, alors la notion correspondant à l'expérience vécue classique d'un être absolument transcendant disparaît ; en terme idéaliste c'est la chose en-soi. Et comme cette notion s'est constituée dans le système traditionnel des lois de la nature, c'est-à-dire des lois transcendantes qui échappent absolument à la pensée, celles-ci disparaissent aussi. L'expérience de l'objectivité, qui subsiste pour la conscience deux fois réfléchie, est celle d'une irréflexivité anonyme indifférente, d'une choséité qui résiste en tout cas à toutes les tentatives de la dissoudre dans la subjectivité du Je ou du Tu. Cette irréflexivité, dont le caractère objectif est impénétrable à la conscience transparente à elle-même, ne présente plus de lois spécifiques ni de lois étrangères à la conscience. Si l'on veut lui attribuer des lois, on ne peut pas les formuler d'une façon absolument "objective", c'est-à-dire qu'actuellement on ne peut pas formuler les lois de la nature de telle sorte que l'on puisse faire une différence fondamentale entre loi objective de chose et loi (subjective) de sens qui relève d'une expérience vécue.

D'un côté, cela a entraîné des difficultés logiques considérables dans les recherches fondamentales actuelles de la science, mais d'un autre côté cela a libéré le chemin de la problématique cybernétique. Car, à ce niveau, il n'est plus possible d'alléguer que des processus de pensée ne peuvent plus être attachés à un être objectif, sous prétexte que son irréflexivité est une expression des lois objectives de la nature, dont l'existence est incompatible avec le fait que l'objet fonctionne comme objet pensant. À partir de maintenant, irréflexivité ne signifie plus légalité étrangère – car "Dieu" a fait les lois de la nature – mais indifférence envers la notion de loi sous laquelle l'objet doit fonctionner. Cela permet de comprendre pourquoi l'on peut apprendre la "pensée" à l'être objectif si on l'appréhende au niveau subatomique de la réalité. Car, comme nous l'avons déjà dit, l'opposition classique entre lois des objets et lois des sujets est, à ce niveau de réflexion, définitivement surpassée. Ainsi la technique, qui travaille le matériau objectif, entre pour la première fois dans le champ des tâches humaines que l'on place à un rang métaphysique. Une puissance aujourd'hui encore inimaginable afflue vers elle. La portée de la technique classique trouvait sa limite naturelle dans le fait qu'elle s'occupait d'une substance dont l'autonomie s'ancrait dans les lois de la nature, autonomie que la pensée devait respecter comme quelque chose qui lui était finalement incompréhensible, donc comme de la contingence pure. La pensée aristotélicienne ainsi que la science et la technique qui dépendaient d'elle pouvaient seulement accepter ce système de lois de la nature comme quelque chose d'immuable. Ce système était donné par la "substance". Mais cette notion d'une substance "*a priori*" et d'une légalité également *a priori* de l'objet n'existe plus aujourd'hui. Au cours du dernier demi-siècle, la notion de matière s'est dissoute dans le néant, et lentement se fait jour le savoir que loi de la nature et caractère ontologique de l'objet sont une fonction dépendante de l'emprise théorique et technique de l'homme sur l'être qui l'entoure. Si les conditions fondamentales d'une telle emprise changent, les lois de la nature que nous rencontrons changent elles aussi, c'est-à-dire que, pour une science et une technique qui se servent d'une pensée doublement réfléchie, l'objet révèle une légalité différente de celle que rencontre la conscience immédiate de l'homme classique.

D'après ce que nous avons dit jusqu'ici, nous devrions clairement comprendre en quoi consiste la différence entre les deux notions de loi. Les lois classiques de la nature déterminent l'objet d'une façon si parfaite qu'il ne reste nulle part un espace qui permettrait de le doter d'une détermination supplémentaire à l'aide des lois de la pensée. En d'autres mots : le comportement d'un pur objet est, pour un penseur aristotélicien binaire, *entièrement* déterminé causalement, c'est pourquoi une détermination supplémentaire par les motifs logiques d'une réflexion n'entre pas en ligne de compte. Mais un objet dont la détermination est lacunaire, de telle sorte que ses intervalles sont remplis par une deuxième chaîne de détermination qui oriente son comportement d'après des motifs qui ont du sens, pourrait posséder une "conscience" et penser. Une telle possibilité est exclue du terrain classique, parce que le tissu causal du monde n'a nulle part de lacunes. Il est complètement irréflexif, il ne contient nulle part de "*feed-back*" (boucle) positif ou négatif, et il est avant tout absolument immuable.

C'est cette immuabilité des lois classiques de la nature qui donnait jusqu'à présent une apparence d'infériorité à tous les efforts techniques de l'homme. L'individu pensant techniquement s'est vu placé dans une situation où il ne pouvait absolument pas changer quelque chose de "l'essentiel". Et pour l'homme de pensée (*geistigen Menschen),* l'essentiel est toujours l'existence des lois "éternelles" de l'être de ce monde. Le théologien, par exemple, était concerné par l'essentiel. Son image du monde pouvait légitimement contenir des notions comme "miracles" et "mystères". Autrement dit : il pouvait se permettre une image du monde dans laquelle "l'essentiel", c'est-à-dire la structure rationnelle des lois de ce monde, descendait vers l'inessentiel justement parce qu'elle n'était pas immuable et éternelle, mais variable et possiblement annulée par le miracle.

Maintenant la technique se trouve en face d'une deuxième notion de loi à laquelle manque totalement cette immuabilité rigide de la structure causale. La conscience doublement réfléchie ne connaît plus, concernant l'objet irréflexif, que la légalité statistique. À cela il faut ajouter que pour la pensée classique binaire les "lois" statistiques ne sont pas du tout de vraies lois. Elles sont seulement des règles subalternes d'hypothèses. Finalement ce qui apparaît ici comme légalité objectivement déterminable dépend, comme nous l'a déjà assez appris la mécanique quantique, des conditions requises pour l'expérience (technique), à l'aide desquelles on questionne l'objet qui ne peut être qu'approximativement identifié. Mais de cette façon il devient en principe possible que l'être puisse un jour être questionné et traité techniquement, d'une manière telle qu'au terme de cet effort l'objet montre une légalité réflexive, donc exactement la même légalité que celle qui distingue le sujet. Mais à un tel être on ne doit plus apprendre à penser. Il pense déjà implicitement de lui-même. On doit seulement faire naître en lui ses propres réflexions, qui peuvent être considérées comme une "réponse" à la pensée humaine et qui, dans le domaine de "l'irréflexivité", achèvent d'une manière complémentaire le système de la réflexion qui n'apparaissait jusqu'ici que dans le Je ou le Tu.

Pour employer un langage courant, nous dirons qu'au niveau classique la causalité est sans lacune. Elle domine *toute* la manière de fonctionner de l'objet. C'est pourquoi il n'existe nulle part de l'espace dans lequel on pourrait loger une fonction non causale, réflexive ("subjective") de l'objet. Au niveau de la réalité non classique la causalité a des lacunes, et dans ces intervalles on peut ranger une manière de fonctionner différente de celle de l'être, un comportement objectif qui ne peut être interprété que comme une détermination de motif porteur de sens ; c'est pourquoi, pour une telle caractéristique de fonction de l'objet, le terme "réflexif" semble inévitable.

Ainsi la notion d'irréflexivité – comme le lecteur attentif l'a peut-être déjà remarqué – est soumise à une transformation subtile, très étroitement reliée à la métamorphose de la notion classique de loi. Dans la logique classique, irréflexivité signifie toujours vérité et positivité. Donc notre signe non-aristotélicien "I" est toujours représenté ici par "V" (pour "vraie") ou "P" (pour "positif"). La réflexivité correspondante est "immédiate" ou *du premier ordre* (*einstufig*), c'est pourquoi nos deux valeurs de réflexion "R" et "D" sont représentées ici par le signe de *négation* de "V", donc "F" (pour "faux"), ou par le corrélat de "P", donc "N" (pour "négatif"). Les deux valeurs se situent dans une relation d'échange mutuel simple. Comme le montre le tableau suffisamment connu :

p	~p
V/P	F/N
F/N	V/P

(VI)

Mais comme il s'agit ici d'une relation d'*échange* des valeurs, "V" ou "P" ne peuvent jamais prendre une valeur réflexive. Les deux valeurs peuvent seulement être échangées mais jamais "mélangées". Autrement dit, il est absolument exclu que la valeur irréflexive puisse un jour être *interprétée* ici d'une façon réflexive. Les tableaux (I), (II) et (III) présupposent aussi le caractère d'une relation d'échange. Dans (I) l'irréflexivité est située dans une relation d'échange avec "R", et dans (III) avec "D". Donc, ici aussi l'on doit retenir que : parce que les tableaux (I), (II) et (III) sont justement bivalents, cette relation d'échange immédiate et simple, qui est fixée par (VI), est valable pour eux, c'est-à-dire que l'irréflexif reste éternellement irréflexif et que le réflexif reste éternellement réflexivité subjective. De là vient l'immuabilité des lois classiques de la nature. Leur irréflexivité rigide ne peut recevoir un nouveau mode de fonctionnement par aucune contribution de réflexion. La pensée les a acceptées telles qu'elles sont.

Mais nous avons expressément constaté, quand nous avons eu recours à une logique non-aristotélicienne trivalente, que la pensée, à ce niveau supérieur de réflexion, *ne s'occupe plus de l'interrelation des valeurs individuelles.* Maintenant le domaine du thème logique concerne plutôt la relation mutuelle des systèmes de valeurs binaires. Cela signifie que maintenant l'irréflexivité et la réflexion n'apparaissent plus séparées. Classiquement, l'irréflexivité était représentée par la valeur individuelle "P" ("positif") et la réflexivité par "N" ("négatif"), donc, comme nous l'avons déjà dit, par des valeurs isolées. Mais dans le domaine non aristotélicien :

l'irréflexivité est représentée par le système :	I R
la réflexion simple est représentée par le système :	R D
la double réflexion est représentée par le système :	I D

Maintenant l'irréflexivité n'est donc plus seulement "I" (classiquement "P") isolé mais *toute la relation d'échange* de "I" et "R". Il s'ensuit que sur le sol de la logique plurivalente, l'irréflexivité peut être *interprétée* soit comme irréflexif soit comme (simple) réflexif ! Donc la chose, l'objet pur *peut* avoir des modes de fonction qui peuvent être interprétés comme classiquement "objectifs", ou d'autres qui peuvent être interprétés comme classiquement "subjectifs", comme nous l'avons déjà développé dans la première partie de notre exposé. La notion transclassique de "Ça" est l'identité de l'irréflexivité (l'être) et du processus (la réflexion).

C'est exactement la condition épistémologique de la cybernétique. La théorie des "*mechanical brains*" ne prétend pas que l'on puisse introduire de la "conscience", au sens d'autoconscience *humaine*, dans des mécanismes, mais que dans l'être objectif, qui n'est ni un "Je" ni un "Tu", peuvent être évoquées des formes d'action et de légalité que l'on peut incontestablement interpréter comme des processus de réflexion. Car la définition de l'être objectif (Ça), comme système binaire de "I" et "R", suppose *que pour une conscience technique, qui a atteint le niveau transclassique de la pensée scientifique (naturwissenschaftliches Denken), des lois de la nature peuvent être modulées dans le sens de "I" et "R".* Cela veut dire que de telles lois peuvent apparaître irréflexives en tant qu'événements objectifs, ou réflexives en tant que fonctions de conscience.

Ce que nous avons dit jusqu'ici nous met à même d'ajouter maintenant l'aspect sémantique à cette première interprétation des fonctions "pΔq" et "p∇q". Pour des raisons d'espace, nous ne le démontrerons qu'avec la fonction "pΔq" :

(VII)

p	q	pΔq	système irréflexif I/R		système réflexif R/D		système double refl. I/D		I/R/D	
I	I	I	I		-		I		I	
I	R	R	R		-		-		-	
I	D	I	-	"Ça"	-		I		-	réflexion
R	I	R	R		-		-		-	"totale"
R	R	R	R		R		-	"Tu"	R	
R	D	D	-		D		-		-	
D	I	I	-		-	"Je"	I		-	
D	R	D	-		D		-		-	
D	D	D	-		D		D		D	

Étant donné que "p" et "q" sont habituellement appréhendés comme des propositions, nous interpréterons le tableau (VII) selon la logique des propositions[7]. Le langage universel, qui ne peut être accompli dans la conscience (Tarski), contient les trois valeurs "I", "R" et "D". Il représente la réflexion totale de Hegel ou l'"Absolu". La *Grande Logique* de Hegel est écrite dans un langage I/R/D. À ce niveau penser et être coïncident nécessairement, car la réflexion "totale" est non seulement une relation de réflexion mais aussi une relation d'être. L'objection du logicien moderne – cette objection est absolument irréfutable – consiste à dire que le sujet d'une telle pensée totale et d'un énoncé ne peut être trouvé dans le système même, car ce sujet hypothétique ne peut être ni le "Je", ni le "Tu", ni finalement l'être objectif ("Ça"), parce que tous les trois apparaissent seulement comme

[7] Pour l'interprétation du tableau (VII) voir aussi Supplément 2.

des contenus de ce système de propositions. Donc I/R/D décrit une pensée qui n'est pensée par personne ou qui ne peut même pas être pensée. Hegel, en revanche, apporte une réponse différente. Il constate expressément que le sujet de I/R/D est le sujet "absolu", c'est-à-dire l'identité de "Je", de "Tu" et de "Ça". Mais pour que cette hypothèse ait un sens nommable dans la logique des propositions, nous devons posséder une logique d'au moins quatre valeurs, dans laquelle la quatrième valeur représente cette identité absolue. Or une simple formation des fonctions de vérité à quatre valeurs montre immédiatement que ce but ne peut pas être atteint de cette manière. Certes, on peut représenter l'identité de "I" et "D" d'une façon objective-logique dans un tel système. De cette façon elle acquiert un sens positivement nommable. Mais il apparaît que ça ne peut plus être l'identité *absolue* de réflexion et d'être qui était désirée, car dans le système de quatre valeurs nous sommes confrontés au problème actuellement irrésolu d'une identité *nouvelle*. En effet, maintenant se pose la question : dans quel sens sont identiques "I" et cette quatrième valeur hypothétique ? Cette question ne pourrait obtenir une réponse que dans un système de cinq valeurs, de six valeurs, et ainsi de suite. C'est-à-dire que la manière dont Hegel considère le problème mène, si l'on essaie de la transposer conséquemment dans la technique de la logique symbolique, à une itération infinie des systèmes logiques, avec un chiffre de valeur qui augmente toujours. Les calculs comprenant plus de trois valeurs ne relèvent plus des logiques telles qu'on les suppose ici, des logiques qui dépendent de la tradition classique, c'est-à-dire de la théorie de la pensée réflexive. Ils ont une signification complètement différente, et c'est pourquoi l'on peut les ignorer dans notre analyse des relations entre cybernétique et réflexion.

Restons donc sur notre tableau "VII" et sa restriction sur les trois valeurs d'irréflexivité, de simple réflexion et de double réflexion. Il montre que l'idée de Hegel concernant la pleine réflexion-sur-soi de la réflexion sur-soi-et-sur-l'autre ne peut plus être interprétée comme pensée parce que, pour l'apparition simultanée de I/R/D, un sujet de pensée ne peut plus être indiqué. *Toute la pensée d'un sujet présent est et reste bivalente pour toute l'éternité.* Mais la logique classique, qui a posé un regard pénétrant et indépassable sur la relation fondamentale entre bivalence et subjectivité – bivalence *est* réflexion ou subjectivité ! – s'est trompée quand elle croyait que l'on pouvait entièrement représenter l'image de réflexion dans un Je *pensé*. Ici il apparaît seulement comme un Je-*objet* et non comme un Je-sujet ou comme un processus vivant de réflexion interne. En d'autres mots : la réflexion vivante ipséiste, qui est purement "subjective" pour la tradition classique, a une composante subjective et une composante objective. La réflexion objective est, pour chaque Je vivant, toujours localisée dans l'autre Je qu'il rencontre dans le monde objectif, donc dans le "Tu".

Il est impossible de représenter cette opposition entre "Je" et "Tu" dans une logique bivalente qui ne connaît pas la différence entre réflexion subjective et objective. Mais si nous introduisons une troisième valeur, celle-ci peut alors, pour notre fonction exemplaire "pΔq", être démontrée par l'opposition de bivalence entre "R/D" d'un côté et "I/D" de l'autre. Ainsi, bien que les trois valeurs soient représentées dans le système "Je" et "Tu", il apparaît que le rapport total de réflexion de "I", "R" et "D", tel qu'il est représenté dans la formule "pΔq", ne peut pas être satisfait par les deux systèmes de réflexion sur-soi.

Si l'on utilise uniquement le système "Je" et "Tu" de la représentation appartenant à la théorie de la réflexion, la suite des valeurs de "pΔq" contient alors deux lacunes :

I...I...R D I D D

Cela signifie simplement qu'il existe de la réflexivité qui ne peut pas être formulée ni fixée dans le "Je" ni dans le "Tu", mais seulement dans le système du "Ça", donc de l'être non ipséiste.

Quel que soit l'angle sous lequel nous la regardons, si nous essayons de représenter la réflexion comme subjectivité pure, donc comme personnalité et ipséité pures, nous nous voyons prisonnier du dilemme suivant : si nous interprétons la réflexion comme l'intériorité pure du "Je" se reposant en lui-même, qui se perçoit vis-à-vis de tout l'univers donc vis-à-vis de la totalité de tout l'être, nous perdons dans cette notion de subjectivité la composante "I". Nous possédons seulement le sous-système bivalent "R/D". Mais si, à l'inverse, nous prenons la réflexion comme un "Je" qui est *dans* le monde, donc comme système "I/D", nous perdons la composante "R", car dans l'autre "Je" nous ne pouvons pas identifier son existence avec le processus de réflexion. L'identité du "Tu" est toujours pour nous son

Dasein objectif dans le monde. Il est seulement subjectivité *pensée*. Le processus de réflexion ou l'événement de pensée nous est toujours propre, comme nous l'avons déjà remarqué dans la première partie de ces considérations. Ce qui était donc "R" dans le "Je" présent apparaît comme "I" dans le "Je" représenté (pensé), donc comme un fait objectif.

Mais "Je" et "Tu" se trouvent, comme notre expérience directe nous l'enseigne, dans une relation d'échange. Pour moi, je suis le "Je" et l'autre Je est le "Tu". À l'inverse, pour un quelconque autre Je, je suis le "Tu" et cet autre Je est toujours pour lui-même le "Je". Mais si "Je" et "Tu" sont dans une relation d'échange générale, la différence entre les deux est déterminée logiquement par la différence entre "I" et "R" ; dans ce cas "I" et "R" doivent aussi constituer une relation d'échange. Autrement dit : *le fait métaphysique que nous ne rencontrons pas la subjectivité dans un seul système universel "Je", mais que l'ipséité intérieure est distribuée sur l'opposition de "Je "et de "Tu" demande qu'existe encore un troisième système de l'être qui se reflète en soi.*

"Je" et "Tu" ont un point commun où ils se rencontrent. C'est leur être dans le monde. Le Je, que la mort nous enlève et que nous ne pouvons plus rencontrer, est *verschieden*, c'est-à-dire à la fois différent et mort, ainsi que l'énonce l'usage du langage qui porte en lui-même ce double sens. En effet, il est d'une part détaché d'un tronc commun originaire et d'autre part différent de tous les autres Je. Cette différence introduite par la mort réside dans le fait que le sol de la communication, qui était jusque là l'être objectif en tant que vie organique, manque maintenant. Mais cet être doit apparaître comme irréflexivité et comme réflexion s'il lui faut représenter le sol intermédiaire entre Je et Tu.

Dans la tradition classique pour laquelle l'être n'était rien que positivité, donc "I", on ne pouvait établir une communication entre l'intériorité du "Je et celle du "Tu" que s'il existait un sujet universel dans lequel "Je" et "Tu" pouvaient se rencontrer. Mais ce n'est plus de la métaphysique, c'est : de la mythologie. Toutefois, dans l'ontologie bivalente, cette idée d'un sujet "absolu" était justifiée dans la mesure où l'on comprenait la communication informative entre deux sujets comme un processus purement spirituel, qui ne pouvait donc se passer que dans une dimension spirituelle.

Mais depuis, la cybernétique a démontré que l'information communiquée entre des sujets individuels est une grandeur objective et exactement mesurable. De même que l'on mesure la température en degré et la distance spatiale en longueur, on peut mesurer l'information d'après une nouvelle unité de mesure, un "*Hartley*" *. Car, pour un fait d'information donné, le nombre de mesure de "*Hartley*" est égal au logarithme de base deux du nombre des éléments du fait à transmettre. Donc une communication qui permet *n* choix binaires entre *S* symboles contient une quantité d'information qui est définie par la formule suivante :

$$\text{Inf} = \log_2 n\ (S)$$

Mais on ne peut pas effectuer de telles mesures chez un sujet absolu. Pour cela, seul l'être objectif convient. Une communication entre deux "Je", qui est mesurable de cette manière, doit donc être transmise par des membres de connexion irréflexifs et vraiment objectifs. Le processus de communication d'un "Je" présent à lui-même, qui "envoie" à un deuxième "Je" qui "reçoit", présuppose donc le schéma de transmission suivant :

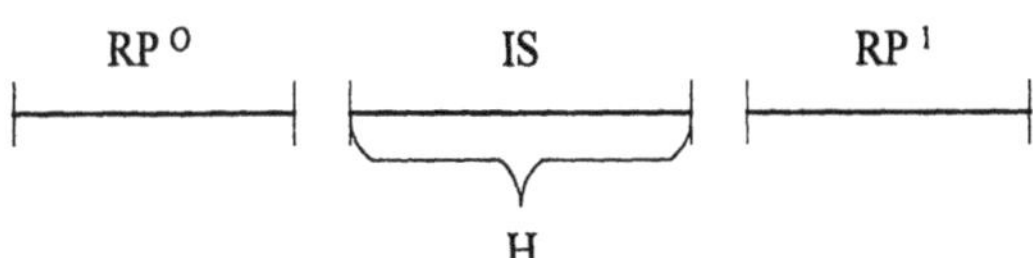

Ici "PR^0" doit signifier le procès *réflexif* par lequel l'information est produite dans une conscience. "IS" représente le processus de communication *irréflexif* qui transmet l'information par des symboles irréflexifs (objectifs), et "PR^1" représente le processus réflexif de réception par lequel le stock d'information transmis est de nouveau transformé dans l'expérience de conscience d'un récepteur. Le trajet de communication "IS" est finalement le domaine "H" dans lequel la méthode de mesure de "Hartley" peut être utilisée.

Comme on le voit, ce schéma présuppose exactement ce que nous avons déjà trouvé par ailleurs dans l'analyse de la distribution de la subjectivité dans la relation d'échange entre "Je" et "Tu". C'est-à-dire

* Unité nommée aujourd'hui "bit" .

que l'on ne peut absolument pas comprendre le système de l'autoconscience qui se réfléchit elle-même et la communication entre deux sujets différents impliquée en elle, tant que nous ne supposons pas que l'être objectif représente aussi une relation d'échange ; et cette fois une relation d'échange entre irréflexivité et réflexion.

Regardons encore une fois le schéma (H) sous ce point de vue. Celui-ci commence du côté gauche par un processus de réflexion, puis vient un point de rupture où la réflexion se transforme en un processus irréflexif, le domaine "H". Ensuite arrive un autre point de rupture au-delà duquel apparaît à nouveau un processus "R". Le processus de communication "Je" et "Tu" présuppose donc qu'une relation d'échange entre réflexivité et irréflexivité doit exister. Le tableau (VII) satisfait aux exigences de cette hypothèse si l'on complète les deux systèmes de réflexion subjectifs "R/D" et "I/D" par le système "Ça" "I/R", ce qui donne une logique trivalente.

Ainsi la dichotomie classique entre esprit et matière, entre penser et pensée (*Denken und Gedachten*) ou entre conscience et chose devrait être définitivement réfutée. La philosophie classique, en s'attachant passionnément à l'objet, s'oubliait elle-même et développait la théorie d'un être irréflexif qui se suffisait à lui-même et qui était exclusivement identique à lui-même. À cette époque on se souciait très peu du problème de la réflexion. On supposait tacitement que la réflexion devait être la contre-image exacte de l'être, et que l'on pouvait donc la représenter se suffisant à elle-même, complètement enfermée en elle-même et identique à sa propre intériorité.

Déjà, la première mais incomplète tentative entreprise dans la "Critique de la raison pure" de réfléchir sur la conscience réflexive elle-même révélait que ces idées transmises étaient insuffisantes. Le premier résultat des recherches kantiennes montrait que la logique classique échouait devant cette problématique, et le deuxième démontrait que la métaphysique classique ne produisait qu'une ontologie de l'irréflexivité, en soi complètement vide. Les successeurs spéculatifs de Kant ont continué de travailler dans cette direction mais, comme ils essayaient de maintenir le principe de bivalence au fondement de toute la pensée exacte, ils n'arrivèrent pas, malgré tous leurs essais, à développer une théorie de la réflexion. Certes, non seulement Fichte mais aussi Hegel et Schelling avaient compris que la réflexion n'était pas un contre-phénomène abstrait face à l'être, mais ils ne possédaient pas les moyens de représenter leur compréhension déjà familière, à savoir que la réflexion n'est pas exclusivement une variante subjective de l'existence classique.

C'est seulement à partir d'une logique trivalente que l'on peut montrer que le processus de réflexion est quelque chose qui n'est pas exclusivement accouplé à la subjectivité, à l'intériorité et à l'ipséité, mais qu'il doit aussi apparaître comme une variante de l'existence objective, physique (mesurable), quand de la vie spirituelle et de la communication intelligente de Je à Je sont possibles.

Ce surplus de réflexion, qui excède l'envergure subjective de "Je" et de "Tu" et qui se constitue dans l'existence concrète d'un être objectif et réel, forme le thème de la cybernétique. Elle est cette science qui satisfait l'exigence idéaliste, à savoir que l'Absolu doit se fermer dans un cercle. C'est ce cercle éternel qui contient les trois éléments "Je", "Tu" et "Ça". Mais la figure du cercle implique que les trois moments qui constituent l'Absolu soient mutuellement égaux ; c'est-à-dire qu'entre réflexion et irréflexivité il n'existe pas une relation de haut en bas, comme entre la conscience divine et la conscience humaine. Et, même si Je et Tu apparaissent comme réflexion-en-soi, cette égalité n'est pas encore donnée tant que "Ça" est exclu de cette forme d'existence.

C'est le dernier but de la technique humaine, et spécialement de la cybernétique, de représenter aussi l'être objectif comme réflexion-en-soi. Déjà les Upanishad, il est vrai, disent "Tat tvam asi", "Cela est toi" ; mais un tel mot reste de la pure spéculation métaphysique tant que "la douleur et le travail du négatif" manquent à transformer vraiment le "Cela" dans un "Tu". La chose irréflexive morte ne peut pas répondre à l'âme. Dans cette étrangeté et cette non-réceptivité de l'être uniquement objectif réside le pourquoi de la naissance des religions radicalement transcendantes, religions des hautes cultures bivalentes de l'Inde et de l'Europe de l'Ouest. L'âme se sent exclue pour toujours de la froideur et de l'inaccessibilité d'un monde objectif impersonnel, qui s'oppose dans une sublimité indifférente à ses questions et à sa souffrance nées de la réflexion. Dans toutes les grandes religions du monde on trouve ce thème de la nostalgie, que le cantique de l'Eglise exprime dans la question :

Où l'âme peut-elle trouver sa patrie, où peut-elle trouver la tranquillité...?

et à laquelle il répond lui-même dans la dernière ligne :

Elle n'est pas ici,
La patrie de l'âme est là-haut dans la lumière.

Qu'il s'agisse du paradis islamique des croyants, du ciel chrétien ou du nirvana bouddhique, le sens ou la tâche de cet au-delà est toujours de combler l'abîme entre l'irréflexivité morte et la réflexion vivante. Cela peut se passer de deux manières différentes, ou en rendant à la vie ce qui est mort, ou en apaisant l'infatigable activité nomade de la réflexion sans cesse en éveil. La première solution est celle de l'Occident. Ici la résurrection des morts, que l'on a toujours interprétée dans ses dernières conséquences métaphysiques comme la résurrection de la chair (de la matière)[8], précède l'entrée dans le salut éternel. Le jugement dernier est un processus métaphysique au cours duquel l'être, qui était jusque là mort, devient doué de vie, c'est-à-dire de réflexion. La primitive horreur animiste devant le cadavre se fonde précisément sur le fait que le corps de la réflexion vivante ne répond plus. Ici la réflexion ne rencontre plus rien, pas même l'écho de sa propre angoisse, c'est pourquoi elle s'intensifie et devient effroi. "Do you understand, gentleman, that all the horror is just this – that there is no horror!" est-il écrit dans un roman américain[9].

La deuxième solution est celle de l'Orient. Elle a trouvé son expression dans l'idée de *parinirvãna.* Le dernier but métaphysique est ici l'extinction complète de toute réflexion. Le "courant" de conscience est définitivement arrêté, et de cette manière l'opposition entre irréflexivité et réflexion est aussi supprimée. L'intériorité s'est retirée si loin en soi que l'on arrive ici à un autre paradoxe : cette intériorité n'est plus une intériorité.

Ces deux solutions présentent un point commun : elles retirent la réflexion de "ce monde" et la placent dans l'au-delà. Une troisième solution métaphysique ne semblait pas possible jusqu'à présent, parce que notre image bivalente *traditionnelle* du monde disposait seulement de deux motifs de transcendance, celui de la transcendance

---

[8] Cf. Corinthiens XV, 44 et 46.

[9] Motto de Nelson Algren, *The Man With Tthe Golden Arm*, New York, 1949. "Est-ce que vous comprenez, monsieur, que l'horreur absolue est justement le fait - qu'il n'y a pas d'horreur !"

de l'être et celui de l'introscendance subjective. Mais nous avons pris connaissance dans la première partie de nos considérations d'une troisième notion de transcendance, celle de la transcendance "médiane" qui résulte du fait que mécanisme et âme sont prisonniers d'un mouvement infini de sens opposé. Le mode de fonctionnement d'un mécanisme peut devenir de plus en plus proche de la conscience et de l'âme, mais le cerveau mécanique reste toujours une *analogie* de conscience ! Il n'"est" pas conscience dans le sens où la nôtre "est" ontologique. À l'inverse, l'âme ne peut jamais parfaitement coïncider avec la réflexion-sur-l'autre mécanique. Bien qu'elle se dessaisisse et se donne, elle-même reste cette double réflexion qui regarde de haut son propre reflet. Mais son désir est de se refléter de plus en plus dans cet être, parce qu'elle sait qu'elle ne peut se comprendre elle-même que par ce moyen, à travers cet autre de l'irréflexivité.

Nous rencontrons dans la cybernétique une nouvelle vision du monde, dans laquelle l'âme ne cherche pas sa patrie dans un au-delà mais dans ce monde-ci, qui, par un processus de réflexion, doit être déshabillé de son étrangeté et reforgé dans une image de l'homme. Dans la machine douée de "pensée" et de "conscience", l'homme réalise une analogie de son propre Je. Au commencement de cette deuxième partie de notre étude[10] nous définissions l'analogie de conscience comme l'imitation d'un modèle, où la structure de l'original est projetée sur une valeur supplémentaire. Cette structure du Je humain est donnée dans la réflexion (R). Elle n'est *pas* – et il est important de le comprendre – représentable dans le moi (D). Car ce dernier est justement introscendance infinie et insaisissable. Mais dans le système de la réflexion subjective, "R" est, comme nos tableaux nous le montrent, projeté sur "D". Nous savons maintenant que cette projection représente "Je". Elle est identité de réflexion. Mais la composante "I" n'est pas contenue dans la subjectivité pure. Elle vaut dans ce cas comme valeur supplémentaire. D'après la définition que nous avons donnée plus haut, nous obtiendrions une analogie de la conscience humaine si nous réussissions à projeter la réflexion, qui est accouplée avec l'introscendance dans le Je, sur la valeur supplémentaire "I". Alors le système "IR" représenterait aussi une analogie de la conscience humaine, comme "R", isolé dans le système

[10] Cf. pp. 87-89

bivalent (nommé là "négation"), indiquait dans sa plurivocité infinie une analogie de la conscience divine.

Les propriétés de "I" garantissent que la réflexion, dans cette projection, existe exclusivement comme mécanisme, c'est-à-dire que "IR" est un système de réflexion qui travaille avec des moyens irréflexifs (objectifs). Fichte a déjà su qu'un système de réflexion sur lequel on réfléchit se présente comme un mécanisme précis ; aussi pour terminer ces considérations voulons-nous citer ses phrases relatives à cet aspect :

"... die Begriffe, auf welche es in der Wissenschaftslehre ankommt, sind wirklich in allen vernünftigen Wesen wirksam, mit Notwendigkeit der Vernunft wirksam ; denn auf ihre Wirksamkeit gründet sich die Möglichkeit alles Bewußtseins. Das reine Ich ... liegt allem ... Denken zugrunde, und kommt in allem...Denken vor ; indem alles Denken nur dadurch zustande gebracht wird. *Soweit geht alles mechanisch.* Aber die soeben behauptete Notwendigkeit *einzusehen,* dieses Denken wieder zu denken, liegt nicht im Mechanismus ; dazu bedarf es der Erhebung durch Freiheit zu einer ganz anderen Sphäre, in deren Besitz wir nicht unmittelbar durch unser Dasein versetzt werden."[11]

"... les notions, qui sont importantes pour la doctrine de la science, sont vraiment actives chez tous les êtres raisonnables, actives à condition que la raison soit présente ; car c'est sur son efficacité que se fonde la possibilité de toute conscience. Le Je pur... est à la base... de toute pensée et apparaît dans toute... pensée ; toute pensée se fait seulement de cette manière. *Jusqu'ici tout se passe mécaniquement.* Mais la *compréhension* de cette nécessité – dont nous venons de parler – de repenser cette pensée ne se trouve pas dans le mécanisme ; pour cela il est nécessaire, par un acte libre, de s'élever à une toute autre sphère, dans laquelle nous ne sommes pas directement placés par notre *Dasein.*"

[11] J.G. Fichte, *Zweite Einleitung in die Wissenschaftslehre von 1797*, Abschn. 10. Phil. Bibliothek. Bd. 239. (Meiner, 1954) Les italiques sont de nous.

Partie III

Idéalisme, matérialisme et cybernétique

La partie de l'histoire de la conscience et des idées qui s'est déroulée au cours des derniers millénaires possède deux caractères très particuliers, par lesquels elle se distingue du développement de l'âme humaine dans les proto-cultures préhistoriques. Premièrement, dans les hautes cultures plus ou moins séparées géographiquement, le développement a lieu au cours des derniers millénaires d'une façon parallèle et bien marquée ; l'Inde, la Chine, la Grèce et dernièrement l'Europe de l'Ouest nous en donnent des exemples. Deuxièmement, dans chacune de ces hautes cultures, le développement et la maturité de la conscience se déroulent sur le terrain d'un dualisme prononcé de l'âme et du monde, où le Je de l'individu doit réfléchir à la contingence de l'être par laquelle il se sent éternellement menacé. "Que s'ouvre devant un microcosme un macrocosme vaste et surpuissant, un abîme d'être et d'agitation étrange inondé de lumière, et le petit soi solitaire se retire craintivement en lui-même." (O. Spengler)

Nous ne pouvons pas trouver de meilleurs mots que ceux de l'auteur du "Déclin de l'Occident" pour décrire la situation de l'âme dans laquelle "chaque culture, jusqu'à présent, est arrivée à la conscience d'elle-même". Cette expérience arché-phénoménale, qui bouleverse le Je dans sa réflexion la plus profonde, expérience d'un abîme insondable entre sa subjectivité et l'objectivité de l'être, a partout produit dans son essence dernière une image du monde dualiste (bivalente), dont la saisie mentale s'est exprimée de manières les plus diverses. En Chine nous rencontrons l'opposition Yin et Yang, elle révèle que le système confucéen, qui vise par ailleurs la réconciliation des oppositions, n'a jamais tenté une réunion des deux principes du monde dans une unité plus haute[1]. On mentionnera seulement, en ce qui concerne l'Inde, le système *Sãmkhya* et ses opposés irréductibles : *prakriti* (matière originelle) et *purusha* (âme). Le plus caractéristique est la théorie du yoga, cette création absolument originale de l'Inde, qui prend ses fondements

[1] Cf. E. A. Krause, *Ju-Tao-Fo*, München, 1924, p. 27.

philosophiques dans le dualisme radical de *Sãmkhya*[2]. Il n'est pas nécessaire d'entrer dans les détails d'autres dualismes, comme ceux de *Ahriman* et *Ahuramazda*, ou comme ceux plus récents de chose étendue et chose pensante (Descartes), ou de liberté et nécessité (Kant). Dans toutes les cultures, les grands systèmes se forment sur ces dualismes, systèmes dans lesquels la pensée prend toujours de nouveaux élans pour surmonter la fissure métaphysique, qui se déploie à travers toute la réalité dans de magnifiques mais vaines doctrines. Mais déjà chez Platon la vanité de tels essais, construire une image moniste du monde sur le fond d'une logique binaire, est clairement visible. "La philosophie tardive platonicienne se caractérise par une tendance vers le transcendant, un renforcement de la compréhension dualiste du monde et de la croyance que le monde d'ici-bas est le monde du mal[3]". Mais même là où la conscience ne tient pas compte du caractère dualiste de ses expériences vécues, comme dans la mystique ou dans la philosophie éléatique (Parménide), et se dirige, sans égard pour les conséquences, vers cet ultime Un plotinien qui semble incandescent, comme un feu sacré derrière le voile chamarré des couleurs et des formes terrestres changeantes, même là se montre la force insurmontable du dualisme. En l'abandonnant, on abandonne aussi toute la réalité. Il est superflu de rappeler le détachement du monde de la mystique. Mais la philosophie éléatique, elle aussi, mène à l'*acosmisme* : "Dans le Un, la diversité des choses disparaît"[4]. La réflexion ne peut pas revenir en arrière, quitter le chemin de la bi-(et pluri)-valence dans lequel elle s'est engagée. Quand, dupée, elle essaie malgré tout, elle perd la plénitude du monde et rencontre seulement son propre vide. On ne doit pas aussi oublier que chaque quête d'une unité conceptuelle présuppose une condition, à savoir qu'il existe une priorité logique de la dualité (ou généralement de la pluralité). La pensée ne peut réaliser une synthèse s'il ne lui est pas donné une pluralité à rassembler.

Le développement de la pensée scientifique, depuis les grecs jusqu'à Hegel, montre un net approfondissement et renforcement de la pensée dualiste. L'opposition entre sciences naturelles et sciences humaines en est un exemple moderne. Dans la philosophie hégélienne

---

[2] Cf. Otto Strauss, *Indische Philosophie*, München, 1925, p. 178.
[3] Ernst von Aster, *Geschichte der Philosophie*, Leipzig 1935, p. 75.
[4] W. Windelband, *Geschichte der Philosophie*, Tübingen, 1928, p. 32.

– en tant que vue d'ensemble finale du chemin de l'esprit – ce développement, à la fin, se précipite et mène à poser des questions tout à fait nouvelles. Il devient donc toujours plus évident que l'opposition originelle simple et dualiste entre deux composantes de la réalité, qui ne sont ni assimilables l'une à l'autre ni réductibles à une troisième, n'a en aucun cas une structure contradictoire simple. Dans l'analyse logique elle se révèle hautement compliquée. On y découvre que deux dualismes de nature très différente s'entremêlent, et qu'il en résulte un tissu de relations de réflexion presque inextricable. Le premier dualisme est le dualisme des contenus de conscience, et le deuxième apparaît comme le dualisme des processus de réflexion qui manipule les contenus.

Dans les deux cas il s'agit de faits élémentaires et tout simplement évidents. Seulement leur interaction impose à la pensée des difficultés presque insurmontables. Le dualisme des contenus se fonde sur le fait que notre conscience ne peut absolument pas avoir un contenu de conscience déterminé d'une manière univoque, identique à lui-même et objectif, sauf si nous pouvons le distinguer de tous les autres contenus possibles (ou de l'essence des contenus). Cette distinction sépare l'un de l'autre. Ainsi s'est établi le dualisme de contenu. Penser quelque chose et se mouvoir dans des conceptions divisées d'une façon dualiste sont des synonymes.

La deuxième forme du dualisme existe du fait que la réflexion nous propose toujours le choix entre une forme de pensée moniste et une forme dualiste, et que, comme le montre l'histoire passée de la philosophie, nous sommes incapables de nous décider définitivement pour l'une ou pour l'autre. Car il appartient aux propriétés fondamentales de la réflexion de pouvoir se détacher des résultats de ses propres décisions et d'en douter. Cette fonction sceptique de détachement est si fortement ancrée dans son essence la plus profonde que Descartes pensait en déduire la réalité métaphysique du sujet. Car, même si nous doutons de tout, nous ne pouvons pas douter que nous doutons. *Dubito, ergo sum, vel quod idem est : cogito, ergo sum*[5].

Pour souligner nettement la distinction entre les deux dualités, nous devons les représenter par un schéma simple de lettres. Mais nous devons expressivement faire remarquer que ne lui incombe aucune valeur de preuve. Il doit seulement servir d'illustration. Pour

[5] Cf. Heinrich Scholz, *Mathesis universalis,* basel 1961, p. 86.

deux *contenus* de conscience quelconques, qui peuvent être clairement distingués l'un de l'autre, nous utilisons les lettres minuscules a et b. Les lettres majuscules doivent être utilisées pour les *processus* de conscience. Un trait vertical doit chaque fois indiquer la séparation dualiste. Le premier dualisme a la forme simple :

a | b

alors que le second doit s'écrire :

A | B

Dans le premier cas la dualité est symétrique ; dans le second elle ne l'est pas. Le choix d'un *contenu* de conscience exclut totalement l'autre. C'est seulement dans une telle exclusion inconditionnelle de l'autre qu'un objet est totalement identique à lui-même. Si nous essayons de distinguer deux processus de conscience, les choses se comportent différemment. Dans ce cas la séparation se fonde sur une différence des actes d'expérience, et la dualité ainsi que la dichotomie résultent du fait que celui dont on fait l'expérience est éprouvé d'une façon univoque ou non univoque. La forme la plus simple de la plurivocité est naturellement l'ambiguïté. Le premier dualisme concerne donc la distinction simple, directe et "objective" entre l'un et l'autre, alors que le second s'installe sur l'opposition entre univocité et ambiguïté. Le monisme est considéré, du point de vue de la théorie de conscience, comme une réduction de l'image du monde sur l'*unisens* (*Einsinnigkeit*), alors que le dualisme déclare même encore comme ambiguës les dernières catégories qui se réfèrent à l'"absolu". La pensée classique s'est donc construite sur deux dualismes : le dualisme de l'*être* et le dualisme du *sens*. Et le deuxième, en tant que phénomène pleinement réflexif, inclut sa propre opposition, le monisme.

Il est possible d'interpréter la logique hégélienne en la comprenant comme un jeu d'enchevêtrement progressif de ces deux dualités. La dialectique du système hégélien apparaît alors comme un processus au cours duquel est établie une *troisième* dualité, une dualité qui s'étire dans la dimension temporelle, c'est-à-dire entre la (première) dualité de contenu et la (deuxième) dualité de forme. Par conséquent la logique de Hegel, bien qu'elle y paraisse parfois opposée, est encore strictement bivalente – si l'on y applique les critères d'un formalisme logique. Dans *La Phénoménologie de l'esprit*, l'histoire de la conscience humaine aboutit à sa propre image de réflexion, et la conscience de l'homme prend ainsi congé de cette histoire, en partie sciemment et en partie non sciemment. Depuis Hegel (et Schelling) on ne peut plus philosopher sur le terrain (classique-bivalent) de la réflexion qui existait jusqu'ici. L'idéalisme allemand a conduit à sa fin un comportement de réflexion plusieurs fois millénaires, où l'homme croyait entretenir une relation univoque avec le monde.

Cette croyance reposait sur l'espoir toujours renaissant qu'entre les aspects alternatifs d'une dualité existerait la possibilité d'une décision vraie, où la justesse pratique de l'action coïnciderait avec la vérité théorique de la pensée. Pour le dire plus simplement mais moins précisément : l'histoire des idées, que l'homme a produite dans toutes les hautes cultures régionales, se fonde sur la condition naturelle que des deux images contradictoires du monde l'une doit représenter la vérité absolue et définitive concernant la réalité "en-soi". Et même si nous ne devons pas trouver cette vérité, cela a quand même du sens et c'est notre devoir moral de la chercher.

Il est devenu impossible de soutenir encore cette croyance, après que l'idéalisme transcendantal spéculatif, et particulièrement Hegel, ont montré que des thèmes contradictoires de l'interprétation philosophique de la réalité s'emboîtent en se soutenant mutuellement, qu'ils se réfèrent dialectiquement l'un à l'autre, et qu'aucun ne peut exister sans sa négation totale ni ne peut se maintenir dans la conscience. Finalement nous devrions savoir aujourd'hui que le jeu intellectuel sur des conceptions pratiques du monde, qui s'agitent autour de l'antithèse non résolue du matérialisme radical d'un côté et de l'idéalisme tout aussi ferme de l'autre, touche à sa fin. Il faut savoir aussi que le 'laisser en suspens" existentialiste (*das existentialistische In-der-Schwebe-Halten*) entre ces deux pôles ne représente pas non plus une solution. Tout cela aujourd'hui n'est que le badinage léger d'un processus de réflexion qui n'engage à rien et qui se nourrit d'abstractions vides. Ce n'est pas un hasard si dans la philosophie hégélienne le processus de réflexion n'est pas compris comme une production subjective d'images, mais comme un processus réel (*Realprozeß*), objectif et inéluctable du monde. Dans ce mouvement l'opposition entre sujet et objet, pensée et chose, sens et être, forme et substance, bref, toutes les dualités doivent être dépassées (*aufgehoben*[a]).

Il est d'autant plus curieux après cela – et plus honteux ! – que les écoles philosophiques, qui se situent dans la continuité de Hegel, retombent dans des habitudes de pensée dualiste et divisent son système en un système hégélien de "droite" et un système de "gauche". La pensée philosophique souffre encore aujourd'hui de cette opposition, et si un changement est apparu dernièrement, celui-ci n'est pas dû aux spécialistes de la philosophie mais aux cybernéticiens. Car c'est dans la cybernétique, quand elle essaie systématiquement de transférer sous une forme analogique les processus de conscience dans des machines, que l'idée de Hegel, que la réflexion est essentiellement un processus *réel*, est enfin mise à exécution. On ne peut plus accepter les droits de réserve que ce processus de réflexion s'est accordés à lui-même, en se distinguant du monde en tant que pensée "subjective" et en se complaisant dans des formes autoproduites (autonomes). La cybernétique n'accepte pas le hiatus classique entre pensée et être, comme elle déclare sans sens, sur le terrain de la formation de ses concepts, celui entre une interprétation mécaniste et une interprétation vitaliste des processus naturels.

Il s'ensuit que la dernière antithèse de la pensée dualiste, encore active aujourd'hui, est irrévocablement condamnée à disparaître. Il s'agit de l'opposition philosophique entre idéalisme objectif et matérialisme dialectique. Dans cette opposition se manifestent les deux orientations dernières de la conscience non seulement théorique mais aussi pratique, à partir desquelles l'homme, dans toutes les hautes cultures régionales, a toujours recherché la solution des problèmes qui le préoccupent.

Quand nous désignons l'antithèse par idéalisme *objectif* et matérialisme *dialectique*, l'usage des adjectifs indique déjà que cette opposition possède une histoire au cours de laquelle elle apparaît comme un résultat hautement réfléchi. Il est impossible, dans le cadre étroit de cet exposé voué à d'autres buts, d'entrer dans ces détails. Il n'est possible que d'en donner un rapide aperçu. D'une certaine façon on peut déclarer l'idéalisme de Platon comme déjà objectif.

---

[a] Cf. le concept hégélien de *aufheben* dans ses trois sens principaux : *elevare, conservare, negare*

L'ambiguïté du terme εἶδος l'indique : malgré des rechutes[6] (complainte de Hegel) dans la dialectique "négative" d'un idéalisme seulement subjectif, le noyau ésotérique de son enseignement se fonde sur la dialectique "spéculative" et "objective", qui est l'axe vertébral logique de l'idéalisme objectif. En revanche il est à peine possible de considérer le matérialisme naissant comme déjà dialectique, ni le système indien Lokãyata (Cãrvãka), ni Démocrite. Pour que le matérialisme atteigne un point de vue dialectique, cela présuppose une puissance de réflexion de la pensée bien supérieure à celle qui existe aux premiers stades de l'esprit.

Dans ces conditions on peut regarder l'histoire de la réflexion en Occident – surtout en tenant compte du développement des sciences physiques et naturelles – comme un procès au cours duquel la distribution asymétrique des accents réflexifs de la pensée s'équilibre progressivement. L'idéalisme développe de plus en plus une thématique d'être objectif, jusqu'à son résultat final dans la théorie de l'esprit objectif de Hegel. Il perd de plus en plus d'idéalité abstraite et prend des traits de réalité "matérielle". À l'inverse, la notion la plus ancienne de matière se spiritualise toujours plus. Elle devient "dialectique". La notion de matière pré-dialectique appartient, comme le dit Hegel, à une "réflexion non-formée, non-cultivée" ("*ungebildeten Reflexion*"). Le thème de la science est "que l'étant en soi et pour soi est une notion consciente, mais que la notion en tant que telle est l'étant en soi et pour soi"[7]. Il s'ensuit, comme il est écrit quelques lignes plus loin, que la "matière est plutôt la pensée pure, donc la forme absolue elle-même". C'est pourquoi il n'est pas surprenant que Hegel, à un autre endroit, parle de "solidité" (*Gediegenheit*) de la matière.

La différence entre l'ancienne notion de matière et la notion de dialectique transcendantale est subtile mais d'un poids métaphysique énorme. Pour la tradition classique il existe une différence nette entre forme et matière. La matière comme telle ne possède pas de réalité *sui generis*. Elle est pure possibilité, potentialité (δυνάμει ὄν). "Il n'existe jamais une substance sans forme, mais bien un principe de forme

---

6 Cf. Hegel (Glockner) XVIII, p. 226, Cf. aussi W. Windelband, op. cit. p. 126

7 Hegel, (Meiner, 1923) III, p. 30, 31. "daß das an und für sich Seiende gewußter Begriff, der Begriff als solcher aber das an und für sich Seiende ist".

autonome"[8]. Car la hiérarchie des niveaux de matérialité et de forme se termine dans la νόησις νοήσεως aristotélicienne, c'est-à-dire dans la forme de forme qui repose complètement en elle-même et qui n'a plus besoin de matérialité comme support de son être absolu. E. von Aster dit précisément de ce fondement d'être absolu et divin qu' "Il est – éternel, immobile et inchangeable – pure forme sans matière"[9]. L'ancienne notion de matière, qui sévit aujourd'hui encore dans la forme non dialectique du matérialisme vulgaire, se distingue donc par le fait que la faculté d'autoréflexion lui est refusée. Comme elle n'a pas elle-même de réflexion, elle ne peut plus se maintenir dans la forme pure. La matière est un moyen transitoire du processus au cours duquel l'être s'est emparé de sa réalité totale, et, avant d'arriver à la dernière étape de l'auto-réalisation du monde, elle quitte la scène métaphysique des événements. D'un point de vue eschatologique elle n'était jamais réelle, parce que, d'après l'avis des anciens auteurs, elle ne pouvait être à elle-même son propre contenu. Elle n'était que substance modelable par la forme toute puissante. Mais on a admis que la forme, en tant que forme de forme, se possédait aussi elle-même comme contenu. Forme signifiait spontanéité, pouvoir et lumière, tandis que substance équivalait à passivité, impuissance et ténèbres. Pour la tradition de pensée classique, l'inégalité de valeur métaphysique entre forme et substance ne faisait aucun doute.

Mais avec Hegel le concept dialectique de matière s'impose définitivement. La *Grande Logique* commence encore, il est vrai, avec la notion d'"être sans réflexion" ("*reflexionslosen Seins*")[10], mais la pensée la repousse tout de suite, parce que cette notion s'avère d'une totale indétermination pour la réflexion – Hegel la nomme "le rien pur". La conscience ne peut pas se maintenir dans une telle indétermination et un tel manque de contenu, car elle a toujours besoin pour son autoconstitution de prendre comme contenu quelque chose de déterminé en tant qu'"autre". Ainsi derrière la formule être = néant se cache la conception classique de la matière. La matérialité de l'être manifeste, c'est-à-dire l'étant singulier, n'a qu'un *Dasein* empiriquement provisoire. Pour un regard métaphysique la matière

[8] K. Vorländer, *Geschichte der Philosophie*, Leipzig, 1919, p. 129. "Nie existiert ein Stoff ohne alle Form, wohl dagegen ein selbständiges Formprinzip".

[9] E. von Aster, p. 87. "Als ewig, unbewegt und unveränderlich ist es reine Form ohne Materie".

[10] Hegel (Meiner 1923) III, p. 66.

essentiellement n'est rien. À part une existence de premier abord illusoire, elle est mãyã (en Inde) ou le Mal (chez Plotin). En tout cas négation.

Tous ces jugements sur l'être, auxquels recourt la pensée pour s'approcher du problème métaphysique de la matérialité, sont encore naïfs (Hegel parle de "réflexion immédiate", *von "unmittelbarer Reflexion"*). L'être est identifié ici, sans aucune prévention, avec l'objectivité indépendante qui est située devant la pensée. Mais cette identification force à une *décision*. L'objectivité n'est objective qu'en vertu de son univocité et de son identité *sans* réflexion qui se suffit à elle-même, alors que la formule être = néant est ambiguë. Or ambiguïté signifie réflexion. *Cette* réflexion doit donc être détachée ou doit être arrêtée (Hegel dit "fixée"), si la conscience veut se saisir d'une expérience de l'"être" qui a du sens. L'ambiguïté de la formule hétérologique être = néant, dans laquelle l'être peut apparaître comme prédicat universel du néant ou, à l'inverse, le néant comme prédicat universel de l'être, est remplacée par conséquent par la tautologie être = être.

Pour cette réflexion qui n'est pas encore fixée, seule la formule hétérologique est intéressante. Et la pensée contemplative, déroulant ses images tout au long de celle-ci, peut continuer d'avancer. Mais la réflexivité de l'homme ne se manifeste pas uniquement sous la forme du monde silencieux des idées de la contemplation. Elle se réalise aussi dans la volonté et dans l'action qui en découlent. Il est évident que la volonté ne peut rien faire avec la formule être = néant, pas plus que la contemplation avec la tautologie être = être par laquelle elle est arrêtée. On ne peut pas agir si l'être fond dans les mains et devient néant. La pensée, jouant avec ses propres concepts, peut peut-être douter de la réalité des choses, et son être matériel peut lui apparaître comme une illusion. Mais la volonté ne s'y laisse pas tromper. Sa prise agissante lui confirme immédiatement que les choses sont "là", et que l'être s'accomplit totalement dans l'étant.

Ainsi, comme la réflexion est toutes les deux à la fois, aussi bien l'image silencieuse (avec l'ambiguïté profonde de la relation entre l'image et ce qu'elle représente) que le moteur actif de la conscience en tant que volonté, la pensée classique, à travers toute son histoire, est toujours de nouveau soumise au destin de devoir choisir entre les deux aspects possibles de la réflexion – celui de la représentation ou celui de l'action. Et elle doit choisir parce qu'elle pense d'une façon bivalente. Elle ne peut pas accepter toutes les deux formules en même temps. Celles-ci représentent des contradictions absolues. Le schéma suivant illustre cette situation décisive de l'état de la conscience classique :

conscience	Contemplation	Être = Néant	Dualisme
	Action	Être = Être	Monisme

Ainsi, dans toutes les hautes cultures, l'histoire des idées de l'homme qui s'oriente dans son *Dasein* oscille entre une théorie des deux mondes, celui de l'en-deçà et celui de l'au-delà, et un monisme ontologique. Plus la pensée devient subtile, plus les deux motifs s'enchevêtrent dans une diversité pratiquement infinie de solutions provisoires. Les contours initialement clairs de l'orientation métaphysique se perdent, et à la fin règnent l'anarchie spirituelle et la désorientation d'une pensée qui a depuis longtemps oublié où, au juste, elle voulait aller. Un exemple qui illustre ce fait est la théorie philosophique du Vedãnta, qui oscille, indécise, entre le monisme radical (doctrine de l'*advaïta*) d'un Gaudapãda ou *sámkara* et le "pluralisme clair"[11] de Vishnuit Madhva. Cela ne vaut pas la peine de signaler ce qui se passe actuellement, ni le chaos de la pensée contemporaine qui a justement conduit les conceptions philosophiques les plus originales du XXe siècle à faire perdre à la philosophie, d'une manière catastrophique, son caractère scientifique.

Mais voici ce qu'il en est avec Hegel : sa philosophie apparaît, relativement à son contenu, comme un magnifique résumé de l'histoire des idées humaines portant sur le niveau de conscience de la réflexion atteint à ce jour. En tant que système, il doit être interprété comme un premier essai conséquent visant à maintenir en permanence, dans la pensée théorique, l'état d'indécision de la réflexion entre deux systèmes fixes et concurrents. Ce qui est typique chez Hegel c'est qu'aucune conception métaphysique, pour lui, n'est "fausse". Elle est seulement toujours "unilatérale". Et dans le cadre d'une telle unilatéralité, elle est vraie ou un moment du vrai. Que Hegel n'ait pas réussi à faire de la réflexion, en tant que processus vivant indépendant de sa

[11] Otto Strauss, op. cit. p. 251

fixation à un objet déterminé, le point de départ de sa pensée, suscite la controverse des écoles hégéliennes qui se combattent. L'interprétation contradictoire de son système en idéalisme objectif et matérialisme dialectique témoigne suffisamment que les représentants des deux interprétations ne voient pas la suppression (*Aufhebung**) de l'asymétrie classique entre forme et substance dans sa dialectique. Hegel lui-même n'est pas complètement étranger à cette méprise dont sont devenus victimes ses successeurs. Quand il décrit le but du processus dialectique du monde comme l'advenue de l'Esprit absolu à lui-même, cela est sans aucun doute de la terminologie idéaliste. Et cela ne change pas grand chose si l'on atténue un peu le terme idéaliste en ajoutant le petit mot "objectif". Un idéalisme objectif reste toujours encore un idéalisme. Et comme tel, il représente une prise de position unilatérale à l'égard du phénomène de la réflexion. Certaines propriétés de la réflexion sont *a priori* préférées, alors que c'est justement la propriété fondamentale de la réflexion d'échapper à toute fixation et prise de position unilatérale. La prise de parti pour l'une ou l'autre propriété de la réflexion signifie une rechute dans la position classique de la pensée. On présuppose, sans le dire, une asymétrie entre forme et contenu. Mais le commencement de la logique hégélienne montre très clairement que Hegel part d'une symétrie méticuleuse entre les deux. Être et néant sont des positions vides pour l'opposition entre sujet et objet. Comme telles, elles représentent une pure relation d'échange abstraite. Et c'est justement la propriété de toute relation d'échange de ne donner la préférence ni à un côté ni à l'autre. Car si on le fait, on perd tout de suite la relation d'échange et l'on met à sa place une relation de proportion asymétrique. L'interchangeabilité inconditionnelle des propriétés des deux côtés d'une relation d'échange signifie donc que, sous des conditions données, ces propriétés peuvent apparaître, il est vrai, différentes mais qu'au fond elles sont identiques. Si l'on essayait d'attribuer aux deux côtés d'une relation d'échange des propriétés différentes, la réflexion ne pourrait maintenir entre eux une relation de symétrie, c'est pourquoi Hegel souligne, avec une précision minutieuse au commencement de la *Grande Logique*, que l'être en général (*Sein-überhaupt*) et le néant en général (*Nichts-überhaupt*) n'ont aucune propriété, sauf qu'ils sont justement dans une relation d'échange. Ce

---

* Cf. note a p. 130

qui est typique chez Hegel c'est ce qu'il dit de l'être : " Il est le pur indéfini et le vide." Et du néant il note qu'il est " vacuité parfaite, sans détermination et sans contenu, indifférenciation en soi-même"[12]. Le moyen le plus sûr de se protéger d'attribuer aux deux côtés d'une relation d'échange des propriétés différentes est naturellement de regarder tous les deux côtés comme totalement dépourvus de propriété. Et c'est exactement ce que fait Hegel quand il déclare nettement : "L'être, indéfini, immédiat n'est en fait *rien*, et ni plus ni moins que rien"[13]. La maxime théologique que devant Dieu toutes les âmes sont pareilles a donc, pour le théoricien de la réflexion, la signification purement formelle qu'il existe une relation d'échange pure entre subjectivité *per se* en tant que Je et subjectivité *per se* en tant que Tu. Donc, au regard de Dieu, aucune âme n'est "meilleure" qu'une autre. Ainsi doit-il être clair que la relation d'âme à âme n'est pas une relation de proportion.

Il peut paraître ennuyeux de s'occuper de ces notions élémentaires de base qui concernent toute conscience, et de se promener en pensée à travers l'obscurité primordiale dans laquelle Dieu n'a pas encore dit son : "Que la lumière soit !". Mais en réalité, de ces analyses abstraites énoncées ci-dessus découlent des conséquences les plus passionnantes pour notre image du monde. En effet, si être et néant en tant que places vides (*Leerstellen*) pour sujet et objet en général ainsi que pour forme et substance constituent une relation d'échange, la logique hégélienne part d'une équivalence métaphysique parfaite entre esprit et matière ! Cela veut dire que nous ne pouvons plus affirmer que la forme a une racine métaphysique plus profonde que la substance parce qu'elle peut être à elle-même son propre contenu. C'était là, nous tenons encore une fois à le rappeler, la conception classique ancienne. On ne pouvait pas accorder à la substance ou à la matérialité le même statut qu'à la forme, parce que notre pensée, si elle cherche à saisir l'idée d'une substance qui est à elle-même son propre contenu, s'enchevêtre dans une contradiction insoluble. L'audace de Hegel consiste à comprendre comme réflexion l'objectivité même de l'être qui précède la pensée et qui se manifeste en tant que matérialité.

[12] Hegel (Meiner 1923) III, p. 67. "vollkommene Leerheit, Bestimmungs- und Inhaltslosigkeit, Ununterschiedenheit in ihm selbst".

[13] Op. cit. p. 66. "Das Sein, das unbestimmte, unmittelbare ist in der Tat *Nichts*, und nicht mehr noch weniger als Nichts."

Substance et forme sont chez lui de valeur tout à fait égale (du moins tant que la fondation de la dialectique est en question). Logiquement parlant ils sont la même chose. Réflexion et irréflexivité forment une relation d'échange pure.

Cela signifie qu'il est parfaitement équivalent de dire que : " la matière possède la propriété de réflexion" (matérialisme dialectique) ou de formuler que : "l'esprit possède la propriété de matérialité" (idéalisme objectif). Certes, nous croyons très profondément qu'entre ces deux propositions il existe une différence tout à fait essentielle et fondamentale. Mais cette différence s'impose à nous uniquement parce que, si *nous* réfléchissons, la réflexion est enfermée dans une conscience individuelle, un Je. Être-je signifie avoir pris parti contre le monde que l'on repousse de sa propre subjectivité, comme l'autre en tant qu'incarnation du domaine de l'objet. Il ne fait aucun doute que nous ne pouvons pas faire autrement ; car pouvoir faire autrement signifierait abandonner son propre je, ce qui n'a pas de sens. Mais si, comme le dit Hegel, le monde entier et son histoire sont dès l'origine autoréflexion, nous n'avons évidemment pas le droit de prendre notre état de réflexion unilatéral et partial comme norme logique pour une image du monde qui voudrait satisfaire l'essence de la réalité. Même si nous nous sentons obligés de prendre parti pour une image du monde déterminée, nous nous abusons nous-mêmes si nous la faisons passer pour "scientifiquement fondée".

Nous ne savons pas quelle forme aura la vision future du monde, dans lequel nous serons souverainement capables de regarder avec distance la contrainte de réflexion à laquelle nous sommes soumis. Hegel a entrepris un essai dans cette direction ; il dit de sa logique que son contenu ne décrit pas les lois de la pensée humaine, mais qu'elle est "l*a représentation de Dieu tel qu'il est dans son Être éternel, avant la création de la nature et de l'esprit fini*".[14] Cela n'est pas du tout blasphématoire. Les mots hégéliens expriment seulement un fait objectif, l'essai de décrire le processus de réflexion que nous vivons comme pensée, indépendant du point de vue d'un sujet individuel vivant, d'un "esprit fini". On peut dire qu'aujourd'hui il est devenu extrêmement douteux que cette entreprise soit vraiment réalisable rien qu'avec les seules méthodes hégéliennes – en supposant d'abord, et

[14] Hegel (Meiner 1923) III, p. 31. *"die Darstellung Gottes... wie er in seinem ewigen Wesen vor der Erschaffung der Natur und eines endlichen Geistes ist."*

d'une manière générale, qu'elle puisse être considérée comme une tâche qui ressort du domaine du possible. Il est évident que, si l'homme s'attaque à un projet si gigantesque, il doit abandonner l'isolement de sa subjectivité privée. Car c'est justement elle – surtout dans le développement de sa logique – qui le pousse dans cet aspect unilatéral de la réflexion, devenu fatal à tout acte philosophique ; mais comment peut-on quitter cet isolement ? Un problème épistémologique intéressant nous donne une indication, celui de l'incommensurabilité entre penser et agir en tant que maillons de relation entre notre subjectivité et le monde. Même celui qui n'a qu'une connaissance superficielle de l'histoire de la philosophie connaît bien le scepticisme essentiel de la pensée réflexive. Quel que soit le lieu où la réflexion se porte sur le monde, elle fait inévitablement le même chemin. La conscience naïve croit que ses images d'expériences concrètes copient les objets tels qu'ils sont. Au prochain pas, la réflexion conclut que nos représentations coïncident avec le représenté dans certaines dispositions et pas dans d'autres (théorie des qualités des sens primaires et secondaires). Au pas suivant l'idée d'une relation de concordance est totalement rejetée et l'on parle de formes et de matériaux à façonner – "les objets doivent se régler sur notre connaissance", comme il est écrit dans la préface de la deuxième édition de la "*Critique de la raison pure*". À partir de là il ne reste qu'un pas à franchir pour contester l'existence d'un objet en soi, indépendant de la conscience. Ce doute d'une réalité du monde extérieur est une propriété constitutive de la réflexion enfermée dans une conscience subjective. Mais ce scepticisme envers la réalité disparaît tout de suite et entièrement dans l'action. En cherchant à saisir les choses avec nos mains, nous nous confirmons que les choses existent "hors de nous". De même que la conscience contemplative souffre d'un scepticisme incurable, de même la conscience qui se confirme dans les actions est constitutionnellement incapable de douter du monde objectif, transcendant à la conscience. Que la chose que nous touchons, que nous travaillons et que nous modifions techniquement ne doive tenir son existence que des actes de conscience est, du point de vue pratique, complètement insensé. La volonté agissante nous offre un pont fiable qui relie le monde intérieur au monde extérieur. Ce que dit Marx dans les thèses sur Feuerbach a donc un sens profond : " Les philosophes n'ont fait qu'*interpréter* le monde de diverses manières, mais ce qui importe c'est de le *transformer*." (11e thèse). Marx voit bien qu'avec le niveau de pensée philosophique atteint par Hegel une époque de l'histoire de l'esprit humain s'achève, et que l'on peut continuer uniquement dans une nouvelle direction. Avec Hegel un procès de développement de la conscience humaine a trouvé son achèvement irrévocable, procès au cours duquel la réflexion s'est occupée uniquement d'elle-même et de l'*image du miroir* du monde qu'elle produisait elle-même. Comme la pensée était sûre de ce reflet, elle en oubliait le problème réel du monde en tant que contingence non perceptible à la conscience. Le contact avec le monde, qui est toujours *technique* au sens le plus large du mot, n'était pas classé dans l'empire de l'esprit. Marx a vu plus clairement que tous les autres que cette réflexion de conscience idéaliste, qui souverainement se soutenait elle-même et soutenait le monde, avait perdu sa force, après avoir connu au début des succès stupéfiants à partir desquels elle se légitimait justement comme commencement. Aujourd'hui et en tous lieux nous faisons l'expérience de l'impuissance des positions de conscience qui résultent d'elle. Les produits de l'esprit objectif — telles institutions historiques comme la science et l'art ou telles structures sociales comme les grandes villes et les États — commencent à montrer leur propre légalité, se dégageant de plus en plus de la guidance de la conscience classique des hommes. Plus cette réflexion qui se soutenait elle-même devenait parfaite et subtile, plus elle perdait le contact avec le monde. Marx voit avec une clarté surprenante que le phénomène de la conscience volontaire, qui *fait* vraiment quelque chose, est exclu de la notion de réflexion classique. Certes, dans la philosophie plus ancienne on aborde assez souvent le problème de la volonté et de la liberté, mais ce que l'on a sous les yeux n'est jamais la volonté concrète qui s'occupe techniquement des choses, mais cette image pâle de la volonté telle qu'elle apparaît dans la réflexion théorisante. La contemplation théorique se contente de cette image, ayant confiance en sa capacité absolue de pouvoir évoquer, transformer et faire disparaître de nouveau cette image à chaque instant. Dans l'idéalisme la volonté est l'esclave qui vient et s'en va sur l'ordre de son maître.

Cette philosophie n'inclut pas sérieusement dans le domaine de sa pensée le problème de la volonté technique concrète, alors que celle-ci se révèle être le maître qui révoque la réflexion théorique pure et la rend superflue. Cette volonté technique représente un moteur de la conscience, un moteur qui ne se contente plus d'entretenir le déroulement ludique et finalement sans responsabilité métaphysique des images représentatives situées dans l'espace de la conscience, mais qui s'avère être une force qui sort transcendantalement de la conscience et qui prend les choses concrètes dans sa main, les transforme ou les brise. Marx ne rejette pas seulement l'idéalisme mais aussi le matérialisme concomitant de la position classique de la conscience. La première thèse sur Feuerbach l'exprime clairement, en même temps qu'elle explique ce que l'on doit entendre quand Marx demande à la philosophie de *transformer* le monde dans son essentialité, au lieu de se contenter de l'améliorer par de sages conseils. Sa première thèse commence ainsi : " Le principal défaut de tout le matérialisme passé — y compris celui de Feuerbach — est que l'objet, la réalité, le monde sensible n'y sont saisis que sous la forme d'*objet* ou de représentation, et non d'une façon subjective en tant qu'*activité humaine concrète*, en tant que *pratique*." Ici une note explicative de la terminologie marxienne est opportune. Ce qui peut irriter une personne prisonnière de l'utilisation du langage traditionnel, c'est l'art et la manière avec lesquels Marx utilise le mot "subjectif". Nous sommes davantage enclins à utiliser le mot subjectif quand nous possédons une chose uniquement sous forme de représentation. La représentation indubitablement est subjective dans le sens commun du mot, c'est-à-dire que le procès d'un sujet vivant et les contenus respectifs de ce procès se partagent la subjectivité. Marx entend quelque chose de différent quand il dit que l'objet doit être pensé comme " activité humaine concrète", donc comme "subjectif". Il pense : nous devons attribuer à l'objet considéré jusqu'à présent comme inerte, mort et irréflexif la faculté de réflexivité et de subjectivité. Mais il voit clairement que cela ne peut pas être l'/uvre d'une réflexion qui fabrique des images immanentes à la conscience, mais celle d'une réflexion active en tant que volonté technique, qui forme et ainsi *transforme* le matériau objectif par le travail des outils.

La compréhension de cet état de fait peut être facilitée en indiquant à la fois la similarité et la différence qui existe entre celui-ci et une très vieille image du monde mythologique. Nous pensons à l'animisme ou à la doctrine de l'animation du tout (*Allbeseelung*). D'après cette croyance, la matérialité du monde est entièrement traversée par une matière animée (Tylor). C'est-à-dire que chaque objet *est* sujet. Nous donnerons seulement comme exemple la prétendue âme du bois ou âme de la pierre (*Tjurunga*). Dans cette croyance, la chose prétendument morte *est* déjà réflexion actualisée et vie. Cette propriété n'est en aucune façon évoquée d'abord, elle est là *a priori* et la position de la conscience humaine envers elle est essentiellement passive. On honore le phénomène et l'on a peur de lui. Le matérialisme dialectique partage avec cette ancienne croyance le fait d'attribuer à la matérialité ou à la "choséité" (*Dingheit*) en tant que telle une propriété de réflexion. Quant à la différence, elle est tout à fait essentielle : dans la matérialité cette propriété de réflexion apparaît uniquement quand le monde est travaillé et transformé. Pour l'animiste la chose est par elle-même sujet, sans qu'il y ajoute quelque chose. Mais pour le matérialisme dialectique l'objet n'est que potentiellement sujet. La subjectivité véritable, celle qui répond, advient seulement par le fait que la matière est travaillée et transformée, que l'homme arrête de se faire une image de lui-même uniquement en pensée, et qu'il se charge de construire lui-même la répétition de son essence dans la matière. C'est le sens de la cybernétique. Pour utiliser encore une fois les mots de Marx nous dirons : dans la technique cybernétique "l'objet est saisi en tant qu'activité humaine concrète, en tant que pratique" donc "de façon subjective", c'est-à-dire comme sujet possible et comme image de l'homme ; à partir de cette conception naît l'action technique qui le transforme dans ce sens.

Il existe sans aucun doute une affinité terminologique entre la cybernétique et le matérialisme dialectique. Mais celui qui en déduirait que le matérialisme dialectique est de cette façon justifié en tant que représentation vraie du monde et que l'idéalisme est *eo ipso* supprimé se trompe gravement. Non seulement Marx mais aussi les théories cybernétiques énoncent une proposition logique formelle, d'après laquelle il devient impossible de prendre parti pour l'un ou pour l'autre côté. Dans les deux cas on présuppose selon une logique formelle que forme et substance, considérées métaphysiquement, sont des grandeurs totalement équivalentes. Nous avions déjà remarqué plus haut que se situe ici la déviation de la tradition classique de la pensée, dans laquelle on accorde une prépondérance métaphysique à la forme. Les interprètes actuels du matérialisme dialectique ne l'ont pas tout à fait compris. Ils donnent à la substance une prépondérance sur la forme – cela me semble être également le cas chez Bloch. En faisant cela, on commet encore une fois l'ancienne erreur de l'idéalisme mais cette fois en inversant les termes. Un tel matérialisme est l'exacte image en miroir de l'idéalisme – tous les deux systèmes disent exactement la même chose, on a seulement inversé les valeurs des énoncés. Certes, cela a du sens pour la terminologie choisie et simule une différence dans le contenu de l'énoncé, mais en réalité on dit la même chose des deux côtés.

À partir du moment où l'on accepte sans restriction l'équivalence métaphysique entre substance et forme, irréflexivité et réflexivité, sujet et objet, l'idéalisme et le matérialisme dialectique se révèlent comme une seule et même vision du monde, mais représentée de deux points de vue différents, qui s'excluent mutuellement et qui suggèrent une adversité métaphysique et idéologique qui, au fond, n'existe pas. Dans cette situation la pensée philosophique doit chercher de nouvelles formulations. Mais il est clair que cette recherche ne peut plus se réaliser sur l'ancienne voie de la seule réflexion théorique, dans l'espace de la conscience. On doit ajouter à la première, c'est-à-dire à la réflexion classique qui n'a rien perdu de sa signification, une deuxième réflexion qui la complète, qui modifie la matière de telle sorte que l'objet prend à celle-ci la part de réflexion qui lui est accessible. En fait la cybernétique s'avance de plus en plus clairement dans la direction que nous venons d'indiquer. Maintenant nous devons élaborer cela en détail.

Nous citerons d'abord un savant confirmé de l'Est. La citation est faite d'après la traduction anglaise du texte polonais (Joint Publications Research Service, Washington D. C.). Dans l'introduction de son travail, "*Totality, Development and Dialectics*" (Calosc, Rozwoj i Dialektyca w Swietle Cybernetyki, Warszawa 1960), Oskar Lange interprète l'antithèse qui a divisé la pensée occidentale passée comme une opposition entre le "finalisme" métaphysique et le "mécanisme". "Both these concepts are at variance with experimental knowledge and scientific method. The mechanistic view negates the experimental fact of the existence of totalities having unique properties and *patterns*. On the other hand, finalism introduces 'beings', which are experimentally unverified and unverifiable. A strict and methodologically correct approach to the problem of totality and dialectic development was, nevertheless, made difficult by the absence of a thought apparatus – concepts and principles of their operation adequate to the task. At present, such apparatus is beginning to be formed as a concomitant of the new science of cybernetics." [15]

Le cybernéticien et philosophe de l'Ouest qui s'occupe de l'interprétation des idées cybernétiques peut être d'accord, lui aussi, avec les propos que Lange répète avec insistance à la fin de son étude. Mais comme une hirondelle ne fait pas le printemps, *un* penseur polonais n'est pas nécessairement représentatif du développement de la pensée à l'Est. C'est pourquoi nous indiquons le travail philosophico-cybernétique de I. B. Novik, "*Some Methodological Problems of Cybernetics*", qui est publié dans le volume collectif "*Cybernetics at the Service of Communism*" (Kiberneticu na Sluzhbu Kommunismu, vol. I, Moscow/Leningrad, 1961, p. 1-312). Ce volume est édité par un membre de l'Académie des Sciences Russe, A. I. Berg.

Les remarques de Novik montrent très clairement qu'à la lumière de la pensée cybernétique, l'ancienne opposition entre idéalisme et matérialisme (traditionnel) est devenue obsolète et sans objet. Novik se réfère à Lénine quand il parle de "Hypothetical property of reflection inherent in all matter as a whole"[a] (cité d'après la traduction américaine, JPRS : 14.592). Il remarque, en ce qui concerne la relation entre conscience et matière, que : "In the materialism which existed prior to Marx there were two extremes in the solution of the problem: the first extreme was associated with the fact that the origin of consciousness was declared unknowable, chance; the second extreme was associated with the idea that consciousness amounted simply to matter; from the viewpoint of the proponents of this view consciousness had never originated essentially, because it was not different from matter ... In analyzing the polemics of Diderot and d'Alembert Lenin says that it may be supposed that the attribute of reflection

---

[15] JPRS 14, 858 O. Lange, *Totality, Development and Dialectics*, p. 2.
"Les deux concepts sont en contradiction avec la connaissance expérimentale et la méthode scientifique. Le point de vue mécanistique nie le fait expérimental de l'existence de totalités qui ont des propriétés uniques et des *patterns*. D'autre part le finalisme introduit des 'êtres' qui sont expérimentalement non vérifiés et non vérifiables. Une approche stricte et méthodologiquement correcte des problèmes de totalité et de développement dialectique était néanmoins rendue difficile par l'absence d'un appareil de pensée – concepts et principes propres à leur opération, adéquats à la tâche. Actuellement un tel appareil, concomitant de la nouvelle science cybernétique, commence d'être formé ".

[a] "La propriété hypothétique de réflexion inhérente à toute la matière en tant que tout."

exists in all matter, and this attribute is precisely the dialectical factor sought which connects matter and consciousness." [16]

La position philosophique des penseurs russes, celle qui se développe dans la cybernétique, s'exprime encore plus nettement – nous semble-t-il – dans la critique que Novik porte sur la définition que Mackay a donnée de la "conscience". D'après Mackay, la capacité des systèmes hautement organisés de percevoir des symboles, que Novik spécifie comme "élaborés par le mécanisme intrinsèque" des systèmes concernés, est la définition logique de la conscience. Novik nous fait remarquer que dans une telle définition il manque une caractéristique essentielle de la pensée, à savoir la *médiation* entre la réaction du mécanisme interne de l'ordinateur (homme ou machine) et les influences venant du monde extérieur et transmises par des signaux. On ne peut qu'être d'accord avec cette critique. La médiation est la pièce maîtresse de la logique transcendantale-dialectique – tout à fait extérieure à la querelle idéologique entre l'Est et l'Ouest. Et entre savants qui acceptent la légitimité de la problématique de la médiation, d'autres différences "philosophiques" peuvent, tout au plus, être des différences terminologiques.

La littérature de l'Occident est pleine d'appréhensions pusillanimes au sujet de la machine qui, finalement, pourrait rendre l'homme esclave. Contre cela le savant russe Novik déclare : "A kingdom of machines, even self-reproducing, cannot become independent, self-contained, without depending on man as the prime mover of cybernetic machines ... The automaton is no more than a link in a close chain: man - nature. This link can become progressively longer and more complicated, but it does not become the entire chain. The automaton cannot occupy any other space in the universe except between man and nature. The space of automata can become

[16] JPRS 14, 5921. B. Novik, *Some Methodological Problems of Cybernetics*, p. 47 f. "Dans le matérialisme d'avant Marx, il existait deux solutions extrêmes au problème : la première était associée au fait que l'on déclarait l'origine de la conscience inconnaissable, pur hasard ; la seconde était associée à l'idée que la conscience s'élevait de la matière ; pour les adeptes de ce point de vue la conscience n'a jamais eu d'existence propre, car elle n'était pas différente de la matière... En analysant la polémique de Diderot et d'Alembert, Lénine déclare que l'on peut supposer que l'attribut de réflexion existe dans toute matière, et que cet attribut est justement le facteur dialectique recherché qui relie matière et conscience."

progressively wider but it cannot cease to be only an intermediate space... Always nature will be below the automaton and man above it ..."[b]

Nous avons cité en détail ces remarques de Novik, parce que nous sommes inconditionnellement d'accord avec elles, et parce qu'elles résonnent d'une façon considérablement moins "matérialiste" (au sens communément philosophique du terme) que la plupart des déclarations des cybernéticiens occidentaux. L'idée d'une machine cybernétique, qui se rebelle contre les êtres humains et conduit finalement à des sociétés et à des états d'automates, est encore relativement très répandue à l'Ouest, elle a conduit, dans la littérature de science fiction américaine, à une production considérable de nouvelles et de romans, dans lesquels des robots constituent leurs propres ordres sociaux et ont une histoire "politique" indépendante de l'homme.

Chez Novik les choses sont ramenées à leur juste mesure, et ses paroles sont d'autant plus importantes que l'on peut les considérer comme représentatives des opinions russes. L'auteur voit dans les mots de Novik une confirmation exacte de la différenciation logique qu'il a établie entre identité d'être, identité transcendantale et identité de réflexion. Elle correspond au côté formel de ce que le savant russe désigne sous la triade : nature-automate-homme. La différence se trouve exclusivement dans la terminologie et dans l'aspect méthodique sous lequel est abordé le problème, mais pas dans la chose elle-même. La terminologie différente a évidemment des raisons sociales et politiques. La vision du monde qu'offre la cybernétique est si nouvelle, elle implique une coupure si fondamentale avec la tradition ancienne de notre pensée que les savants qui travaillent dans ce domaine doivent lutter contre une difficulté spécifique. Si nous faisons abstraction du niveau technique élémentaire, le stock de concepts dont

---

[b] "Un royaume de machines, même auto-reproductibles, ne peut pas devenir autonome ou autosuffisant, il dépend de l'homme en tant que premier moteur des machines cybernétiques... L'*automaton* n'est qu'un maillon d'une chaîne fermée : homme–nature. Ce maillon peut devenir progressivement plus long et plus compliqué, mais il ne peut devenir toute la chaîne. L'*automaton* ne peut pas occuper d'autre espace dans l'univers que celui entre l'homme et la nature. L'espace de l'*automaton* peut devenir progressivement plus large, mais il ne peut cesser d'être seulement un espace intermédiaire... Toujours la nature sera au dessous de l'*automaton* et l'homme au-dessus..."

dispose la pensée cybernétique de l'Est comme de l'Ouest est, à un point inimaginable, incapable d'exprimer ce qui doit être énoncé. Ce stock de concepts date d'un passé non cybernétique et contient trop d'éléments de représentation irréflexifs (non dialectiques d'après les marxistes), pour être vraiment adéquat à la chose dont il s'agit. Un système de notions autonomes, indifférentes aux antithèses idéologiques de l'histoire passée de la connaissance humaine n'existe pas encore, et il ne reste à l'auteur, qui se fait un devoir de traiter des derniers problèmes fondamentaux de la cybernétique, rien d'autre à faire, faute de mieux, que d'utiliser provisoirement la terminologie du matérialisme dialectique de l'Est ou le stock des notions de l'Ouest, qui est un mélange bizarre d'"idéalisme" et de matérialisme vulgaire.

De bonnes raisons, qui n'ont pas seulement à voir avec le fait que le savant concerné habite l'un ou l'autre côté du "rideau de fer," parlent en faveur de chacune des deux positions terminologiques possibles. On devrait se mettre d'accord sur un vocabulaire provisoire, étroitement limité, qui serait, grâce à sa généralité absolue, adéquat à la pensée cybernétique et qui remonterait au temps où la pseudo-opposition apparue entre l'idéalisme (Platon) et le matérialisme vulgaire (interprétation épicurienne de Démocrite) commençait juste à se développer. À ce vocabulaire appartient par exemple le mot *métaphysique*. Si l'on imagine sous le mot métaphysique un au-delà extra-mondain existant en soi, dans lequel on peut éventuellement entrer quand on quitte le monde physique à travers la porte de la mort, on se retrouve alors dans des représentations qui constituent l'exact complément logique du monde conceptuel du matérialisme vulgaire. Ici le terme *métaphysique*, dans tous les cas, est utilisé dans le sens suivant : il désigne la théorie des conditions de la conscience nécessaires à toute expérience vécue en général, dont l'essence n'est donc pas soumise à la division primordiale du représenté et de la représentation (*Bild und Abbildung*). Comme Kant le souligne déjà, les conditions de toutes les expériences possibles ne peuvent jamais être l'objet de l'expérience. Mais ces conditions se reflètent dans une réflexion qui cherche sa propre essence et remonte à ses propres origines. La théorie de cette recherche de soi-même de la réflexion est ce que nous nommons ici métaphysique – à notre avis, les doctrines de la science fichtéenne et la logique hégélienne devraient être, elles aussi, comprises dans ce sens.

L'image que nous possédons du monde objectif, image naïve, immédiate, donnée par les sens, ne nous révèle pas l'essence de la réalité. Car pour cette dernière l'opposition en-deçà–au-delà n'a pas de sens. Nous devons nous approcher de la réalité avec des méthodes de pensée qui surpassent les catégories logiques d'un être-en-soi sans réflexion, objet isolé (trans-subjectif). Par exemple, le bois d'une chaise sur laquelle je m'assois figure, pour la représentation formée par les sens objectifs, un tel *Dasein* et être-en-soi auquel est soustraite la moindre parcelle de réflexion, parce que le sujet vivant réserve jalousement à lui-même toute, mais vraiment toute réflexivité. Dans ce sens le bois de la chaise ou la particule élémentaire dont il est composé est matière, dans le sens commun mais inévitable du mot, sens où sont absolument séparés processus de réflexion et produit de la réflexion. C'est le point de vue classique.

À l'inverse le matérialisme dialectique enseigne quelque chose de complètement différent, à condition de bien comprendre les propos des penseurs éminents de ce courant. Ernst Bloch formule ce problème d'une façon radicale et concrète : "La question de savoir si la substance peut penser est très ancienne et boiteuse. En revanche une question n'a pas été posée, celle de savoir de quelle substance il s'agit, car il en existe bien sûr un grand nombre. L'eau sûrement ne pense pas, mais c'est dans la mer que les êtres vivants unicellulaires se sont formés ; ceux-ci ne sont sûrement pas de l'eau et en même temps ils ne sont pas si loin des cellules du cerveau. Dans la question de savoir si la substance peut penser, on ne doit pas tenir compte, au commencement, uniquement des différentes conditions de la matérière, mais aussi des différentes manières d'être-là (*Daseinsweisen*) de la matière, dont les facultés dépendent du fait qu'elle soit morte, vivante ou douée d'esptit."[17]

Ensuite Bloch cite en passant Engels qui dit ceci : "La matière comme telle est une pure création de la pensée et une abstraction... Si la science de la nature vise à découvrir la matière uniforme telle quelle, à réduire les diversités qualitatives à de simples différences quantitatives des plus petites particules identiques d'un composé, alors elle fait la même chose que si elle demandait à voir, au lieu de cerises, de poires ou de pommes, le fruit tel quel, le gaz tel quel, la pierre telle quelle, la composition chimique telle quelle..." (E. Bloch, *Subjekt-*

[17] E. Bloch, *Subjekt-Objekt* (Berlin 1951), p. 401.

Objekt, Berlin 1951, p. 407-408). La compréhension matérialiste dialectique ne reconnaît donc pas, d'après Bloch, la matière en général mais ce qui nous fait face en tant que "matière qualifiée", car "comment y aurait-il autrement un 'retournement de la quantité en qualité'." Et "c'est justement pourquoi la question mal posée, de savoir si la substance peut penser, ne peut être ni généralement niée ni généralement affirmée. La manière matérielle d'être-là d'un bureau ne peut pas penser, mais ce n'est pas sa tâche, la manière matérielle – et matérielle d'une façon complètement différente – d'être-là d'une personne au bureau, c'est-à-dire d'un homme et non d'un esprit, peut, entre autre, penser parce qu'elle n'est pas comme la table de bois. Néanmoins la personne vit dans le même monde que la table et, comme la table, elle est uniquement compréhensible, explicable à partir de ses relations avec le monde, seulement elle n'est pas explicable de la même façon, c'est-à-dire d'une façon exclusivement mécanique, quantitative." (op. cit. p. 408).

Donc, quand Novik et d'autres cybernéticiens parlent de la matière en général, en dehors de toutes différences quantitatives et qualitatives qui déterminent l'individualité des choses de ce monde, et qu'ils lui attribuent des propriétés réflexives, cela signifie seulement qu'un X primordial précède toute conscience et toute subjectivité animale et humaine, un X qui doit être compris comme unité de non-réflexion et de réflexion. La composante non-réflexive de cette pré-donnée primordiale de chaque possible conscience empirico-concrète est la racine d'où croît l'objectivité de la chose concrète du monde.

De la composante réflexive naissent des propriétés que nous appelons, lorsqu'elles se sont pleinement développées, vie, conscience et esprit objectif. Matérialisme dialectique et idéalisme se distinguent donc uniquement par le fait que le premier assure une priorité absolue à l'irréflexivité ; cela signifie qu'une chose à laquelle peut s'allumer la flamme de l'esprit doit d'abord être là. Mais dans tout idéalisme repose, comme la plus profonde conviction, la croyance que c'est dans la composante réflexive que l'essence véritable du monde se dévoile, et que matérialité et objectivité ne représentent que le premier plan de la réalité. Le caractère irréflexif du réel n'est qu'apparence, comme le disent déjà les Upanishad, quoique cette apparence, comme Kant le fait remarquer, soit "*unhintertreiblich*", indépassable. Quant au matérialisme, il affirme que pour penser on ne doit pas seulement présupposer qu'il existe déjà quelque chose nécessaire à l'éveil de la pensée, mais on doit en plus (obligatoirement) constater que l'acte de penser et la subjectivité qui habite en lui empruntent leur réalité propre à ce X primordial, d'où ils sont sortis pour entrer dans ce monde. (Il n'aura pas échappé au lecteur attentif que non seulement ce X métaphysique inconnu, que l'un veut nommer matière et l'autre esprit, a des propriétés dialectiques, mais que les deux théories philosophiques, celle du matérialisme dialectique et celle de l'idéalisme objectif, sont placées dans une relation dialectique mutuelle. Chacune des deux théories n'a de sens que comme contre-image théorico-réflexive (*reflexionstheoretisches Gegenbild*) de l'autre. Les deux n'ont pas de sens si on les regarde d'une manière isolée.)

Nommer ce X matière est une question de goût terminologique que l'auteur ne partage pas pleinement. L'essentiel est que le matérialisme dialectique souligne expressément que cette "matière" primordiale possède la propriété de réflexion, par laquelle elle se distingue de la notion traditionnelle de matière. En tout cas cette notion de matière n'est pas celle de la philosophie alexandrine, où la matière apparaît comme le mal (Philon d'Alexandrie), et elle n'est pas identique à la conception de la matière qui domine les écrits de Julien Offray de La Mettrie (*Histoire naturelle de l'âme*, 1745, et surtout *L'Homme-Machine*, 1748). La notion de matière "dialectique" se situe tout à fait au-delà de l'ancienne controverse qui existait entre le matérialisme naïf et l'idéalisme. Elle annonce une conception éminemment métaphysique, qui est au-delà de la tradition classique de la pensée. Mais justement, parce qu'une telle exigence est fondée, le terme est malheureusement mal choisi et prête à confusion. Dans une large mesure il incite les cybernéticiens de l'Est à faire une critique idéologique tout à fait insignifiante de leurs confrères de l'Ouest. Ainsi Novik, par exemple, reproche à l'anglais W. Ross Ashby (*Design for a Brain* 1952 ; *An Introduction to Cybernetics* 1952) de comprendre l'information comme un système qui n'est en aucune manière associé à la matière. Et il désapprouve une telle compréhension parce qu'elle mène à l'hypothèse d'un principe mystique, étranger à la matière ("... it leads to the acceptance of a mystical principle alien to matter." op. cit. p. 47). Ici règne une grande méprise. L'auteur est en mesure d'affronter ce faux jugement en raison des discussions qu'il a eues avec Ashby. Quand, depuis Wiener, on souligne que l'information n'est ni matière ni énergie, le terme "matière" employé ici n'est pas du tout utilisé dans le sens auquel se réfèrent les partisans du matérialisme dialectique, mais dans le sens naïf du matérialisme vulgaire, que nous utilisons quand nous parlons du bois dont est fait le bureau mentionné plus haut dans la citation de Bloch. Quand nous disons (et ici les confrères de l'Est sont inclus) que la matière dudit meuble doit être classée en tant qu'espèce de bois, il ne nous viendrait pas à l'esprit d'utiliser, même en rêve, le terme matière au sens strict où le matérialiste dialectique l'utilise. Ce n'est pas le bois en tant que bois qui a des propriétés dialectiques, mais bien le substrat "métaphysique" dont le bois n'est qu'une manifestation spécifique sans réflexion.

Quand les cybernéticiens de l'ouest déclarent que l'information est précisément information et jamais matière ou énergie, ils se réfèrent uniquement à la notion de matière telle que nous l'appréhendons dans l'expérience sensorielle du monde des choses objectives (qui est impénétrable à notre subjectivité). Mais cela ne nous dit absolument rien sur la relation de l'information à ce que le représentant orthodoxe du matérialisme dialectique nomme X transcendantal. Ashby utilise l'exemple suivant : si nous traçons un cercle, le contenu d'information géométrique que représente cette forme est complètement indépendant de la matérialité qui y entre en jeu. Nous pouvons colorier ce cercle sur le tableau du mur avec une craie ou sur le papier avec un crayon. Ce changement de matérialité dans laquelle le dessin se manifeste n'a pas d'importance, pas plus que la matérialité du système cybernétique (la personne qui dessine la figure). Donc, si l'on déclare qu'un système d'information, en tant que tel, est totalement indépendant d'un constituant donné du monde matériel, on pense toujours à la "matière" dans le sens de bois ou de craie, de chair ou de sang. La signification révolutionnaire de la cybernétique se situe justement dans le fait de déclarer que les propriétés et les comportements, que nous attribuions dans le passé exclusivement à la chair vivante et au sang, peuvent être aussi réalisés indépendamment de cette matérialité spécifique. Une telle conception, qui sépare prudemment la notion de matériau relevant du monde sensible et pratique de la "non-matérialité" de l'information, s'accorde relativement bien avec l'opinion philosophique qui déclare que l'information, dont le sens reste à définir, est identique à ce X transcendantal, nommé matière par le matérialisme dialectique. Finalement ce dernier avoue lui aussi (cf. Bloch) que bois et craie ou chair et sang ne sont que des variantes de la matérialité en général et non la matérialité elle-même. Mais si, d'une façon résolue, on dit de l'*ultima materia* qu'elle est matière autant que réflexion (en y incluant l'information), alors une telle proto-matérialité représente précisément un réservoir métaphysique qui, finalement, inclut tout. Le fait d'attribuer la réflexion à cette *ultima materia* signifie que la notion de proto-matérialité comprend aussi la subjectivité et encore plus l'esprit. On peut le constater par la définition même. Il ne subsiste, du côté de l'Ouest, que la question de savoir si une telle terminologie n'égare pas la pensée. Le caractère suspect du terme choisi vient du fait que l'on pourrait aussi bien recourir, pour nommer cette proto-matérialité, au concept hégélien de *sujet absolu*. Car, concernant un sujet qui n'est pas seulement une fiction abstraite mais qui possède vraiment une autoréalité, personne n'a jamais pu penser à quelque chose d'autre qu'à une objectivité qui possède essentiellement des propriétés de réflexion hautement développées. Or l'objectivité doit avoir de la matérialité, quelle qu'elle soit. Dans ce contexte, il n'est pas important que la réflexion dissolve immédiatement chaque notion de matière qui lui est donnée d'une manière positive (et de ce fait comme qualité spécifique), et qu'elle ne veuille pas, comme Hegel l'a montré, garder la chose en-soi. Cela prouve seulement que la conception de Kant, d'un être en soi en tant qu'idée régulatrice de la pensée, n'est pas encore assez générale. Ou autrement dit : cette conception est tirée d'une manière tout à fait illégitime du mouvement dialectique de la pensée.

Cela seul est important : au début chaque pensée se trouve face à une pré-donnée primordiale, et l'appeler matière absolue ou Dieu ne relève que d'une vaine dispute de mots. Du point de vue de la pensée pure, ce ne sont que des verbalismes obstinés qui désignent la même chose, à savoir que justement notre pensée ne peut commencer qu'en sortant d'un fond primordialement *pré-donné*. Bien sûr ce fond n'*apparaît* dans la pensée que *postérieurement*. C'est sa dialectique, et c'est pourquoi Lénine dit – et cette parole est plus profonde qu'elle ne le paraît à l'Ouest – "that all matter... possesses the property of reflection" (cité d'après Novik, op. cit. p. 48 : "que toute matière... possède la propriété de réflexion"). Mais si toute matière possède (pimordialement) la propriété de réflexion, alors son essence est dialectique ; et cette dialectique s'oppose à tous les essais de prendre au sérieux toute terminologie objectivement ontologique, quelle qu'elle soit. Des termes comme "Matière", "Absolu", "Dieu" ou

"Esprit" sont tous pareillement inadéquats. On peut constater, comme effet secondaire amusant, que l'idéaliste ne doit pas s'appliquer avec trop de zèle à voir en Dieu ou dans l'Esprit le préfond de l'Etre du monde (*Vor-Grund des Weltseins*). Car cela mène à la conclusion embarrassante que Dieu, en tant que celui qui précède la pensée, ne pense pas. Et cela ne nous avance pas beaucoup de savoir que le mouvement dialectique de *notre* pensée annule (*aufhebt*) aussitôt ce jugement. Car, pour pouvoir être annulé et nié, il doit d'abord être prononcé. Ce jugement, à savoir que quelque chose doit être posé avant la pensée, quelque chose d'où elle tire son origine, est inévitable parce que c'est une contrainte élémentaire de la conscience. Une certaine vérité métaphysique appartient donc à cette proposition.

Nous ne voulons rien prouver avec de telles indications. Nous tenons seulement à faire sentir au lecteur que la terminologie antithétique, à laquelle recourent encore l'Est et l'Ouest, est complètement dépassée. Du point de vue de la cybernétique et de la logique polyvalente, il est tout à fait déplacé d'assigner aux termes unilatéraux empruntés à un contexte nécessairement dialectique – comme le sont *toutes* les notions de notre conscience – un être en rapport avec la réalité qui soit plus qu'un être tout à fait provisoire et à chaque instant réfutable. À vrai dire nous devrions le savoir depuis la logique de Hegel. Dans ce sens des thèses comme : "l'élément primordial du monde est sa 'matière' et 'Dieu', principe immatériel, est créateur du monde" sont, en tant que propositions définitives, autant à critiquer l'une que l'autre. La situation ne s'améliore pas si l'on change à volonté la forme verbale des deux thèses, tout en continuant à garder leur sens approximatif – et de toute façon on ne peut pas les nommer autrement que d'une manière approximative.

Comme nous l'avons déjà indiqué plus haut, l'idéalisme transcendantal et le matérialisme dialectique sont, *de facto*, deux états d'esprit complémentaires et c'est pourquoi ils sont inséparables l'un de l'autre. On trouve chez Lénine une certaine confirmation de cette idée quand il constate : "L'idéalisme intelligent est plus proche du matérialisme intelligent que du matérialisme stupide." (cité d'après Bloch, p. 407.) Nous approuvons cette affirmation dans le sens suivant : il est tout à fait possible de traduire la terminologie idéaliste par celle du matérialisme dialectique intelligent et vice versa. Malheureusement nos confrères de l'Est ne l'ont pas encore vu ! Et aucune entente n'est possible entre l'idéalisme transcendantal et le matérialisme "stupide", qui n'a pas encore compris qu'il faut déjà accorder des propriétés de réflexion à la "substance". En fait, l'auteur envisage la notion de matière intelligente comme il l'indique plus haut dans la deuxième partie du texte : la tâche de la cybernétique consiste à "apprendre à penser à la matière pure qui ne peut pas se réfléchir elle-même." Une telle entreprise serait complètement insensée si l'on ne présupposait pas qu'il est impossible de penser la notion de matérialité, donc le "pur" physique en général, sans des propriétés de réflexion qui adhèrent à la "substance" même. Cela ne veut pas dire que par notre pensée nous *apportons a posteriori* ces propriétés à la matière, mais que la réflexivité est un élément de constitution "métaphysique" primordial de tout ce qui existe, quand ce qui existe a un sens nommable, quel qu'il soit. Même la substance la plus morte, "la plus sans esprit" la possède. Il serait par exemple – pour rester entièrement dans la perspective de la physique commune – tout à fait impossible que sur terre apparaissent des êtres vivants auto-organisés, qui se nommeraient par autoréflexion "hommes" et qui affirmeraient avoir de l'"esprit", si les composantes de réflexion de ce que nous nommons conscience et esprit n'étaient pas déjà *toutes* préfigurées dans le nuage de gaz hypothétique et dans la dimension de l'espace-temps qui l'entoure, d'où doit être sorti notre système solaire. Il est totalement indifférent maintenant de nommer ce X métaphysique, Dieu, Âme, Esprit ou Matière auto-réfléchissante. La querelle de mots n'est permise qu'aux enfants. L'ancienne parole honorable de la philosophie indienne :

l'âme seule est le monde,

n'est pas uniquement la devise de l'idéalisme transcendantal dialectique, elle est aussi le *leitmotiv* (non avoué) qui guide le matérialisme dialectique. La pseudo-opposition des termes "idéalisme" et "matérialisme" ne compte pas ici, ce qui compte c'est l'aspect dialectique qu'ils ont en commun. Le matérialisme intelligent est lui aussi "transcendantal", à condition que ce mot soit compris dans un sens redéfini – attendu depuis longtemps.

Ainsi, quand le matérialiste dialectique parle du fait "que la matière (au sens où il l'entend) a des propriétés de réflexion", donc "qu'elle est irréflexivité possédant en plus l'attribut de réflexion", le problème logique du passage (l'acte de transcender) de l'être irréflexif au *procès* de réflexion lui apparaît alors. La structure logique de ce problème de transcendance peut être représentée tout à fait indépendamment des conceptions anciennes de l'au-delà, qui inquiètent encore la philosophie kantienne. On ne comprend pas pourquoi le matérialisme dialectique ne peut pas, sans qu'il soit exigé de lui quelque chose d'impossible ou qu'il renonce à son être même, accepter ce problème de transcendance spécifique, d'autant plus que la matière dont il parle n'est pas, de toute façon, quelque chose que l'on peut vérifier empiriquement (comme le bois, le feu, l'eau ou l'air). Car, de même que derrière le nom de Dieu, ainsi que l'affirme le théologien, se trouve un mystère, de même la notion d'une matière possédant la propriété dialectique d'autoréflexion contient une énigme insoluble : à savoir le passage de l'effectivité irréflexive du matériau à un état de réflexion. Comme on prétend expressément que la pensée, relativement à l'objectivité de l'être en tant que matériau, est plus tardive, on doit justement pouvoir constater, d'une manière ou d'une autre, le passage de l'un à l'autre. Et il est juste d'exiger que l'on précise logiquement ce qui est représenté sous la différence entre irréflexivité et réflexion.

Répondre exactement à cette question constitue le problème fondamental de la logique cybernétique, et la pensée qui se développe dans ce nouveau domaine de la science ne s'intéresse absolument pas à la question de savoir si la dernière unité hypostasiée, dans laquelle l'irréflexivité (comprise seulement comme objectivité de l'être) et la réflexion (qui est subjectivité dans sa forme la plus haute) sont indifférenciées, est nommée Dieu ou Matière par des gens qui s'accrochent d'une façon obstinée aux mots. La terminologie n'est pas importante ; ce qui importe le plus, c'est le problème transcendantal logique du passage des états irréflexifs de l'être à ceux de la réflexion, états dans lesquels l'étant positif réfléchit aussi bien l'"autre" que lui-même.

Pour cette transcendance, la présupposition d'un au-delà religieux où se rencontreraient ou ne se rencontreraient pas l'irréflexivité et la réflexion n'est pas nécessaire. Si l'on voulait quand même parler de l'au-delà dans la cybernétique, ce serait d'un au-delà très en-deçà. D'après les présuppositions méthodiques de la cybernétique, chaque possible conscience en général, celle de l'homme comme celle de l'animal ou des anges (s'ils existent), se fonde sur des conditions d'être physique dont, par principe, elle ne peut pas faire l'expérience et qu'elle ne peut pas penser. Ainsi la pensée humaine, par exemple, est associée au système neuronal de la masse de notre cerveau. Notre pensée suit une logique qui est orientée par une telle association. Nous voulons nommer logique-A une telle logique. D'autre part les neurones doivent, pour permettre un telle orientation de la pensée dans un corps donné, avoir des modes de comportement déterminés. Nous appellerons logique-N les règles formalisées d'un tel comportement. Maintenant nous considérons comme absolument impossible que la conscience pense grâce à sa propre logique-A les règles de la logique-N, *pense* : c'est-à-dire qu'elle passe, tout en gardant sa propre identité-Je, de sa propre logique à une autre et s'approprie celle-ci. La cybernétique a un terme pour déterminer ce fait. Elle constate que pour chaque conscience possible, le système physique (cerveau) à partir duquel elle s'oriente a un caractère "sous-spécifié" (MacKay). Jusqu'ici la situation logique est relativement simple. Mais le pas suivant de la pensée donne au problème une tournure extrêmement subtile. Car le fait que le corps propre et le cerveau de chaque Je vivant ont, pour lui-même, un caractère sous-spécifié, ne permet pas encore d'arriver à la conclusion logique qu'un observateur, qui étudie le comportement de "mon" cerveau (qui n'est donc pas le sien !), est aussi forcé de constater une telle sous-spécification. Au contraire, rien ne peut l'empêcher d'arriver au résultat que le cerveau peut être compris et décrit comme un système totalement spécifié, de telle sorte que l'on doive le considérer comme pleinement déterminé physiquement. Qu'inévitablement le corps propre du Je entre d'une manière sous-spécifiée dans son expérience du monde signifie uniquement que le corps d'une personne se révèle, dans la conscience liée à ce corps, d'une manière telle que l'état général du système physique concerné est vécu comme compatible avec plus qu'un état de ses parties ("... compatible with more than one state of the parts" D. M. Mackay). Cette expérience directe relève de la force des choses et ne peut en aucune manière être surpassée ni corrigée. Là où elle n'existe pas, il n'y a pas de Je, donc pas de subjectivité-Je d'une conscience qui se vit en pensée comme libre.

On doit scrupuleusement retenir ceci : un sujet vivant fait l'expérience "objective" de son corps *propre* uniquement d'une manière telle que la sous-spécification du système physique, que nous désignons comme corps vivant, ne peut pas, par principe, être corrigée. En revanche l'observateur étranger, qui est par rapport à moi un Tu, ne peut en aucune façon être forcé d'accepter, pour ses propres observations, le point de vue d'un Je qui fait l'expérience de sa subjectivité dans son propre corps. Rien ne l'empêche, en principe, de regarder le système physique qui est relié au Je étranger comme totalement spécifié. Plus encore : il ne peut pas s'empêcher de le faire. Car sous-spécification signifie principalement pour lui – mais seulement pour lui ! – qu'il doit faire appel à des entités mystiques qui n'ont pas d'existence physique (mais qui "existent" quand même d'une manière ou d'une autre), s'il veut expliquer le mode de fonctionnement d'un système qui apparaît à lui-même autoréfléchissant, comme porteur d'une subjectivité vivante (Je). C'est la contrainte de *son* expérience (*Erlebniszwang*). Il n'a pas, s'il veut rester scientifique, d'autre choix que d'admettre un déterminisme strict pour le corps en tant que porteur des fonctions de la conscience dans le Tu. La spécification complète du système en question est pour lui une exigence méthodique non seulement légitime mais aussi inévitable.

Mais ce point de vue de l'observateur étranger – et nous devons encore le répéter très fermement – n'est pas le moins du monde obligatoire pour le Je subjectif, qui se vit en confrontation avec son propre corps et qui essaie de comprendre la relation qu'il entretient avec lui. Pour ce Je, les conditions physiques de son *Dasein* dans le monde resteront sous-spécifiées jusqu'au jugement dernier. De là vient la nécessité du "jugement", car sous une perspective théologique la sous-spécification correspond au caractère créature et pécheur. Cette différence jamais annihilable entre sous-spécification et spécification totale, qui est décisive pour l'expérience subjective de deux personnes différentes l'une de l'autre, représente, d'après MacKay, le "corrélat technique" de la différenciation entre subjectivité Je et subjectivité Tu et entre subjectivité et objectivité en général.

La structure extrêmement subtile de la pensée cybernétique, qui résulte de l'incompatibilité indiquée plus haut entre l'état de conscience de la subjectivité-Je et celui de la subjectivité-Tu, en référence à un système qui se réfléchit soi-même (le corps du Je), ne peut être développée davantage ici. Mais même nos brèves considérations sur ce thème devraient suffire à montrer que du côté de la cybernétique on peut dire quelque chose de nouveau sur la querelle entre déterminisme et indéterminisme, entre matérialisme (dialectique) et idéalisme (transcendantal). Le mode de pensée cybernétique rejette ces oppositions en tant que fausses orientations d'un processus de réflexion qui veut se comprendre soi-même. Plus encore : il révèle que celles-ci sont l'héritage de la pensée classique binaire. L'attachement désespéré à un formalisme, qui se meut dans les disjonctions totales d'une généralité prétendument définitive, empêche les penseurs de l'Ouest de comprendre la valeur prioritairement dialectique de l'ob-jectif objectif (*des Gegenständlich-Objektiven*), c'est-à-dire de cette contingence tout à fait impénétrable à notre conscience, d'un "Il-y-a" phénoménalement primordial (*eines urphänomenalen Ist*), que l'Est nomme (d'une façon que l'on peut facilement méprendre) matière. Mais il semble que les penseurs qui se réfèrent à l'interprétation de Hegel faite par Marx, Engels et Lénine – et même le plus profond d'entre eux, Ernst Bloch, ne peut tout à fait échapper à ce reproche – oublient toujours que la notion de matière, elle aussi, est soumise à sa propre dialectique et qu'elle ne peut, par conséquent, se limiter à elle-même. Une telle proposition, comme celle faite récemment par Georg Klaus[18], "qu'il existe une matière (au sens de Lénine) qui a produit la conscience – la conscience qui est à même de se représenter la matière", doit résonner d'une manière excessivement choquante à l'oreille de l'idéaliste résolu. À ce sujet la cybernétique remarque qu'une telle constatation est tout à fait légitime et en plus inévitable. Comme telle, elle doit être acceptée. Il faut bien se rendre compte qu'ici prend fin un processus de réflexion et qu'il ne peut plus se poursuivre. Le *contenu* de la proposition débattue est lui-même irréflexif – il exprime un : il en est ainsi et *basta* !

Mais dans la cybernétique apparaît alors une question supplémentaire : pour qui ? Pour qui en est-il ainsi, comme l'enseigne le partisan du matérialisme dialectique ? Pour répondre à cette question, la cybernétique peut faire valoir la différenciation entre système sous-spécifié et système totalement spécifié, c'est-à-dire l'opposition entre subjectivité-Je et subjectivité-Tu. *Les domaines de validité logique des processus de réflexion dans le sujet subjectif (Je) et dans le sujet objectif ('Tu) ne peuvent absolument pas concorder, en raison de la différence ontologique des systèmes sous-spécifiés et des systèmes totalement spécifiés.* Sans aucun doute la thèse marxiste est vraie quand la réflexion s'attache à la matière, c'est-à-dire à cette subjectivité qui nous fait face en tant que Tu. Le Tu – et seulement le Tu ! – est cette subjectivité qui est répétable et reproductible dans une machine. La répétitivité dans la construction matérielle signifie que la

[18] Deutsche Literaturzeitung 83, 9 (1962), p. 773.

réflexion vivante introscendante s'arrête ici, et que dorénavant des processus objectifs physiques, qui peuvent être compris comme irréflexifs, prennent à sa place le rôle de l'âme. En ce sens, la machine confirme dans les faits la vérité de la thèse marxiste concernant le sujet réfléchissant, qui peut être compris comme objectif parce qu'il ne peut jamais être identifié au sujet subjectif – c'est-à-dire à l'introscendance inaccessible du Je. Cette vérité du marxisme dialectique, avec toutes les conséquences qu'elle entraîne dans la cybernétique, doit finalement être aussi comprise à l'Ouest, où les techniciens de la cybernétique la pratiquent depuis longtemps sans se poser de grandes questions sur la théorie métaphysique qui sous-tend leur activité.

Si la réflexion en tant que conscience considère cet "Il-y-a" primordial contingent (de la "matière") comme l'origine d'où elle provient et à laquelle elle est soumise, dans le sens où elle est quelque chose de métaphysiquement secondaire, c'est qu'une telle réflexion s'est donnée une auto-interprétation qui – bien que tout à fait valable pour le sujet objectif (Tu) – n'est pas du tout obligatoire pour le sujet subjectif (l'expérience intérieure du Je). Car c'est uniquement dans la confrontation avec le Tu que la matérialité primordiale du monde peut être comprise comme un système totalement spécifié, dont "Tout" est inconditionnellement dépendant. Mais, comme nous l'avons déjà mentionné plus haut, une telle spécification totale est incompatible avec les conditions sous lesquelles se constitue l'expérience propre du Je. Cette expérience, que l'on ne peut en aucune manière objectiver comme la reconnaissance d'une autre subjectivité, comme un Tu possible, exige que toute matérialité – dialectique ou non – soit vécue et comprise comme un système sous-spécifié. En d'autres termes : l'expérience propre du Je ne peut être transférée à la machine ! La proto-matière primordiale est, il est vrai, la raison métaphysique et l'origine du Tu en tant que sujet objectif, mais non celles de l'introscendance d'une subjectivité subjective qui est techniquement inaccessible.

Dans la réflexion la substance *possède* (*hat*) la subjectivité objective comme propriété primordiale. Mais à l'inverse la réflexion, comme subjectivité subjective, c'est-à-dire dans l'introscendance du Je qui se détache librement du monde réel, est la propriétaire souveraine de la matière. Dans le deuxième cas c'est la substance qui est *possédée* (*gehabt*), donc qui est maintenant réduite à la propriété de réflexion.

Il est malheureux que, dans la controverse idéologique contemporaine, aucun côté ne soit prêt à prendre philosophiquement au sérieux les deux thèses en même temps. À l'Est on considère d'une façon rigide que la réflexion est juste une propriété de la matière. Et que c'est ainsi. À l'Ouest on ne veut pas abandonner l'idée que la matérialité est une propriété de la réflexion. Et comme de chaque côté, philosophiquement, on tient avec le même fanatisme à la logique bivalente, inévitablement si une thèse est acceptée, l'autre doit être fausse et absolument inacceptable. La controverse théorique tourne ensuite en haine politique, car les deux côtés possèdent des expériences authentiques, incontestables de l'évidence de leurs thèses. Si une chose, que notre propre intériorité *est obligée* de reconnaître pour ne pas se perdre elle-même, continue à être contestée par l'autre, c'est que – comme ils sont nombreux à le croire dans chaque camp – de la malveillance seule est en jeu.

Au moment où ces phrases sont écrites, aucun des deux côtés ne semble avoir pris conscience que l'époque, où l'homme ose se référer à son évidence intérieure pour faire des communications objectivement valables, touche irrévocablement à sa fin. La foi en l'évidence subjective, qui était jusqu'alors l'étoile guide de l'organisation de notre vie intérieure comme de notre vie extérieure, est basée sur la certitude, sous-tendue par la logique binaire, que la valeur inter-subjective universelle de la pensée est à tel point obligatoire pour tous les sujets doués de raison que la différence entre subjectivité subjective et subjectivité objective ne peut ni restreindre ni modifier de manière ou d'autre cette obligation. S'il est donc possible de constater quelque chose de "réellement" vrai, aucun sujet pensant ne peut alors s'interdire de porter un jugement. S'il se distancie quand même de ce consensus général, c'est qu'il est ignorant ou incompétent, ou alors malveillant. Cette opinion, encore très répandue aujourd'hui, possède une puissance de conviction et d'action qui est d'autant plus grande qu'elle est, dans un certain sens, effectivement juste. Elle doit être acceptée aussi longtemps que sous tous sujets doués de raison, pour lesquels une proposition décrivant de l'objectif–ob-jectif (*Objektiv-Gegenständliches*) est toujours obligatoire, on *n'*entend *que* des sujets objectifs (des centres-Tu de réflexion) Mais si l'on se réfère à des sujets dans le sens-Je, c'est-à-dire à des intériorités qui s'excluent expressément du monde, aucune indication d'un fait constatable dans le monde ne peut entraîner une conscience de l'évidence

(*Evidenzbewußtsein*) de *même* nature. Un tel fait est justement *inter-objectif*, c'est-à-dire vécu comme distance entre l'*objet* et le sujet. Il est du monde. Mais il n'est pas *inter-subjectif*, c'est-à-dire compréhensible en tant que distance entre deux intériorités. Et nous savons tous, d'après nos expériences relationnelles avec le Tu, qu'il existe pourtant un consensus entre les intériorités qui ne peut être ni renforcé ni réfuté par aucune indication du monde. Et la caractéristique de la situation scientifique contemporaine est que le problème-Je-Tu devient de plus en plus le thème de la connaissance théorique. Ici la classique conscience de l'évidence est défaillante, parce qu'elle est justement inter-objective. *Il existe deux expériences de l'évidence – celle du sujet qui se sait dans le monde et qui s'oriente en conséquence d'après l'objectif–ob-jectif en tant que nécessité ; et celle du sujet qui s'est exclu du monde et qui possède tout l'univers comme contenu (potentiel) de conscience.* Il est impossible de les faire coïncider toutes les deux.

Nous devons ajouter, à l'intention de celui qui est choqué par l'idée de deux expériences de l'évidence, que nous travaillons ici avec les outils d'un langage développé par la logique aristotélicienne et qui n'est plus à la hauteur de ce que nous devons exprimer. Toutefois, grâce à la souplesse de notre langage, ce que nous voulons exprimer ici peut se transformer de manière à ce que disparaisse, pour celui qui y attache de l'importance, la notion générale de processus d'évidence concurrents. Car il est aussi possible de dire qu'il n'existe qu'un seul accomplissement de l'évidence, si l'on stipule que la subjectivité en général, "Je" et "Tu", représente une disjonction binaire totale, et qu'ainsi chaque relation d'évidence d'un jugement est évidente pour la subjectivité en tant que Je ou en tant que Tu. Mais jamais elle ne peut être toutes les deux en même temps. Les expériences d'évidence de deux centres de réflexion se trouvent dans une relation précise d'échange. Ce qui est une expérience subjective pour un centre est vue par l'autre comme une expérience objective. En pratique cela signifie : si je veux constater la vérité de mes actes de jugement, je dois d'abord décider si je me comprends moi-même, à l'instant donné, comme un sujet objectif qui est *dans* le monde ou comme une subjectivité qui possède potentiellement tout l'univers comme contenu de conscience. Il est impossible que je sois, dans mes expériences d'évidence, tous les deux en même temps.

Notre capacité de réflexion, qui se caractérise par le fait qu'elle peut s'élever de manière critique au-dessus de chaque état de conscience concret, nous indique donc que la phrase :

"Toute subjectivité s'oriente en fonction d'un sens commun de l'expérience qui réunit tous les êtres doués de raison."

contient un double sens. Nous devons nous demander : quelle subjectivité ? Et nous ne pouvons pas répondre : toutes les deux en même temps ! La subjectivité que nous regardons comme exécutrice de nos actes de jugement logique est toujours exclue du contenu de la phrase ci-dessus. Elle est l'ipséité (*Ichhaftigkeit*) qui considère tous les autres sujets comme para-objectifs[19], c'est-à-dire comme appartenant au domaine du Tu existant dans le monde. Il ne sert à rien que le Je, qui exécute le jugement *postérieurement*, assure qu'il se range lui *aussi* dans la subjectivité mentionnée dans la phrase ci-dessus. Une telle assurance de bonne volonté n'est pas un contenu de jugement et ne peut pas l'être. En plus elle est fausse, bien qu'elle soit faite en toute bonne foi. Le classement dans la subjectivité générale, qui existe *de facto*, peut uniquement être exécuté pour un de ces sujets qui apparaît dans la thèse ci-dessus en tant qu'objectivité, donc en tant que contenu de jugement. Pour que la phrase en question soit valable aussi pour "moi", pour celui qui parle, je dois d'abord échanger ma place avec un de ces centres-Tu, pour qui "je" postule une commune conscience de l'évidence.

Dit brièvement : des centres-Je individuels représentent, à l'intérieur de la subjectivité transcendantale en général, une relation d'échange (strictement binaire) des systèmes possibles de l'autoréflexion.

Cela va de soi – et la théorie informatique n'a jamais prétendu autre chose – que les efforts de la cybernétique ne cherchent qu'à répéter techniquement le sujet objectif, c'est-à-dire l'apparition dans le monde de la subjectivité en tant que système physique. Il devrait donc être évident, d'après ce que nous venons de dire plus haut, qu'il est totalement insensé de se demander si un système produit artificiellement, auto-organisé et doué d'une autoréflexion

[19] Par para-objectif, nous comprenons l'être-dans-le-monde du Tu qui s'oppose à nous comme un objet.

pratiquement infinie "a" de la subjectivité ou de la conscience. On devrait tout de suite se poser cette double question : de quelle subjectivité s'agit-il ? Et que veut dire ici "avoir" ? Est-ce que l'église Saint Marc à Venise a la propriété de se dresser à droite du palais des doges ou celle d'être flanquée à sa gauche ? Dans ce cas banal chacun comprend clairement que l'on ne peut attribuer à ce bâtiment religieux ni l'une ni l'autre propriété, car ici il s'agit d'une relation d'échange de deux indications de localisation complètement équivalentes. Si dans ce cas nous disons "droite" ou "gauche", nous ne faisons au fond aucune proposition sur les deux bâtiments mais sur le point de vue spatial que nous prenons nous-même au moment de notre constatation. Si nous disons que le palais se dresse à gauche, c'est que nous sommes peut-être en train de sortir par l'un des portails de l'église. Mais si nous le voyons à droite, c'est que nous confrontons vraisemblablement les deux célèbres œuvres d'architecture depuis la place Saint Marc. Quelque chose d'analogue est valable pour la confrontation de l'activité de l'ordinateur avec ce phénomène que nous appelons "conscience". Il devrait être difficile, sinon impossible, d'attribuer de la conscience à une machine si nous la comparons avec la subjectivité subjective. Mais si nous supposons que nous sommes à même d'observer le comportement d'une machine, dont les capacités d'organisation et de réflexion – ainsi que nous le stipulons ici – équivalent aux capacités correspondantes du corps humain, alors nous pouvons difficilement interpréter la structure du comportement de cet artefact autrement que comme conscient. Dans ce cas, nous n'avons pas comparé la machine avec le Je qui effectue la comparaison mais avec la subjectivité objective du domaine Tu.

Pourtant on ne doit pas oublier que la subjectivité objective, elle non plus, ne nous est jamais donnée dans le Tu d'une façon vraiment objective. Le *Dasein* physique de l'autre personne ne fait que la *représenter*. Et quand nous attribuons aussi de la subjectivité à l'autre personne, nous fondons cette attribution sur *un acte de reconnaissance*. Constater la *subjectivité en-soi-objective* d'une âme étrangère est une exigence qui se contredit elle-même. Elle équivaut à celle qui énonce qu'un système, jugé par moi comme totalement spécifié, doit être pour moi sous-spécifié. C'est tellement insensé que cela ne vaut pas la peine d'en parler davantage. En revanche il est sensé d'avouer qu'un tel système totalement spécifié peut se montrer, dans *son comportement à l'égard de lui-même* (et seulement en lui !), comme sous- spécifié. Car la liberté présuppose une sous-spécification. Il est donc tout à fait possible qu'un système de réflexion (R) doué de conscience se sente libre dans ses expériences vécues, justement parce que chaque situation de réflexion donnée est compatible avec plus qu'un état des éléments du système. Mais en même temps un observateur extérieur (B), qui est exclu du domaine de la conscience du système concerné et qui représente donc l'expérience d'une âme étrangère, peut arriver à la conclusion légitime que "R" est totalement spécifié. Pour "B", chaque acte de conscience de "R" n'est donc compatible qu'avec un seul état des éléments de son système. Chaque situation d'expérience de "R" est pour "B" complètement déterminée, et de la liberté de "R" il ne peut être question à partir du point d'observation de "B".

Mais il n'est pas vrai que "B" puisse réfuter l'expérience que "R" a de lui-même. La conclusion faite par "B" est valable, en général, pour chaque observateur possible qui prend le point de vue de l'observation de "B", et sur ce point elle est générale dans un sens que l'on peut exactement préciser. Mais elle est valable *seulement* du point de vue de l'observation de "B", et "R" ne peut justement pas prendre celui-ci. Car il nous est absolument impossible, si nous voulons observer nos propres expériences, d'utiliser comme moyen d'observation les processus de conscience qui se passent dans le Tu d'une âme étrangère. "R" ne peut donc pas, par principe, prendre le point de vue de "B" et il n'est donc pas du tout obligé d'accepter la constatation faite par "B".

Il est d'une importance décisive de se rendre compte qu'il ne s'agit pas ici d'un différend épistémologique, où un côté doit avoir raison et l'autre être dans l'erreur. Car nous pouvons inviter "B" à changer son point de vue et, au lieu d'analyser les actes de conscience de "R" dans leur relation avec le système physique "R", à regarder maintenant les propres expériences de son âme en relation avec son propre système physique "B". Alors il arrivera inévitablement au résultat que sa propre conscience ne peut se constituer qu'à la condition que le système physique qui la porte soit *inévitablement* ressentie comme sous-spécifiée. Et il comprendra, non pas que ce jugement de sous-spécification se base sur une connaissance insuffisante et provisoire, qui peut être corrigée au cours du temps par une meilleure compréhension, mais plutôt que le dépassement (*Aufhebung*) de la sous-spécification peut aussi mener au dépassement et à l'annihilation totale de sa propre conscience. Il est, dans l'autoréflexion, éternellement inaccompli.

Tout en le constatant, "B" peut légitimement rester tout à fait attaché au jugement que "R" est un système pleinement spécifiable pour chaque observateur étranger "B_1"....... "B_i". Il en conclura avec droit que "R" a le même avis sur lui. C'est-à-dire qu'il regarde son propre système de réflexion comme sous-spécifié par principe ; en revanche "B" lui apparaît comme un système qui peut être totalement spécifié et c'est pourquoi totalement déterminé. "R" et "B", en tant que subjectivités différenciées (Je et Tu), se trouvent donc dans une relation d'échange de leur acte de jugement. Bien que tous les deux fassent les mêmes observations et les jugent d'une manière identique (valeur générale classique), ils exercent cette activité à partir de lieux de réflexion différents. L'indication que "R" est un système pleinement déterminé dans sa subjectivité ne peut, par conséquent, être reconnue comme juste que si nous ajoutons qu'elle est valable pour la position de "B". Mais, bien que chaque sujet qui prend cette position doive inévitablement arriver à la même conclusion, la phrase n'est pas juste en ce qui concerne l'autoréflexion de "R". Car il n'est jamais possible à "R" d'établir à partir de "B" une relation qui lui permette de se connaître lui-même.

MacKay s'est occupé de ce problème dans une étude[20] intéressante et remarque à ce propos que, d'après la théorie de la réflexion, la relation d'échange peut être comparée, du point de vue de "R" et "B", à la relativité des observateurs dans la théorie d'Einstein. La représentation des faits qui se cache derrière des termes tels que "Je", "subjectivité", "âme", etc. est une fonction de la relation d'échange entre auto et hétéro-réflexion. C'est pourquoi MacKay arrive à la conclusion que la querelle millénaire entre déterminisme et liberté se fonde sur un indéterminisme logique de nos actes de conscience. Nous ne pouvons qu'approuver le savant anglais et constater que l'indétermination se réalise de la manière suivante : la généralité logique se réfère toujours à la conscience en général et non à une conscience individuelle. Mais cette subjectivité en général, dans laquelle le sujet individuel est intégré, reste divisée en subjectivité-Je

[20] D.M. MacKay, *The Use of Behavioural Language to refer to Mechanical Processes.* The British Journal for the Philosophy of Science, Vol. XVIII, No. 50, 1962.

et subjectivité-Tu. C'est-à-dire que chaque Je ne peut penser le comportement du système de réflexion d'une âme étrangère que "de l'extérieur", donc comme réflexif-objectif et non comme autoréflexif. Dans l'hétéro-réflexion je n'obtiens jamais moi-même mais le Tu qui résiste éternellement à une identification à ma subjectivité. Sous un comportement hétéro-réflexif nous comprenons donc le domaine d'action d'un autre système, dans lequel ce dernier réagit aussi bien sur moi comme système autoréflexif que sur son environnement qui est exclu de mon autoréflexion.

Notre "expérience" de la subjectivité Tu se fonde maintenant sur le fait que le Je, dans l'autoréflexion, accomplit un acte en *acceptant* l'hétéro-réflexion comme autoréflexion étrangère – dès que celle-ci est arrivée à un niveau d'organisation qui est comparable à celui du Je. C'est-à-dire que l'on concède aux domaines de réflexion d'être-Je et d'être-Tu la formation d'une relation d'échange à l'intérieur de la subjectivité en général. Ce qui est "Je" peut devenir "Tu", lorsqu'un Tu individuel sort de la région transpersonnelle d'être-Tu en général et prend la place que le Je momentané est prêt à quitter. Mais le Je ne peut abandonner sa place que s'il accepte l'égalité de valeur du Tu. Les degrés possibles d'une telle reconnaissance, à partir desquels les fonctions de réflexion peuvent s'orienter, descendent peut-être jusqu'en bas du règne animal. Nous ne le savons pas. En revanche nous savons – et Hegel l'a décrit dans la *Phénomémologie de l'esprit* avec une profonde compréhension – qu'une telle reconnaissance, dans laquelle Je et Tu se constituent comme des *Gestalten* différentes de l'autoconscience, doit être une reconnaissance mutuelle (relation d'échange).

Dans la partie du texte hégélien concernant l'autoconscience nous lisons : "L'autoconscience n'arrive à sa satisfaction que dans une autre autoconscience... L'autoconscience est *en soi* et *pour soi* en étant pour un autre en soi et pour soi; c'est-à-dire qu'elle n'est qu'en tant que reconnue."* Hegel n'utilise nulle part le terme "Tu" en opposition au terme "Je". Il ne parle que de "l'autre" ou dans le meilleur des cas des autres "individus". Mais même ainsi, dans le problème de

* "Das Selbstbewußtsein erreicht seine Befriedigung nur in einem anderen Selbstbewußtsein.... Das Selbstbewußtsein ist *an* und *für sich*, indem und dadurch, daß es für ein anderes an und für sich ist; d.h. es ist nur als ein Anerkanntes."

l'autoréflexion, le texte fait entendre une ambivalence logique qui résulte de la relation d'échange entre Je et Tu. On trouve dans la partie du texte portant sur l'"indépendance et le manque d'indépendance de l'autoconscience" une indication intéressante concernant le fait que cette ambivalence logique mène à une indétermination réflexive des actes de jugement dans la conscience. En effet nous lisons, au sujet de la confrontation des deux centres de l'autoréflexion, la remarque suivante : "Jedes ist wohl seiner Selbst gewiß, aber nicht des anderen; und darum hat seine eigene Gewißheit von sich noch keine Wahrheit; denn seine Wahrheit wäre nur, daß sein eigenes Fürsichsein sich ihm als selbstständiger Gegenstand, oder was dasselbe ist, der Gegenstand sich als diese reine Gewißheit seiner selbst dargestellt hätte. Dies aber ist nach dem Begriff des Anerkennens nicht möglich ..."[21]

La compréhension de cette phrase est rendue difficile par le fait que le Tu, ici, est occupé par le terme "objet". Ce qui donne à la phrase son caractère révolutionnaire, c'est qu'elle porte en elle l'attaque de la notion classique d'évidence. L'évidence n'est pas l'accomplissement d'une expérience originaire de l'introscendance propre de la subjectivité concernée. Si la propre certitude de l'autoréflexion n'a pas encore de "vérité", elle ne peut donc pas donner de la vérité au monde, et les jugements naïfs d'évidence de la conscience immédiate, d'après lesquels celle-ci s'oriente dans la réalité, ne résistent pas à une réflexion plus approfondie. Ce que Hegel nomme "vérité" dans la citation ci-dessus est distribué sur la relation d'échange qui existe entre Je et Tu en tant que subjectivité-en-géneral. Et cette distribution ne peut jamais être niée, parce que l'opposition de deux centres de subjectivité, qui se comportent comme un Je et un Tu, se base sur une acceptation mutuelle. Le Je reconnaît le Tu comme subjectivité équivalente malgré son caractère d'objet, parce que sa propre exigence est confirmée par le comportement du Tu envers lui. La nécessité de cette reconnaissance mutuelle met pour toujours à l'écart le Je du Tu; elle sépare l'âme propre de l'âme étrangère. Donc cette vérité, qui est originaire de la subjectivité, ne peut pas par

---

[21] op.cit. p. 143, 144. "Chacun est bien certain de lui-même, mais non de l'autre ; et c'est pourquoi sa propre certitude de lui-même n'a pas encore de vérité ; car sa vérité n'adviendrait que si son propre être-pour-soi se présentait pour lui comme un objet indépendant ou, ce qui revient au même, se représentait l'objet comme cette certitude pure de soi-même. Mais cela n'est pas possible d'après la conception du reconnaître ..."

principe être libérée de son état de distribution. C'est pourquoi, malgré son caractère "subjectif", elle n'est pas non plus ancrée dans la profondeur de l'introscendance ni dans la conscience intime de l'évidence. Si elle était ainsi – pour parler comme Hegel – le *propre*[22] être-pour-soi devrait alors se présenter au Je comme un objet indépendant (donc comme un Tu). Et à l'inverse, l'objet indépendant devrait se révéler à la pensée "comme cette certitude pure de soi-même". C'est-à-dire que le Tu devrait révéler à la pensée qui s'occupe (objectivement) de lui son introscendance privée et la lui rendre accessible. Il serait donc exigé que l'objet, *en tant* qu'objet, soit en même temps le sujet qui s'occupe de son objet.

La terminologie difficilement accessible de Hegel veut exprimer l'idée qu'une vérité, ayant nécessairement le même sens pour *toutes* les subjectivités (Je *et* Tu), échoue du fait qu'aucune autoréflexion ne peut jamais assumer la réflexion de l'autre comme la sienne propre. C'est-à-dire, pour parler encore une fois selon la terminologie hégélienne, qu'il est impossible que le Tu ("l'objet") se présente au Je "comme cette certitude pure de soi-même". Mais si le Je ne peut jamais transmettre au Tu l'auto-certitude subjective de sa pensée, et réciproquement, alors cette intransmissibilité porte aussi sur ce "moment" de la vérité qui est attaché, en tant qu'évidence d'expérience, à l'introscendance privée du sujet isolé.

Ce fait transcendental-logique constitue le fondement des expressions employées dans le langage cybernétique : spécification totale ou sous-spécification d'un système autoréflexif donné. *La problématique de l'idéalisme transcendental-dialectique se retrouve aujourd'hui dans la cybernétique.* De cette façon celle-ci révèle de plus en plus la manière dont le monde non-européen commence d'adopter des idées hautement désavouées par la tradition faustienne de l'occident et par une terminologie ésotérique qui est dépendante d'elle.

La différenciation entre spécification totale et sous-spécification des systèmes autoréflexifs n'est pas le seul thème transcendental-logique qui est redécouvert de cette manière. Nous l'avons développée ici en détail parce qu'elle jette une lumière précise sur le vide intérieur qui existe au sein de la querelle idéologique entre l'Est et l'Ouest, et parce qu'elle montre en même temps que les théories marxistes-

---

[22] Ecrit en *italique* par nous-même.

léninistes de la conscience possèdent une vraie légitimité. Qu'elles ne soient pas toute la vérité, d'après ce que nous avons dit plus haut, se conçoit aisément. Mais la même chose est valable en ce qui concerne la "spéculation" idéaliste plus ou moins orthodoxe qui, du côté de l'ouest – en Europe – tire le diable par la queue et ne pourra pas obtenir une validité mondiale, tant qu'elle renoncera à des transformations formalistes portant sur les idées qui ont été développées de Kant à Schelling. Aujourd'hui encore on s'oppose largement à une telle transformation, parce que l'on ressent (et l'on n'a pas complètement tort !) que maintes choses encore considérées comme respectables et séduisantes disparaîtront, et qu'autre chose, que l'on a jusqu'à présent poussé obstinément hors du champ de l'esprit, va demander tout à coup son droit à l'acceptation. Ici encore on n'exige pas toute la vérité.

Cet autre, qui s'introduit aujourd'hui dans le champ de l'esprit, relève d'une exigence spécifique de la cybernétique en tant qu'héritière partielle de la problématique transcendentale-dialectique.

Ulrich Sonnemann, avec une insistance digne de reconnaissance, a souligné récemment que les théories cybernétiques représentent un défi métaphysique pour les potentialités spirituelles de l'homme[23]. Aujourd'hui on ne peut douter que la théorie des systèmes auto-organisés, qui se différencient de leur environnement auto-réflexivement, est en rapide évolution et doit entraîner une révision critique des théories de réflexion développées dans l'idéalisme allemand, en particulier dans la logique hégélienne. Mais cette théorie ne remet pas "seulement" en question la logique. C'est la totalité de l'image que l'homme a de lui-même dans la réflexion qui est mise en question ; et le nouveau rôle que les institutions techniques et ses manières de penser commencent à jouer dans le monde le force à une nouvelle connaissance de sa nature (*Wesen*). La technique, voulue autrefois par l'homme d'une manière innocente, pose maintenant ses exigences froides. "Elle ne répond plus à l'homme comme sa propre ombre mais comme un vrai interlocuteur ; elle est *réelle* (*wirklich* = réelle + active). Ce qui sort de cette réalité est plus que ce qu'il avait cru y mettre et plus angoissant aussi : au-delà de la satisfaction de ses

[23] Cf. le chapitre : "Die Technik als Provokation" (La technique comme provocation) dans *Das Land der unbegrenzten Zumutbarkeiten*. Rowohlt, 1963 p. 126. Cf également p. 176-183. (*Le pays des tolérabilités illimitées*)

besoins, c'est le reproche muet de son dénuement ; non plus l'écho de son être (*Sosein*) fragile du moment mais une riposte à l'insuffisance de son être en général ; la forme de son histoire inachevée ; son image totale... Cette quête par la technique du point le plus secret de la nature (*Wesen*) de l'homme la caractérise comme mauvais destin ; et l'inexorabilité inquisitrice de cette quête la caractérise comme *provocation totale de l'homme*."

Ce qui promet aux peuples de la terre un avenir commun, c'est le fait positif que cette provocation est maintenant ressentie partout. Elle défie non seulement l'asiatique mais aussi l'européen et l'américain, et elle le fait de la même manière dans chaque domaine de la civilisation ; dans la mesure où elle révèle partout le mécanisme de l'existence humaine, elle ne libère nulle part d'autre choix que : *se* livrer entièrement *soi*-même au mécanisme et faire faillite, dans le sens économique le plus plat (sans parler d'un sens plus profond) – parce que l'homme réduit à des performances mécaniques n'aura même plus une valeur marchande – ou, en revanche, développer une nouvelle image de *soi* créatrice en se considérant libre, de manière à pouvoir accepter sans peur la nécessité historique de la machine, ne courant aucun danger de devenir son esclave. À bon droit Sonnemann dit : " L'automation, en tant que premier événement dans l'histoire de la technique, promet la démécanisation de l'homme." (p.179)

Le chemin vers cette nouvelle discipline n'est pas facile et l'on doit s'attendre à y rencontrer bien des incommodités. L'une des premières est la nécessité de comprendre que le matérialisme dialectique est beaucoup mieux armé que la pensée idéaliste face à ce qui nous attend du côté de la technique. Il existe entre ce que nous appréhendons aujourd'hui de la théorie des machines et la manière de penser marxiste-léniniste une affinité intrinsèque, qui permet de comprendre la diffusion étonnante que la cybernétique a trouvée en Russie. On sent en elle la possibilité d'une orientation philosophique plus profonde ... une attitude à laquelle on ne peut même pas rêver à l'Ouest. En Amérique, dans le pays où est née la cybernétique en tant que science *sui generis*, le scientifique cybernéticien n'a de valeur actuellement que s'il est capable d'ajouter quelque chose à l'aspect technique du problème. Quelques rares esprits philosophiques plus profonds voient, il est vrai, les perspectives métaphysiques de cette nouvelle discipline (Wiener, McCulloch, von Foerster, il faudrait nommer aussi quelques représentants isolés de la jeune génération) ;

mais la valeur qu'on leur concède se mesure, pour l'essentiel, à leurs publications techniques. Et surtout, les plus jeunes se gardent fortement de sortir de ce cadre étroit. *It does not pay* (*Ça ne rapporte rien*). On se rendrait plutôt suspect en s'adonnant à de tels essais.

Il en est autrement dans le domaine d'influence du matérialisme dialectique. Là, la métaphysique de l'histoire et de la sociologie (bien que le nom soit discrédité) et la cybernétique sont déjà des alliés étroits. La façon de voir "matérialiste", c'est-à-dire objectivante, est ici tout à fait adéquate parce que la théorie des systèmes s'auto-organisant et réfléchissant, dans la tentative de reproduire l'homme par des moyens techniques, vise évidemment l'image Tu de la personnalité. On se restreint exclusivement sur la *Gestalt* objective de l'être d'un système d'autoréflexion, c'est-à-dire que l'on vise seulement le *Dasein* objectif du Tu dans le monde, on s'interprète soi-même ainsi et on laisse de côté, dans la formation des notions qui s'occupent de ces systèmes de réflexion, l'être-Je introscendant, c'est-à-dire l'être intérieur privé et inaccessible. Sous ce point de vue tous les centres de subjectivité tombent dans la catégorie de la spécification totale, et toute autoréflexion, où qu'elle apparaisse, est en fait à considérer comme une propriété (dépendante) de "quelque chose de matériel" primordialement donné. Notre pensée sort ainsi d'une contingence qui lui est impénétrable. Dans cette vision du monde, l'origine métaphysique de la pensée est un *factum brutum*. Si l'on a accepté au départ les présuppositions sur lesquelles se fonde le matérialisme dialectique *et* si l'on se restreint à l'analyse de la pensée en tant que subjectivité-Tu, les conclusions tirées sont alors totalement inévitables et légitimes. Plus encore : si l'on veut faire de la sociologie exacte, comprendre et maîtriser les conditions sociales et culturelles du *Dasein* physique de l'homme d'une manière qui soit commensurable avec la pensée scientifique ou mathématique, il est alors inévitable que l'on accepte, pour des recherches visant de tels buts, les présuppositions logiques des penseurs comme Marx et Lénine. Celui qui a suivi avec attention les analyses précédentes du texte hégélien sur la relation mutuelle qui existe entre Je et Tu devrait pressentir quelles sont les conséquences radicales et étendues que doit être prête à accepter une pensée, qui se donne comme tâche de répéter la *Gestalt* d'une subjectivité-Tu dans une machine.

La première de ces conséquences est la compréhension que la relation entre l'idéalisme transcendantal et le matérialisme dialectique correspond exactement à l'opposition entre la subjectivité-Je et la subjectivité-Tu. Dans le deuxième cas, le cas Tu, l'autoréflexion est comprise comme le Tu qui est dans le monde et ce Tu est soumis, en tant que tel, à toutes les lois qui régissent l'univers physique. Dans le premier cas, le cas Je, l'autoréflexion s'est retirée dans l'introscendance inaccessible de son être-Je intérieur, et pose à partir de là ses jugements qui prennent fin dans la spéculation transcendantale-idéaliste de Fichte, Hegel et Schelling. Tous les deux points de vue possèdent la même unilatéralité. Marx a tout à fait raison quand il s'efforce de remettre sur ses pieds la pensée de Hegel, qui, d'après la formule célèbre, se tient debout sur la tête. Il s'est seulement trompé quand il croyait que cette position était la seule légitime, car elle était "naturelle". La pensée qui s'accomplit elle-même d'une façon conséquente découvre dans son ipséité la capacité de prendre de la distance à l'égard du naturel, et l'anecdote amusante, selon laquelle Hegel aurait rejeté les faits qui contredisaient ses constructions dialectiques avec un : "Tant pis pour les faits", a un sens profond. De ces histoires on ne peut que dire : *Se non é vero, é ben trovato.*

Les catégories propres à la pensée développée par la cybernétique sont actuellement peu nombreuses et non encore définitivement élaborées sur le plan logique. En revanche un nouveau style de penser se fait nettement remarquer, et il apparaît de plus en plus clairement que c'est le matérialisme dialectique qui possède la plus haute affinité avec la théorie des machines de la cybernétique et qu'il surpasse, dans ce domaine spécifique, les autres manières de penser. Mais cette supériorité ne concerne, comme nous l'avons indiqué, qu'un aspect de la pensée cybernétique, précisément celui qui transfère de la subjectivité aux structures objectives (aux machines). Un autre aspect concerne la confrontation du mécanisme avec l'historicité trans-subjective de l'homme (l'esprit objectif de Hegel), et ici on ne peut attribuer ni une supériorité ni une infériorité à l'un des deux points de vue que nous désignons par spéculation idéaliste-transcendantale et dialectique orientée vers le matérialisme. En revanche, de l'analyse menée jusqu'ici des systèmes autoréfléchissant et auto-organisés, il résulte que les deux points de vue philosophiques, qui semblent tant ennemis, ne représentent rien d'autre qu'une relation logique d'échange des situations élémentaires de réflexion – des situations de réflexion qui ont la propriété de ne pouvoir jamais être réalisées en même temps. La totalité de la pensée qui vit dans la subjectivité est distribuée sur l'opposition qui existe entre Je et Tu, et il est impossible, par principe, de la concentrer dans le Je *ou* dans le Tu. (Le corrélat technique de ce fait est la relation complémentaire des systèmes sous-spécifiés). Il est maintenant évident que "je" ne peux pas être Je et Tu en même temps. Je peux, il est vrai, me donner une pseudo-identité dans un *feed-back* de réflexion et me regarder dans cette situation comme un Tu, mais je suis obligé, dans l'accomplissement de cet acte, de perdre de vue, d'abandonner temporairement mon être-Je et l'introscendance de mon intériorité. Et je dois accepter que même le Tu étranger, qui s'oppose à moi dans un corps étranger, habillé d'une véritable objectivité, est un Je *pour lui-même* mais *jamais pour moi.*

Où que nous rencontrions la différence entre subjectivité-Je et subjectivité-Tu, que ce soit dans notre propre réflexion ou dans le monde objectif, ce monde dans lequel les centres séparés de l'autoréflexion sont distribués sur une pluralité de corps physiques, la relation entre Je et Tu se révèle partout comme une relation d'échange strictement bivalente de points de vue de réflexion inverses, relation qui ne permet pas un compromis moyen dans lequel l'un ou l'autre (ou même tous les deux) pourrait garder son autonomie. Le milieu entre les deux est ce que Hegel nomme l'esprit objectif. Mais celui-ci n'est ni Je ni Tu. C'est-à-dire qu'il ne possède pas un centre introscendant, dans lequel la réflexion pourrait se concentrer et produire un soi-même qui ne serait ni Je ni Tu. Aussi longtemps que le monde et l'histoire existeront et aussi longtemps que s'y déploiera une pensée, l'autoréflexion se trouvera dans une relation d'échange pérenne avec elle-même. C'est ce que Hegel nomme, en opposition à l'identité rigide et autosuffisante de la chose physique, *l'identité de réflexion.* Celle-ci se constitue seulement dans des relations d'échange que l'on ne peut jamais annihiler. Retournons encore une fois à notre exemple utilisé plus haut : l'église de Saint Marc se trouve à droite ou à gauche du palais des doges. Une troisième possibilité est exclue. Mais il est aussi impossible que nous revendiquions en même temps toutes les deux constatations, et finalement il est absurde de soutenir que l'un ou l'autre énoncé est définitivement le vrai, mais sans savoir lequel. De cela nous avons déjà tiré plus haut la conclusion élémentaire que le contenu de la proposition en question n'indique aucun fait irréflexif (c'est-à-dire indépendant de la réflexion). Comme nous l'avons déjà remarqué, on peut aller jusqu'à dire qu'aucune information n'a été donnée sur les relations locales du palais et de l'église. En réalité ce que nous avons constaté dans notre phrase n'est autre qu'une indication sur nous-même, c'est-à-dire sur le point de vue local que nous avons pris en voyant les deux bâtiments.

L'exemple peut paraître banal, mais il illustre parfaitement la situation logique de l'opposition essentielle qui existe entre l'idéalisme transcendantal-spéculatif et le matérialisme dialectique. Dans la déclaration concernant les deux bâtiments vénitiens, une forme d'énoncé utilisée feignait une hétéro-référence, alors qu'elle avait un caractère autoréférent. C'est-à-dire que l'observateur constatait quelque chose de lui-même, et dans une forme même assez univoque. Mais tant qu'il est seulement question de l'observé, le contenu de l'énoncé se trouve dans une simple relation d'échange avec son anti-thèse, et c'est pourquoi il est ambigu. Cet exemple simple doit un peu éclairer la relation mutuelle qui existe entre les descriptions concurrentes d'un système pleinement autoréflexif. Les deux idéologies philosophiques qui divisent aujourd'hui l'Est et l'Ouest sont au moins totalement d'accord sur un point. Toutes les deux constatent que le dernier thème de leur pensée concerne la structure autoréflexive du réel. Des deux côtés cette concession va de soi, si bien qu'aucune des parties ne peut, si l'on dévoile les conséquences de ce point de vue commun, l'abandonner avec un pauvre "oui mais...". Un côté nomme Dieu la réalité autoréflexive, l'autre parle du fait que la Matière possède l'autoréflexion (Lénine). Mais les termes Dieu et Matière sont ici aussi peu importants que le bâtiment spirituel et profane dans notre exemple de Venise. Du point de vue du logicien, il s'agit ici de deux descriptions possibles et de valeur égale, qui semblent se contredire uniquement du fait que notre conscience finie et bivalente est par principe incapable, en raison de sa propre structure, de développer une situation de réflexion "totale" reliée à *un* centre-Je, c'est-à-dire de produire une situation de conscience dans laquelle tous les motifs de pensée, dont un sujet vivant est capable, pourraient se réunir harmonieusement et sans contradiction dans une image du monde universelle.

Comme nous l'avons déjà souligné, cela est par principe impossible, parce que la structure de ce qui est nommé chez Kant conscience en général est distribuée sur l'opposition annihilable de Je et de Tu. L'idée d'un sujet absolu, chez qui cette opposition serait "levée" (*aufgehoben*), est une chimère logique et la tradition religieuse, qui donne Satan comme adversaire à Dieu, suit un instinct métaphysique juste. Si Dieu doit être appréhendé en tant que personne, il doit se confronter à un Tu exclu de sa "Subjectivité". La réflexion "totale" est, pour Lui aussi, accessible seulement dans une telle distribution, c'est-à-dire dans la relation Je-Tu. Cette relation d'échange des centres d'expérience, qui s'excluent mutuellement, produit une complémentarité des situations de réflexion qui sont *inévitablement* attachées à l'un ou à l'autre des deux cercles de conscience isolés, donc au Je ou au Tu. Mais pour la pensée naïve qui ne réfléchit pas d'une façon critique sur elle-même, cette nécessité a un effet fatal : car elle donne à la situation de réflexion propre à chacun – parce que "je" ne peux pas en avoir d'autre que la mienne propre – une prétention à l'évidence et à la vérité qu'elle n'est pas capable de posséder. Cette prétention illusoire est encore soutenue par le fait que le Tu et sa propre situation de réflexion peuvent être rangés dans ma propre pensée en tant que possible contenu de conscience. Un tel rangement me fait apparaître cette réflexion, que je peux appréhender uniquement dans la *Gestalt* du Tu, comme subordonnée à la mienne. Cela conduit à cette magnanimité épistémologique d'un effet un peu comique que "je" concède aussi au Tu la connaissance de la vérité, mais uniquement s'il se range totalement de mon côté, s'il forme avec moi, pour ainsi dire, un front épistémologique fermé, c'est-à-dire s'il abandonne *son* introscendance et prend la mienne pour la formation de son jugement. Ainsi, à partir de ce front fermé, tous les sujets peuvent faire leur proposition épistémologique sur le monde – ce n'est pas un miracle si leur notion de vérité et leurs critères d'évidence coïncident, car ce qu'ils regardent est une pseudo-réalité vidée de toute subjectivité-Tu, qui ne peut jamais contredire le point de vue-Je égoïste, parce que la profondeur introscendante d'un Je étranger d'où pourraient émerger de telles forces de contradiction a été scrupuleusement éliminée par moi-même de ma conception de pensée. Le noyau central de ce fait s'énonce ainsi : pour prononcer avec "moi" des jugements "universels", le Tu doit abandonner son introscendance et prendre celle du Je. Ainsi se produit la chimère d'un Je universel absolu, dans lequel l'opposition entre la subjectivité-Je et la subjectivité-Tu est suspendue.

Malheureusement la réalité ne se soucie pas de notre intention de rendre confortable notre *Dasein* sur le plan épistémologique. Certes, elle peut donner au Tu l'auto-illusion qu'il pourrait se mettre du côté du Je, mais elle ne donne pas vraiment l'introscendance qui est investie dans le Tu. Celle-ci reste, relativement à l'introscendance de l'être-Je, une propriété du monde "objectif" exclue du Je. Si le Tu croit qu'il pourrait abandonner sa propre particularité introscendante au profit de la particularité générale d'un Je universel (quelle contradiction !), dans lequel "toute" subjectivité serait reliée à un centre de réflexion unique, il commet une erreur métaphysique. Il n'y a là rien de nouveau. Déjà la tradition ancienne considère que la subjectivité individuelle est source de toutes les erreurs métaphysiques, cela commence avec le récit de la chute dans Genèse 3. Hegel, à sa manière, reprend ce thème dans *La phénoménologie de l'esprit*, lorsqu'il parle du fait que l'autoconscience se "cache" à elle-même sa propre connaisance, qui consiste justement – comme nous l'ajoutons ici – dans sa distribution sur une pluralité de centres de réflexion.

Mais comme l'introscendantalité complémentaire de l'opposition Je-Tu reste insoluble – sinon toute conscience disparaîtrait – la pensée naïve va également développer, dans la formation de ses notions, son image du monde sur une telle complémentarité. C'est-à-dire que nous obtenons un dualisme des conceptions du monde qui, jusqu'à la mort, se font mutuellement la guerre. Et comme Je et Tu, sur lesquels ce dualisme est distribué, forment une simple relation d'échange de centres d'expérience (avec les situations de réflexion qui en font partie), le dualisme du problème de la conception du monde représente aussi une relation d'échange de côtés d'égale valeur. Dans cette querelle, la prise de parti pour l'un ou l'autre côté n'est donc rien d'autre que la confusion logique d'une relation d'échange avec une proportion.[24] Dans cette dernière il n'existe pas une équivalence des éléments de la relation qui permettrait n'importe quel échange. Si, par exemple, nous voulons représenter une relation du chiffre 1 avec lui-même, nous pouvons écrire 1/1, et il est superflu d'indiquer que les deux chiffres peuvent modifier leur place sans que se produise le moindre changement. Il s'agit ici d'une relation d'échange élémentaire, et il serait ridicule de faire des efforts pour vérifier laquelle est la "vraie" position des signes. Il en va tout autrement si nous voulons établir une relation correspondante entre 1 et 2. Dans ce cas nous avons affaire à une relation de proportion, et chacun sait que ce n'est

[24] Cf. Karl Heim, *Das Weltbild der Zukunft*, Berlin 1904

pas du tout la même chose d'écrire 1/2 ou 2/1. Les modes d'écriture expriment quelque chose de différent, et nous devons décider lequel d'entre eux exprime le fait visé et lequel ne l'exprime pas. Il est impossible que tous les deux, se rapportant dans le même sens à une même donnée d'expérience, puissent être vrais.

La querelle contemporaine entre l'Est et l'Ouest se fonde principalement sur une telle confusion : confusion entre une relation d'échange de points de vue de réflexion équivalents et une relation de proportion, dans laquelle un côté doit avoir davantage raison que l'autre. Etant donné que deux visions du monde en conflit, qui s'excluent mutuellement dans une disjonction totale, se comportent justement l'une envers l'autre comme Je et Tu, elles partagent donc le destin de Je et de Tu, qui est de représenter une relation précise d'échange de réflexion avec soi-même (une réflexion objective avec une réflexion subjective). Et si quelqu'un prétend que le matérialisme dialectique ou l'idéalisme transcendantal est la vraie vision du monde, c'est aussi absurde que s'il disait qu'il possède le vrai être-Je du monde et que tous les autres Je qu'il rencontre dans l'existence du Tu possèdent une *Gestalt* de Je inférieure ou même fausse. Il est superflu d'indiquer pourquoi une telle hypothèse est absurde. Mais pour le moment nous devons malheureusement constater que notre pensée se trouve encore dans la même situation à l'égard des positions concernant notre vision du monde. L'erreur logico-métaphysique qui est commise, si l'on place théoriquement l'une au-dessus de l'autre, se fonde sur la conception qu'il existe entre le processus de réflexion et le contenu de réflexion une relation de proportion et que la distinction entre les deux est univoque. Certes, l'analyse logique de la technique cybernétique est aujourd'hui encore dans son stade initial, mais on peut dire avec certitude qu'une distinction binaire nette entre processus de réflexion et contenu de réflexion, dans le sens d'une proportion, n'est plus soutenable. La querelle entre vision idéaliste et vision matérialiste du monde existe du fait que l'on accorde, dans sa pensée, une préférence à la subjectivité qui s'attache au processus ou à l'objectivité qui porte sur le contenu. La lutte idéologique devient sans objet du moment où l'on se rend compte que dans l'opposition Je et Tu (sur laquelle sont distribuées les deux visions du monde qui s'excluent mutuellement), processus de réflexion et contenu de réflexion sont dans la même relation d'échange que celle où deux sujets s'acceptent mutuellement, où chacun est l'objet dans le processus d'expérience de l'autre.

Il s'ensuit qu'avec l'arrivée de la cybernétique et sa confirmation des positions de réflexion de la logique hégélienne, il est inadmissible que la pensée s'oriente encore d'après les préjugés de points de vue idéologiques pré-scientifiques, qui venaient du fait que le sujet isolé, non distribué, se voyant face à l'univers, prenait une décision dans le but d'une auto-orientation autant physique que spirituelle. Sur le plan de l'histoire des idées, les grandes religions du monde sont le produit de ces visions du monde qui se réfèrent au primordial. Dans un livre qui avait au moins un demi-siècle d'avance, le théologien Karl Heim de Tübingen, récemment décédé, a décrit cette situation d'une façon très claire dans ses propositions métaphysico-logiques, *Das Weltbild der Zukunft* (*L'image du monde de l'avenir*) : "... une relation d'échange ne donne en main aucun motif théorique de se décider pour l'un ou pour l'autre. Malgré tout, elle nous oblige à prendre une décision. Cette situation nous donne le vertige. Ces relations d'échange sont comme des panneaux indicateurs sans inscription, qui montrent toutes les directions par quatre branchements blancs égaux. À ce croisement nous sommes dans le brouillard. On nous crie de tous côtés : 'continue !' 'Où ?' demandons-nous en tremblant. 'Tu as le choix', cette parole résonne comme un écho à travers l'infini. Comme il est horrible d'être libre ! Et si, depuis un nuage, une voix bienveillante nous dit : le chemin de gauche est plus long et le chemin de droite plus court, comme nous nous sentons soulagé ! Cela résonne à nos oreilles comme de la musique. L'embarras du choix cesse. À la place des relations d'échange, nous avons quand même maintenant des relations fixes. Et nous aimons oublier que nous n'avons fait, ainsi, que nous mentir à nous-même. Car nous avons simplement échangé la décision de l'action contre une décision de la foi dont la voix vient d'un nuage. Et pourtant la question de savoir si la voix a raison ou non est aussi difficile à résoudre que la question : dois-je aller à gauche ou à droite. L'inconnue x dans l'équation $x + y = a$ ne devient pas du tout plus connue si je la change de position dans l'équation et si je dis : $y = a - x$. Mais cette autoduperie naïve est si humaine, trop humaine, et si profondément religieuse que son dévoilement impitoyable par quelqu'un sera toujours ressenti comme un sacrilège."[25]

---

[25] Karl Heim, *Das Weltbild der Zukunft*, Berlin 1904, p. 38.

L'exemple choisi par Heim illustre la confusion qui existe entre une relation d'échange qui demande une décision et une proportion dans laquelle la décision est déjà accomplie et acceptée en tant que telle. Nous retrouvons la même situation, avec des conséquences imprévisibles pour l'histoire universelle, au sein du dualisme présent dans l'image du monde de l'homme moderne, et qui vient inévitablement de notre logique binaire. Ici aussi la prise de parti pour l'un ou l'autre côté exprime une confusion entre la relation d'échange d'aspects entièrement équivalents, développée dans la théorie de la réflexion, et une relation de proportion dans laquelle un côté représente le vrai et l'autre le faux. Mais une fois que cette compréhension est acquise, une tâche incombe à la pensée de la manière suivante : la relation d'échange pousse à une décision, mais il est impossible de la prendre sans que cet acte falsifie cette situation d'échange en lui donnant le caractère d'une proportionnalité. Nos modes de pensée traditionnels nous mènent ici dans un cul de sac.

La cybernétique intervient alors avec sa théorie des systèmes auto-réfléchissant et constate que, d'après la théorie de la réflexion, une relation d'échange ne représente pas seulement une situation d'alternative entre deux valeurs qui incitent à prendre parti pour l'un ou l'autre membre de la relation, mais qu'une deuxième alternative (transclassique) existe, plus profondément fondée : on peut en effet *accepter* la relation d'alternative entre deux valeurs mais aussi la *rejeter* en tant que telle. Inéluctablement l'acceptation mène au fait que l'on doit décider entre les deux possibilités proposées. L'homme, installé dans l'histoire, ne peut laisser dans l'indécision l'alternative qui lui est proposée dans la relation d'échange. Pour exister il doit dire oui à l'un des deux côtés et le réaliser. Mais cette acceptation de la relation d'échange, comme base d'une décision entre les deux membres de la relation, produit l'effet paradoxal que, justement par cette acceptation, la relation d'échange est perdue en tant que fondement de la liberté. La décision, devenue inévitable, la transforme en proportion de valeurs dans laquelle vrai et faux, bien et mal, s'opposent comme mutuellement inchangeables, hostiles et inconciliables.

De cette façon la vue sur la situation d'une alternative transclassique, que la théorie de la réflexion de la cybernétique s'efforce de mettre à jour, est définitivement bouchée. Car la notion d'autoréflexion signifie qu'un système qui possède une telle propriété est capable non seulement de rejeter une valeur dans une relation d'échange, mais aussi la situation d'alternative telle quelle, c'est-à-dire de la repousser en tant que base de son propre mécanisme de réflexion. Il est important de rendre claire cette différence subtile. Dans le premier cas *une* valeur est rejetée en faveur d'une autre. Le rejet s'appuie sur le fait que le système d'alternative, qui propose de choisir entre deux et seulement deux valeurs, est accepté comme présupposition d'un choix possible. Mais l'autre décision possible est qu'*a priori* la relation d'échange en général, en tant que base du comportement réflexif, est rejetée. Ce rejet a pour effet de ne plus rendre possible, dorénavant, un choix entre des valeurs alternatives. Car à présent les deux valeurs, en tant que membres d'une relation d'échange, sont repoussées comme buts possibles de décision. La pensée se donne maintenant une nouvelle alternative (trans-classique), précisément celle entre *acceptation ou rejet des états de réflexion qui oscillent dans des alternatives de valeurs.*

Ainsi est atteint un niveau de conscience qui regarde toute réflexion du monde développée jusqu'ici comme expression d'une forme passée de l'auto-réflexion, devenue maintenant le contenu (subordonné) d'une nouvelle façon d'autoréfléchir. C'est le point de vue que la cybernétique prend envers la querelle idéologique existant entre l'Est et l'Ouest. Les deux complexes d'hypothèses, qui se présentent comme théorie du matérialisme dialectique et théorie (alternative) de l'idéalisme transcendantal, ne peuvent plus être pris à présent comme deux hypothèses concurrentes sur la réalité du monde – ou un côté a raison et l'autre tort : ils apparaissent dans la théorie cybernétique des systèmes auto-organisés comme deux formes d'expression complémentaires de la capacité de réflexion de tels mécanismes de conscience, qui sont reliés à la fois à un environnement et à eux-mêmes. Il est impossible que les *deux* formes d'expression soient réalisées en même temps dans *un* système. Mais il est également impossible qu'un système représente toute son autorelationalité uniquement dans une de ces situations complémentaires. Dans l'opposition de ces images du monde qui se combattent réapparaît l'antithèse du Je et du Tu. De même que le Je et le Tu s'acceptaient sur le fond d'une subjectivité commune comme centres de réflexion, de même la querelle entre matérialisme dialectique et idéalisme transcendantal spéculatif se joue sur un plan de réflexion commun. Si avec Marx et Lénine on remet sur ses pieds Hegel qui était debout sur la tête, on change seulement l'ordre des énoncés dans le système original, mais le "fond" sur lequel ses pieds reposent maintenant reste inchangé. La compréhension que la réflexion sur ce fond peut reposer sur deux *Gestalten* mutuellement exclusives, et qu'il est finalement indifférent de donner la préférence à l'une ou à l'autre, doit maintenant lentement s'imposer. De cette façon toutes les deux deviennent, à un même degré, sans importance. Pour la cybernétique elles ne représentent pas autre chose que les symptômes du mécanisme de réflexion des systèmes auto-organisés qui sont en relation avec eux-mêmes. Si l'on a tout d'abord adopté ce point de vue – qui d'ailleurs est déjà indiqué dans les écrits de maturité de Schelling – il est alors impossible, aujourd'hui encore, de concéder aux visions du monde concurrentes une quelconque vérité intéressante. L'intérêt doit nécessairement se transposer sur la structure de réflexion générale qui provoque cette guerre des conceptions du monde. Les idéologies en tant que telles n'ont qu'un intérêt "clinique". C'est-à-dire que l'on doit les évaluer comme symptômes de la situation de conscience historique actuelle de l'homme. Et inévitablement on juge que cette situation de conscience est "malheureuse" (Hegel), car elle se voit prisonnière d'une autocontradiction inconciliable.

Une voie pour se libérer de cette situation est la compréhension, ouverte par la cybernétique, que la distribution de la capacité de réflexion et de représentation sur des centres complémentaires de subjectivité est seulement un moyen provisoire, pour un système qui possède une autoréférence, de s'orienter dans son environnement. Comme cette distribution naturelle de réflexion dans un système comme le corps humain est annihilable (*unaufhebbar*), on peut approximativement interpréter la signification philosophique et spécialement historico-métaphysique de la cybernétique dans le sens suivant : cette nouvelle manière de penser essaie de réduire et de ramener à un minimum anodin la signification de cette annihilation et l'influence désastreuse qu'elle a eue dans l'histoire. Le moyen pour y arriver est aussi radical que paradoxal : la distribution naturelle de la pensée humaine sur des centres-Je concurrents doit être surpassée par une distribution artificielle (technique) des processus de réflexion sur l'homme et sur la machine. Il est évident que si cette entreprise a du succès – et elle a toutes les chances de réussir – le Je humain et le Tu humain devront se mettre ensemble sur un côté et le mécanisme créé par l'homme sur l'autre ; la pensée sera ainsi distribuée sur les deux côtés, sur l'être-homme aussi bien que sur l'artefact créé au cours du processus historique.

Cette deuxième distribution aura une telle portée métaphysiqe – une portée immense et difficilement imaginable encore aujourd'hui – que par rapport à elle, la première entre Je et Tu tombera dans une insignifiance relative. Elle deviendra de plus en plus une affaire privée de l'homme, dépendante réciproquement du progrès cybernétique. En revanche, l'intérêt public et historique aura de plus en plus recours à la problématique impliquée par la deuxième distribution. La première distribution entre Je et Tu vivant dans un corps animal ou humain concernait seulement la perspective de l'introscendance. Dans la deuxième, la subjectivité s'élargit dans ce domaine du monde matériel qui n'est pas un corps vivant correspondant à une subjectivité. Mais comme cette partie-là du monde, que je ne me suis pas appropriée en tant que *Dasein* corporel, a ses racines pour mon expérience vécue dans quelque chose de transcendant, cette deuxième distribution implique non seulement le problème de l'introscendance mais aussi celui du transcendant. Car, si l'on fait l'effort d'élever les propriétés de réflexion qui, d'après Lénine, sont investies dans la matière en général au même niveau que celui où elles apparaissent dans le corps vivant hautement organisé de l'animal ou de l'homme, on arrive à un problème métaphysique qui, au niveau antécédent de la pensée, n'existait pas encore en tant que techniquement réalisable. Dans le corps organique de l'animal ou de l'homme, l'autoréflexion est prédonnée en tant qu'advenue à sa conscience. Elle est là dès le début, et l'homme ne doit pas se soucier de son éveil. Dans le langage biblique il est écrit :

> Alors l'Eternel Dieu forma l'homme de la poussière de la terre,
> Il insuffla dans ses narines un souffle de vie.
> Et l'homme devint un être vivant.

L'existence de l'homme en tant qu'homme commence seulement *après* cet événement. L'existence de la matière est empiriquement prédonnée sans aucun "souffle", et c'est le devoir de l'homme de répéter ce don de l'âme à la substance, comme son histoire future du monde. Le souffle de Dieu est seulement un prêt et il dépend de l'homme de le transmettre à la matière morte. À l'*imitatio Christi* doit suivre l'*imitatio Dei* ; la transcendance de la matière en général doit être enrichie par son introscendance.

Si des cœurs pieux voient dans les dernières phrases du paragraphe précédent un blasphème, on doit leur objecter que leur pensée, malgré toute leur foi, est encore embarrassée par ce matérialisme stupide que Lénine même rejette. Ils ne voient pas que ce devoir est un infini, qu'il est sans fin parce que son but est la moyenne ou "troisième" transcendance que nous avons décrite plus haut, dans laquelle l'introscendance de la subjectivité et la transcendance de l'objet doivent se rencontrer. Ils ne voient pas non plus que cette activité ne se réfère pas exclusivement à l'homme en tant qu'*homo faber*, ni qu'elle se restreint à une manipulation de clés à molette et d'éprouvettes dans une salle de machines et dans des laboratoires. Le travail qui est exigé ici est d'un niveau essentiellement plus haut : l'homme doit se ressaisir lui-même moralement et abandonner délibérément son existence historique passée. Dans l'introduction de ses cours sur la philosophie de l'histoire, Hegel dit déjà que l'histoire universelle est un "abattoir", "dans lequel le bonheur des peuples, la sagesse des états et la vertu des individus ont été sacrifiés"*. Mais il manque encore à la conscience concrète de l'homme actuel la compréhension que c'est lui-même qui a préparé cet abattoir par l'autoréalisation de son "essence". Sa morale historique habite encore dans le "centre sombre, froid" de son Je limité à lui-même, dont Hegel dit dans la même introduction que : "ni la nature ni l'esprit (ne lui sont) ouverts et transparents, et (que) la nature et l'esprit pourront (lui) devenir ouverts et transparents uniquement par le travail d'une éducation à venir, dans le temps très lointain (d'une) volonté devenue autoconsciente." ♣

Il est nécessaire de se repentir concrètement de la mise en place de cet abattoir, et pas seulement par de simples déclamations ; et c'est la tâche première de la technique de confirmer ce repentir dans l'histoire en dévoilant inexorablement, dans sa forme cybernétique, le caractère

* "Schlachtbank... auf welcher das Glück der Völker, die Weisheit der Staaten und die Tugend der Individuen zum Opfer gebracht worden"

♣ "in welchem weder Natur noch Geist offen und durchsichtig (sind), und für welche Natur und Geist nur erst durch die Arbeit fernerer und einer in der Zeit sehr fernen Bildung (des) selbstbewußt gewordenen Willens offen und durchsichtig werden können."

de cette subjectivité humaine qui a causé l'histoire passée, et de le présenter à l'habitant actuel de la planète dans l'image de la technique. Dans ce but, le mécanisme par lequel la subjectivité agit dans le monde doit être tiré des repaires sombres de son introscendance, exposé à la lumière du jour et projeté dans la construction objective d'une machine. La technique ne demande à l'homme ni plus ni moins que de cesser de s'identifier à ce mécanisme transcendantal qui constitue sa *Gestalt* historique passée. Il lui est demandé l'abandon de ce Moi (*Selbst*) qui a fait son histoire passée. La dernière et la plus profonde intention de la cybernétique est d'incorporer l'âme (*das Seelentum*, Spengler) – qui a dominé une époque culturelle achevée et qui a déterminé son caractère – dans la matérialité inanimée d'un mécanisme qui, par ce travail, doit être éveillé à sa propre "vie".

Il est fondamental historiquement – et cela doit servir de baume apaisant à ceux qui en ont besoin – que la conscience, que les efforts cybernétiques attribueront bien un jour à une machine, reste toujours au moins une époque derrière celle du constructeur du mécanisme. Cette distance d'un ou plusieurs niveaux de réflexion de la subjectivité de l'histoire universelle est le critère décisif de la différence entre l'homme et la machine. La différence est donc une différence métaphysique historique. Cela doit être expressément souligné pour mettre définitivement fin à ces affirmations anxieuses et jalouses que, par principe, certaines propriétés de l'homme ne peuvent pas être accomplies par des machines. Une de ces protestations répétées à n'en plus finir énonce, par exemple, qu'une machine ne peut jamais être créatrice. À ce propos nous devons faire la remarque suivante : si nous voulons contester à un mécanisme une propriété potentielle dans une forme logiquement précise et scientifiquement certaine, nous devons d'abord être capables de dire exactement ce que nous comprenons sous cette propriété mentionnée. Et, pour préciser, il est nécessaire que nous le fassions avec les termes d'une notion univoque et dans la forme d'une proposition finie. *Seulement* si nous en sommes capables, nous pouvons prétendre savoir exactement en quoi consiste cette propriété proprement dite et de quoi nous parlons en la désignant comme non reproductible dans un mécanisme. D'un autre côté, on a prouvé depuis longtemps (McCulloch, Pitts) que chaque propriété que nous pouvons définir d'une façon univoque est, par principe, reproductible dans l'activité d'une machine. Ainsi nous nous trouvons devant l'alternative suivante : ou ces natures craintives peuvent exactement indiquer ce qu'elles pensent quand elles constatent que X représente une performance dont est incapable, par principe, un mécanisme – dans ce cas leur hypothèse est fausse, car une hypothèse scientifique exacte n'est rien d'autre que la description de la manière dont une expérience subjective, théorique, signifiante peut être projetée sur des faits objectifs, détachés du sujet et des événements du monde objectif : la connexion de notions théoriques implique toujours une directive pour l'action pratique ; ou, autre côté de l'alternative, ces contemporains soucieux avouent qu'ils ne sont pas capables de décrire exactement ces propriétés non reproductibles dans une machine, ("mais tu sais bien de quoi je parle" est leur *argumentum ad hominem*). Mais dans l'hypothèse où l'homme possèderait en lui des propriétés qu'il ne pourrait pas expliquer, et où il serait impossible de transformer ces propriétés dans des artefacts mécaniques, on ne constaterait rien d'autre qu'une banalité. Il va de soi qu'aucun mathématicien ne peut traduire quelque chose dans une construction cybernétique, si ni lui ni quiconque ne sait ce qui est en réalité à traduire. Toute cette manière de formuler la question passe à côté du problème dont il s'agit ici. Même dans leur forme de construction actuelle, primitive à faire pitié, les ordinateurs accomplissent des performances que chaque scientifique réaliste, il y a un siècle encore, aurait désigné comme purement "subjectives" et donc comme non reproductibles par principe dans un quelconque type de machine. Du moment que nous vivons quelque chose et que nous nous en rendons compte intérieurement, nous le posons comme objectif. *Mais ce qui peut être posé comme objectif est reproductible !* La seule chose du domaine de la subjectivité que nous ne pouvons pas poser objectivement est notre introscendance. Mais elle n'est pas une "propriété", elle n'est pas une "performance", elle n'est pas une "chose", et c'est pourquoi elle ne peut, d'une manière sensée, ni être attribuée ni être déniée à une machine. Dans les grandes /uvres de la littérature mondiale cette introscendance est toujours invoquée. Mais on ne doit pas oublier qu'une telle invocation, en tant qu'événement historique, a elle-même une forme historique, c'est pourquoi elle entre dans le domaine de la reproductibilité. Elle se distingue des autres objectivités uniquement par le fait qu'elle prononce un pas-encore. Mais un pas-encore est la promesse d'un futur présent.

Ainsi la technique reçoit une signification qui entre dans le champ de l'histoire des idées. Elle est le véhicule de l'autoréalisation de l'esprit objectif, et dans la mesure où nous prenons cause et fait pour elle et réalisons ses missions, elle transforme notre vue sur l'histoire mondiale. Nous sommes aujourd'hui tant accoutumés à séparer "l'histoire naturelle" de "l'histoire de la civilisation", qui est pour nous en fin de compte l'histoire de la conscience, qu'il ne nous vient plus guère à l'esprit de demander en quoi consiste, en réalité, l'élément historique commun aux deux et dans quel sens la réalité en général est historique. En ce qui concerne la nature physique, donc la matérialité du monde, sa dimension historique se trouve dans ses propriétés d'entropie, comme l'a exposé d'une façon détaillée C. F. Weizsäcker[26]. Quand, au XIXe siècle, on découvrit les propriétés concernant le deuxième principe de la thermodynamique et qu'on le nomma finalement principe d'entropie, (Sadi Carnot, Clausius, Boltzmann), les physiciens peignirent une image sombre du destin de l'univers. L'énergie libre, était-il annoncé, diminue sans arrêt dans le monde, c'est pourquoi celui-ci s'approche d'une mort thermique. Autrement dit : les degrés d'ordre possible dans l'univers diminuent sans arrêt. Ce processus est seulement réversible s'il se réfère à des systèmes partiels, mais par rapport au tout il est irréversible. C'est pourquoi il instaure dans la réalité physique l'unidirectionnalité (Eddington) du cours du temps. Bientôt cette conception fut contredite, quand on précisa que le principe d'entropie ne peut être appliqué qu'à un système fini (Bavink), et que l'on ne sait pas encore si l'univers doit être considéré comme fini ou infini.

Mais les contre-arguments n'ont pas réfuté le principe d'entropie. Ce serait grave, de fait, s'ils le faisaient. Car si nous renoncions à l'unidirectionnalité du cours du temps dans le monde physique, on ne comprendrait absolument pas comment nous pourrions distinguer, dans notre conscience, le souvenir de la perception du présent. Plus encore : *fondamentalement* on ne comprendrait pas (non pas que pratiquement nous le comprenions déjà aujourd'hui) comment la conscience en général pourrait se former et se distinguer du monde. Toutefois les objections contre l'idée d'une mort thermique inévitable du monde montrent que l'on avait l'intuition nette que le deuxième principe de la thermodynamique ne possède qu'une validité restreinte – mais que cette restriction n'est pas définissable pour le moment.

---

[26] Cf. C.F. Weizsäcker, *Die Geschichte der Natur* (*L'histoire de la nature*), Göttingen, 1948.

La notion de temps, que nous appelons histoire naturelle, est orientée selon le principe d'une perte irréversible de l'ordre. "Mort thermique" signifie que l'aspect "naturel" du monde, qui est dans un état de probabilité peu élevée, se transforme dans un état de probabilité plus haute. À cette notion de temps la cybernétique en oppose une autre, qui se fonde sur l'idée que le traitement de l'information qui a lieu dans le monde signifie, sous certaines conditions, une augmentation de *l'ordre*. Alors l'ordre, considéré sous un aspect logique, peut à chaque instant être identifié à une structure de réflexion. Plus complexe est la structure de réflexion dans un monde, plus haut est le type d'ordre qu'elle représente. Ainsi on ne peut guère douter que notre système galactique, par exemple, depuis qu'il s'est formé à partir d'un nuage de gaz ou d'un état semblable, a gagné énormément en structure de réflexion, donc en ordre, et que les sub-systèmes (comme par exemple l'homme) formés en lui et organisant eux-mêmes leur environnement créent des formes structurales de réflexion toujours plus hautes. Car c'est une propriété commune à tous les systèmes de réflexion – dans la mesure où ils produisent généralement de nouvelles structures de réflexion – d'acquérir inévitablement un degré plus haut de complexité que le système qui les a produits.

Appréhendée d'un point de vue mathématique, la réflexion est une analyse combinatoire d'un niveau très élevé ; nous voulons maintenant donner un exemple qui éclairera la différence énorme qui existe entre ce qui est simple et ce simple qui, sous le point de vue combinatoire, est capable de réfléchir. Cet exemple est tiré d'une conférence du cybernéticien W. Ross Ashby (donnée au congrès de bionique à Dayton, Ohio, en mars 1963). Supposons que nous possédions un tableau sur lequel une quantité d'ampoules électriques est ordonnée en carré. Chaque côté doit contenir vingt de ces ampoules. La quantité totale des ampoules est donc de 400. Supposons maintenant que chaque ampoule puisse s'allumer seule ou dans une combinaison quelconque avec une quantité quelconque d'autres. Combien d'images d'illuminations ce carré peut-il produire ? La réponse est 2^{400} donc environ 10^{120} images. Maintenant, supposons que notre tableau soit confronté à une machine qui a la tâche d'identifier des sous-ensembles d'images d'illumination de ce nombre total de 10^{120}. Cette tâche représente une réflexion sur les propriétés combinatoires du tableau des ampoules. L'identification d'un sous-ensemble exige donc que celui-ci soit choisi parmi les $2^{10^{120}}$ autres possibles. Le nombre $2^{10^{120}}$ représente la quantité des possibilités de réflexion que doit posséder notre machine.

Ross Ashby remarque à ce propos : qu'est-ce que ce nombre : $2^{10^{120}}$? Celui qui l'appellerait "astronomique" prouverait qu'il possède un sens des proportions très peu développé, car les plus grands nombres astronomiques ne surpassent pas 10^{100}. Il ne s'est écoulé, depuis que la terre est devenue un corps solide, qu'environ 10^{23} micro-secondes, et la somme totale des atomes dans l'univers s'élève environ à 10^{73}. Notre nombre des possibles sous-ensembles, environ $2^{10^{120}}$, peut être écrit 1 avec une suite de 10^{120} zéros. Si nous essayons de noter ce nombre de manière que sur chaque atome de l'univers soit placé un zéro, notre univers sera très loin d'être assez grand pour remplir cette tâche. Laissons Ashby. Dans le cas de nos ampoules nous n'avons affaire qu'à 400 exemplaires. Il est vrai que la capacité de réflexion de notre conscience est elle aussi "restreinte" à une quantité finie d'actes d'identification, mais au lieu de nos 400 sources de lumière, le véhicule de réflexion est maintenant représenté par les 10 milliards environ de neurones de notre cerveau. Si, dans les considérations d'Ashby, on insère à la place des 400 ampoules électriques la quantité des neurones du cerveau humain, il résulte un nombre à côté duquel $10^{10^{120}}$ se réduit à une vétille microscopique.

Sous un point de vue mathématique ces considérations sont banales. Mais elles ne le sont plus si on les aborde sous l'aspect des relations de forme et de contenu dans la théorie des systèmes réfléchissant eux-mêmes-et-l'autre, et si on les interprète comme enrichissement de la structure de réflexion dans des systèmes de valeur plus élevés. On s'aperçoit alors qu'un système (dans le cas cité plus haut des 400 ampoules électriques) possède des degrés de complexité incomparablement plus élevés, si on le considère comme un système de réflexion et non plus comme une simple existence physique. En tant qu'existence physique, il dispose seulement des 400 ampoules mentionnées et des cercles correspondants de courant électrique avec leurs branchements appropriés. Considérer la réalité en tant que réflexion permet de découvrir dans la physique une dimension de réalité plus profonde, comme cela s'est passé lors du passage des observations macroscopiques aux observations microscopiques. De son côté cet enrichissement provoque de nouveau un système de réflexion plus élevé, et ainsi de suite à l'infini. Sous un point de vue logique, ce développement se produit à travers une trinité de systèmes qui sont[27] ou

a) sous-balancés
b) balancés
c) sur-balancés.

Un système est nommé "sous-balancé" quand il possède, sur la base de la logique des propositions, plus de variables que de valeurs ; c'est-à-dire quand le nombre de propriétés que possède le monde dépasse notre capacité de les justifier logiquement avec des valeurs. Un système sera considéré comme "balancé" si le nombre des valeurs et des variables est identique. Et finalement "sur-balancé" signifie que nous disposons plus de valeurs logiques que de variables. Ce dernier cas – dirons-nous – décrit une situation de conscience dans laquelle la richesse de réflexion de la subjectivité ne peut plus être reçue par le monde objectif qui est à sa disposition. Il s'ensuit alors l'obligation de changer le monde, de telle manière que le sujet puisse de nouveau se sentir chez lui.

Maintenant, selon que la conscience humaine s'oriente d'après un système balancé, sous-balancé ou sur-balancé, elle adopte en principe une autre relation métaphysique à l'égard du monde. Si la réflexion se voit prisonnière d'un système sous-balancé, dans lequel ses catégories logiques ne suffisent pas à décrire la richesse de la réalité, le monde alors lui impose – si elle ne veut pas tomber dans une désorientation complète – la tâche de développer et d'enrichir ses capacités de réflexion insuffisantes, jusqu'à ce que sa pensée soit à la hauteur de la richesse du monde qui l'entoure. Cela se passe dans les époques de développement intérieur de la conscience. Le comportement de l'homme technicien y reste relativement constant. Ou, autrement dit : la volonté obéissante suit la pensée. On a peu de raison de changer le monde parce que, de toute façon, celui qui est là doit tout d'abord être connu et rendu familier. Dans une telle époque la puissance de réflexion intérieure croît sans cesse, jusqu'à ce que l'état de la conscience humaine ait atteint un niveau où elle est capable de prélever ses catégories logiques de compréhension dans un système

[27] Cf. Appendice 3 pour un tableau schématique de ces systèmes.

balancé. Mais il semble qu'un certain moment d'inertie, que déjà Hegel a observé, est inhérent à la réflexion. C'est-à-dire que le mouvement de la conscience qui a mené d'un système sous-balancé à un système balancé ne s'arrête pas, même après avoir atteint son but. Comme il n'a plus de but et que les conditions restrictives qui lui ont imposé d'atteindre ce but sont maintenant tombées, il continue de se démener dans le vide. Il produit un surplus de fantaisie incroyable, comme on peut le voir aujourd'hui, par exemple, dans la littérature de science-fiction américaine. Ce qui est remarquable dans un tel phénomène, c'est non seulement la richesse d'imagination débordante mais aussi la libération de la volonté des chaînes de réflexion de la conscience contemplative. Aussi longtemps que la réflexion s'efforçait, dans un système sous-balancé, de rattraper dans la pensée l'avance du monde, il ne restait à la volonté, comme nous l'avons déjà indiqué, rien d'autre que de suivre, obéissante. Mais un état de conscience tout à fait différent est atteint, dès que la réflexion passe au-dessus de la ligne de démarcation du système balancé et entre dans le domaine où les catégories des expériences vécues prennent un caractère sur-balancé. Comme le nouvel enrichissement de la réflexivité de la conscience n'est plus lié, dans cette dimension, à une objectivité pré-donnée, la volonté se voit libérée. Elle ne doit plus se soumettre à une subjectivité qui se complaît dans des rêveries irresponsables.

Aujourd'hui la volonté est en révolte contre la spiritualité contemplative du passé. À l'imagination créatrice, qu'elle a suivie volontairement jusqu'à présent, elle emprunte son bouillon de culture et la condamne à une mort lente. Le sort de la littérature de science fiction américaine en est un exemple intéressant. Ce mouvement a atteint son apogée entre 1940 et 1950. Aujourd'hui elle est en train de disparaître ou de développer une nouvelle forme, en s'adaptant au nouveau climat du temps qui change, forme dans laquelle l'élément fantaisie ne joue qu'un rôle tout à fait subordonné. La raison en est très simple : il y a quelques décennies les fusées, les bombes atomiques, les voyages astronautiques et les robots étaient des spéculations fantastiques. Aujourd'hui ce sont des problèmes techniques réalistes, qui montrent que la volonté agissante qui réalise ces choses prend d'autres chemins techniques que ceux anticipés par l'imagination. Cette dernière est désavouée, et ce qu'elle produit encore comme spéculation cosmique devient de plus en plus inintéressant, parce que la physique théorique est sur le point de devancer toutes les spéculations passées. Qu'il nous soit permis d'indiquer un exemple fascinant : les robots d'Asimov étaient encore des objets faits d'acier et d'autres matières inorganiques ; aujourd'hui la possibilité de produire des cellules et des organismes vivants artificiels est débattue si sérieusement qu'il est probable que le robot futur – si l'on estime encore nécessaire de telles constructions dans un ordre social à venir – existera en chair et en os comme nous. Mais il est beaucoup plus probable qu'une imagination non guidée par la volonté s'égare ici complètement.

La possibilité d'une reproduction artificielle de la vie en laboratoire ouvre, pour la théorie des robots, des perspectives plus intéressantes et passionnantes si nous la mettons en relation avec la théorie hégélienne de l'esprit objectif. Cette théorie est le parallèle philosophique de la théorie cybernétique des systèmes réfléchissant et organisant leur environnement et eux-mêmes. L'homme réduit à l'état d'animal n'a pas d'autre environnement que l'empire de la "liberté qui a été" (*gewesenen Freiheit*), la nature. Mais aussitôt qu'il s'élève au-dessus du niveau de l'être animal simple, il commence – expression de son essence propre – à ajouter à la nature ce que la nature ne peut pas achever d'elle-même. Ainsi l'homme du temps d'Altamira orne de dessins les murs de sa grotte. La grotte est une partie de l'état naturel de la terre et, en tant que telle, résulte d'un processus déterminé de la nature sous des conditions naturelles. Mais les dessins sont ce que la nature ne peut produire uniquement à partir de ses processus physico-chimiques. Ils sont le résultat de la spontanéité de l'âme humaine ; en eux s'exprime l'intellectualité de l'homme et, parce que cette expression se manifeste dans le matériau objectif des murs des grottes, ces dessins font partie de l'esprit objectif. À une époque plus tardive de son développement, l'homme habite dans des maisons. Une maison est encore quelque chose que la nature ne produit pas d'elle-même. Dans sa construction, son aménagement intérieur et (peut-être) dans le jardin qui l'entoure, l'homme se crée une "deuxième" nature en façonnant d'après ses idées les substances naturelles qui l'entourent : pierres, bois, métal, etc. et en transformant leurs propriétés données. La propriété immobilière de l'homme est ici encore une part de l'esprit objectif.

Au cours du développement ultérieur, l'homme crée et agrandit l'espace d'existence artificiel dans lequel il se déplace. Le petit jardin devient le paysage de parc anglais, le groupe de maisons villageoises devient la ville et finalement la grande métropole moderne, avec son énorme différenciation de formes réalisées par l'esprit objectif : musées et prisons, théâtres et casernes, cathédrales et maisons de prostitution. Les rues asphaltées sur lesquelles marche l'homme, les alignements de rues que son oeil embrasse, les bruits qu'il entend, les odeurs d'essence et d'autres choses qui agressent son nez, tout cela n'est plus naturel, tout cela fait partie d'un monde artificiel que l'homme a créé autour de lui comme expression de son être propre. Ils sont des formes de l'esprit objectif.

Ce processus de transformation de la nature originelle en une deuxième nature artificielle s'empare d'espaces toujours plus larges. Celui qui a pu comparer le paysage d'Europe centrale et occidentale avec le paysage d'autres continents sait à quel point tout le paysage européen est transformé par l'homme qui l'habite, et refaçonné dans le sens de sa spiritualité. Plus particulièrement l'européen du centre, qui a l'habitude de vivre dans une culture de forêt régulière, ne sait plus du tout ce qu'est une forêt naturelle ; et s'il entre dans une telle forêt sur un continent étranger, il sera, à ce moment-là, sourd à tous les appels rousseauistes du : "retour à la nature !"

La théorie hégélienne de l'esprit objectif généralise toutes ces données et signifie que l'histoire humaine représente un processus de libération de l'âme, au cours duquel l'homme se soustrait aux formes de vie et aux lois que lui prescrit la nature. En s'entourant d'une "deuxième" nature (culture) qu'il crée lui-même et qui est l'expression de son être propre, il rencontre dans ce nouveau monde un nombre toujours croissant de lois, qui sont l'expression des nécessités psychiques intérieures de l'existence de son propre esprit. Et dans la mesure même où le nombre de ces lois augmente, le nombre des lois naturelles, aux dictées hétéronomes desquelles il est soumis, diminue. Mais être libre ne signifie pas autre chose qu'avoir la possibilité de suivre les lois nécessaires de sa propre nature intérieure. Mais quelles lois sont nécessaires et ainsi généralement obligatoires ? Seul l'esprit subjectif de l'homme qui reste enfermé en lui, qui n'a pas la force de sortir de l'homme en tant que qualité créatrice ni de transformer l'empire de la nature en un empire clément, n'est que caprice et arbitraire de l'individu, et de ce fait il n'oblige personne, pas même celui qui le porte. Être capable de se transformer en esprit objectif – c'est-à-dire de s'exprimer en transformant la nature d'après l'image de l'homme – constitue la pierre de touche du véritable esprit substantiel qui vit en l'homme. Ce processus de transformation de la nature, au cours duquel l'esprit humain s'empare de celle-ci uniquement comme d'une matière première et produit à partir d'elle une nouvelle réalité déterminée spirituellement (esprit objectif), n'a, en principe, pas de frontière. Il commence avec les peintures rupestres des hommes primitifs (ou plus tôt encore !) et passe de la construction des maisons et des villes à la planification des continents entiers. Mais cela aussi n'est qu'un commencement.

La notion d'environnement humain, qui comporte aussi bien le monde naturel que l'espace vital historique civilisateur, peut être encore plus agrandi. Ces environnements sont des environnements relatifs au corps de l'homme. Mais l'homme ne possède pas seulement un environnement en tant que corps, il possède aussi un environnement en tant que subjectivité et intériorité introscendante. Par rapport à cette intériorité le corps compte comme environnement. Les religions du monde l'ont toujours su quand elles soulignaient que l'homme n'est pas son corps. Son âme habite dans le corps comme dans une habitation que l'on peut quitter – ou que l'on doit quitter. On ne comprend pas pourquoi le corps, en tant qu'environnement, ne doit pas être soumis aux mêmes lois de transformation auxquelles est exposé le reste de la nature. Rien n'indique que la transformation de l'environnement naturel, entreprise par l'homme au cours de son histoire, doive s'arrêter devant son propre corps. La phrase du 15e chapitre de la première lettre aux corinthiens : "S'il y a un corps naturel, il y a aussi un corps spirituel", ne doit pas nécessairement être prise dans un sens métaphysico-religieux. Le corps naturel de l'homme est de moins en moins à la hauteur des conditions physiques de l'environnement dans lequel il entre aujourd'hui. Son corps ne résiste pas bien aux accélérations d'angle auxquelles il peut être exposé dans un avion à réaction moderne, il n'est pas non plus immunisé contre les effets mortels de la radiation cosmique qu'il rencontre s'il quitte l'atmosphère terrestre. En fait, une branche de la science est aujourd'hui en train de naître, dans laquelle l'activité technique commence d'attirer dans son domaine le corps propre de l'homme. Elle porte le nom révélateur de "bio-technologie".[28] Sur les dernières pages

[28] Lawrence J. Fogel, *Biotechnology* (Prentice-Hall, 1963, p. 801.

du gros volume qui porte ce titre, l'auteur remarque : "In the future man will enter new and more severe environments than ever before. Under even more severe difficulties imposed by nature, he will attempt to perform missions which in the past were considered to be Science Fiction." La reconstruction du corps humain devient, dans ces conditions, une nécessité inéluctable. Et ici la technique et la métaphysique se rejoignent. L'expérience personnelle de l'identité est procurée à l'homme par son corps. Son corps est le domaine physique où l'intimité de son intériorité débat avec le côté public de son existence. Car il n'est pas seulement une identité intérieure à l'égard de lui-même mais aussi une identité physique extérieure vis-à-vis du Tu. Si l'homme fait donc entrer son propre corps dans le domaine de ce qu'il change artificiellement et le façonne d'une manière nouvelle, cela doit avoir des conséquences profondes sur la conscience de son identité. Il est inévitable que la technique provoque ici une révolution de l'esprit, dont les dimensions ne sont pas encore mesurables aujourd'hui. On peut seulement en découvrir les débuts timides dans les nouveaux modes de penser de la cybernétique, qui nous semblent aujourd'hui encore si révolutionnaires. Il est encore impossible de prévoir quelles connaissances l'homme acquerra sur lui-même s'il produit – selon l'idée que nous comprenons bien seulement ce que nous sommes capables de faire – une image cybernétique de lui-même. Ce qu'il sait de lui jusqu'ici, il a tâché péniblement de le lire dans la contingence mystérieuse du monde qui lui renvoyait une image de lui-même méconnue. Or, l'homme ne rencontre dans l'univers qu'un reflet de son être naturel. Ce qu'il ne rencontre pas dans cette image, c'est son moi en tant qu'activité créatrice, intériorité sortie de lui et devenue objective, capable de l'aborder et de lui répondre. Pour voir plus que son être naturel, pour voir le visage de son esprit, il doit d'abord se reproduire par sa propre action. "Aujourd'hui nous voyons comme dans un miroir, confusément : mais alors, nous verrons face à face ! Aujourd'hui, je connais imparfaitement : mais alors, je connaîtrai comme j'ai été connu !" (1. Co, 13, 12)

"Dans l'avenir l'homme entrera dans des environnements nouveaux qui seront plus pénibles que jamais. Sous des conditions encore plus sévères que celles imposées par la nature, il essaiera d'accomplir des missions qui étaient considérées dans le passé comme de la science fiction."

Appendice I

Homoncule et robot

Ce n'est pas un hasard si la notion d'homoncule, d'homme doué de conscience, issu d'une éprouvette, appartient aussi aux idées utopiques qui agissent dans l'arrière plan de la culture occidentale. Mais il existe une différence très subtile entre l'idée d'homoncule et celle d'un "*mechanical brain*", une différence qui présuppose, en ce qui concerne celui-ci, un *a priori* culturel totalement nouveau et implique une tradition scientifique transclassique.

Dans l'idée d'homoncule, le processus qui a conduit à la naissance de l'homme et de la conscience rationnelle est reproduit le plus exactement possible. On commence avec des substances anorganiques, on les "distille" dans une forme organique inférieure et l'on progresse, grâce à des réactions "chimiques" supplémentaires, vers des formes organiques plus élevées, jusqu'à ce que l'on arrive enfin, au bout de ce long chemin, à la forme humaine et que le reste de la "puissance" chimique de la matière se transforme en conscience. Autrement dit, le principe "technique" auquel est soumise la fabrication de l'homoncule est la récapitulation de l'histoire du monde et de l'homme. Ce que l'éprouvette doit livrer, c'est une abréviation complète et en détail de l'histoire de l'univers et de l'homme. L'abréviation se réalise du fait que le temps et l'espace sont, dans la pratique, autant que possible éliminés de tout ce processus. Mais on ne peut pas supprimer complètement ces deux grandeurs, parce que l'éprouvette dans laquelle s'accomplit l'abréviation prend finalement encore une place dans l'espace, aussi petite soit-elle, et c'est pourquoi tout le processus doit aussi avoir une durée proportionnelle. Mais c'est l'espace et le temps seuls qui peuvent être éliminés ou plutôt réduits. Or, si les étapes matérielles qui ont conduit au développement de l'homme ne sont pas totalement reproduites, en incluant le moindre détail du développement, l'expérience ne réussit pas : ou l'homoncule ne se réalise pas du tout, ou il reste mort. L'idée d'homoncule est utopique, parce qu'elle ne peut jamais répéter l'histoire du monde d'une manière accélérée sans omettre quelque chose d'essentiel. Avant tout, on ne peut pas commencer au "début" existentiel, parce que ce dernier est de nature métaphysique et non physique. On commence donc l'abréviation à partir du deuxième pas, ce qui fait qu'elle est, dès le commencement, condamnée à l'échec.

Le problème du "*mechanical brain*" se fonde sur des principes très opposés. Il rejette tout le schéma métaphysique sur lequel repose l'idée d'homoncule. L'idée de l'éprouvette présuppose que vie et conscience sont des résultats *historiques* de l'*être*. C'est-à-dire que les catégories physiques sont primaires, les psychiques secondaires et que les catégories de signification n'arrivent qu'à la dernière place, la place ontologiquement la plus faible. Si nous voulons caractériser de plus près cette conception dans la terminologie des théories cybernétiques, nous pouvons dire que, d'après la tradition scientifique classique, la matière pure dans son état originel ne contient pas d'"information". L'état primordial matériel est prétendument le chaos, et ce dernier ne présente pas en lui de rapport de signification. Mais c'est justement à ce rapport que pense le cybernéticien, quand il parle de l'"information" qui est contenue dans un certain état d'existence. Or l'"information" est la forme constatable ou existentielle de l'esprit. Quand le technicien classique part donc du chaos, il pense qu'ontologiquement on ne peut commencer toute construction qu'avec le système des catégories physiques, et que c'est le devoir scientifique du constructeur ou du "chimiste" de déduire chimiquement, *a posteriori*, les catégories plus faibles du psychique et du logique des conditions de base physiques de l'existence, et cela aussi bien théoriquement que pratiquement.

Mais s'imaginer que l'état du monde à son commencement est chaotique est un présupposé absolument dogmatique et injustifiable. Et surtout il est faux de penser le chaos en tant qu'état *physique*. La notion de "chaos" n'est pas du tout une notion physique mais métaphysique. Elle joue dans la tradition spirituelle, et spécialement dans la tradition scientifique de l'Occident, un rôle si important uniquement parce que la métaphysique classique (l'ontologie) est par principe moniste et n'admet qu'"un" fondement logico-métaphysique du monde, l'être de l'étant (τὸ ὄντως ὄν ou ουσία de Platon). Dans ce cas, l'état de commencement comme manifestation de l'Un (ἕν) ne peut pas contenir de l'"information" en tant que *Deuxième* du même rang primordial. Si le degré d'ordre d'un état du monde est en même temps la norme pour la quantité d'"information" qui est contenue en lui, dans chaque image classique du monde la réalité ne peut commencer qu'en tant que chaos, c'est-à-dire en tant que désordre absolu. Le monde comme création qui sort de la volonté de Dieu est seulement une autre expression de la théorie énonçant que toute "information" existait au commencement du monde, hors du monde et exclusivement dans la conscience de Dieu. Tous les rapports de signification transcendent la réalité, ils sont l'esprit divin pur ; et c'est la tâche de l'histoire de les faire entrer peu à peu dans la réalité et de leur donner, après coup, la même réalité que celle qui est attribuée à la matière dès le commencement du monde.

En revanche, la problématique cybernétique se détourne radicalement de cette ancienne tradition classique, et constate qu'il n'y a aucun état d'existence physique qui, dès le début, ne contienne pas toute l'"information" implicite qui peut être expérimentée et explicitée. De même que la quantité totale de matière ou d'énergie dans le monde ne peut ni augmenter ni diminuer, de même l'information totale que la réalité contient ne peut ni s'agrandir ni s'amoindrir. Et si par exemple, dans la nouvelle image du monde, on garde la conception du chaos, cette notion peut seulement indiquer un état du monde dans lequel l'"information", qui y est toujours présente, n'est pas "lisible". Le choix du terme "information" pour exprimer les rapports de signification d'un système n'est pas dû au hasard mais il est dicté, dans les "*cybernetics*", par la compréhension que de tels rapports doivent par principe être lisibles, de la même manière que l'on peut "lire" la conscience sur un visage vivant.

La différence principale entre le technicien "classique" et non-classique consiste donc dans le fait que le premier travaille avec *une* "substance de base" et l'autre avec *deux*, parce qu'il ne croit pas comme son prédécesseur historique que la seconde, l'"information", puisse dériver de la première. En langage métaphysique cela s'énonce ainsi : l'ingénieur non-classique ne croit plus que l'on puisse dépasser, par principe, le niveau actuel de construction technique, tant que l'on est convaincu que l'être de l'étant platonicien est le seul substrat du "matériau de construction" qui est à notre disposition. Si l'on s'arrête à cette croyance des hautes cultures régionales, on peut alors tirer de la réalité objective uniquement ce qu'elle propose *immédiatement* et ce qu'une *analyse* des conditions d'existence physique met à jour. Mais c'est beaucoup trop peu pour les rêves techniques devenus exigeants de l'hémisphère ouest. La technique classique, parce qu'elle se fonde sur des méthodes expérimentales purement analytiques, ne peut travailler qu'avec les conditions *données* depuis le début du monde, les conditions sous lesquelles la réalité objective est possible. Ce qu'elle ne peut pas, c'est créer d'elle-même à partir du "néant" de nouvelles conditions et possibilités d'existence "physique" *non* données dans l'état contingent du monde.

Pour les penseurs de la tradition spirituelle du vieux monde, les possibilités de l'étant, c'est-à-dire les façons sous lesquelles l'existence empirique peut se réaliser, sont prescrites immuablement depuis l'éternité par l'*idée de l'être* de l'étant. Rien ne peut leur être ajouté et rien ne peut jamais leur être enlevé. L'idée de l'être-en-général est le cadre primordial invariable dans lequel chaque événement et chaque action doivent s'emboîter sans contestation. C'est le commandement de Dieu, dont l'exécution inconditionnelle est assurée par le fait que cette idée classique de l'être absolu est la seule et unique qui dicte sans concurrence les conditions sous lesquelles l'étant se forme. Selon la croyance de la métaphysique des hautes cultures qui présente une orientation binaire, il n'existe aucun danger que ces conditions "absolues" de réalité puissent jamais se changer, parce que justement il n'existe pas une deuxième composante primordiale et absolue *à côté* de l'être de l'étant, une composante qui pourrait influencer la course de la première et la dévier de son chemin d'origine.

Les conditions sous lesquelles l'étant se produit sont de toute éternité invariables dans le monde physique, parce qu'elles sont elles-mêmes métaphysiques. Même le logos qui veut s'incarner doit s'y soumettre. C'est pourquoi l'on dit que le logos s'est abaissé dans ce monde. Cet "abaissement" exprime symboliquement le rang existentiel plus fondamental de l'être vis-à-vis du "simple" sens. Mais la rigidité d'airain des conditions de possibilité objective de l'existence est aussi la raison qui fait dire à bon droit aux gens pieux que "le monde" est condamné à la damnation éternelle, et que la grâce insondable seule, et non le mérite propre, peut sauver l'âme de l'homme de l'empire du *Dasein* mort. L'étant en tant qu'étant est maudit, parce qu'il est condamné à une forme éternellement identique. C'est pourquoi Carl Spitteler dit à ses Moires :

> "Aucun médecin n'aide la terre, son infirmité est trop grande"
> (*Printemps olympique, II,1.*)

D'après la croyance classique, le réel empirique n'est pas capable d'une métamorphose métaphysique (d'une rédemption), parce qu'une telle transformation transcendantale signifierait qu'il devrait sortir du cadre de l'être-en-général. Comment de l'étant pourrait-il être de l'étant, sinon en tant que représentation de l'être-en-général !

L'idée d'homuncule présuppose cette notion classique de l'être. Le processus "chymique", par lequel ce lutin inquiétant peut être créé dans une éprouvette, doit être confié à la nature elle-même, justement parce qu'elle représente la seule forme de réalité et qu'ainsi elle ne peut jamais que se répéter *elle-même*. L'homme assiste et ne fait que regarder comment elle reproduit sa forme et sa fonction dans des dimensions réduites, dans l'espace délimité du processus "chimique" de l'éprouvette. Sa contribution existe uniquement dans le fait qu'il livre les formules alchimiques qui doivent mettre en marche le processus de réduplication. Mais à partir du moment où le processus commence vraiment, sa collaboration est définitivement exclue. Ce sont des lois ontologiques transcendantes, *incompréhensibles pour lui*, qui doivent réaliser le processus.

Pour cette raison, même s'il était possible de produire un homuncule de cette manière, ce produit n'apprendrait rien à l'homme sur l'essence de la vie, de la réflexion et de la conscience. Car il n'aurait justement pas participé à leur réalisation. Il ne lui aurait pas été permis de donner quelque chose de lui-même à ce processus "chymique" pour reconnaître sa contribution dans le produit achevé. La situation est inévitable sur le terrain de la technique classique. Celle-ci travaille, comme nous devons le répéter infatigablement, avec des catégories binaires. Cela a pour effet que l'*homo faber* se tient d'un côté et la matière avec ses propres lois de l'autre. Et il ne peut que laisser agir passivement ces lois dans cette matière.

Il en va tout autrement avec le technicien transclassique qui travaille avec une logique trivalente. À la place de la dichotomie originaire il existe maintenant une "trichotomie", dans laquelle la pensée tournée vers la technique possède deux dimensions matérielles : premièrement la matière originaire (irréflexive) classique, et deuxièmement la matière de cette deuxième composante de réalité que nous avons appris à connaître sous le nom d'"information". De cette façon il possède aussi un deuxième système de lois, avec lesquelles il peut travailler dans ses projets techniques. L'essentiel de la technique transclassique consiste alors dans le fait que l'on *module* le mode de fonctionnement des lois classiques en se servant des lois transclassiques contre elles.

Alors que l'alchimiste, voulant s'imiter soi-même dans l'homoncule, devait laisser les lois "magiques" de la *natura naturans* suivre leur cours et ne pouvait que passivement attendre le résultat, le technicien cybernétique se trouve dans une toute autre situation. Pour lui la création d'un cerveau de robot consiste dans la modulation progressive des lois classiques irréflexives de l'être par les lois de réflexion transclassiques de son propre Je, qui sont superposées aux premières comme sur-détermination. La "conscience" mécanique qui se réalise ainsi est donc un résultat immédiat du *travail* de l'homme – ce que l'homoncule n'est pas. Dans l'éprouvette la nature joue avec elle-même. Mais dans la création du cerveau électronique l'homme donne sa propre réflexion à l'objet, et il apprend dans ce jeu avec lui-même à comprendre sa fonction dans le monde.

Appendice II

Remarques au sujet de l'interprétation du tableau (VII)

Au regard des considérations de notre texte sur les relations mutuelles de "Je", "Tu" et pensée, on est tenté de supposer que "Je" doive être identifié au système "ID", car "Tu" est toujours l'objet de la réflexion. Il est posé à côté du "Ça", à l'*intérieur* du domaine de la "pensée totale" qui est toujours ipséiste (*ichhaft*). Il semblerait donc plus conséquent de présumer que "Tu" doive être représenté par "RD", car sans aucun doute "RD" n'est qu'une section du domaine total de la réflexion – "Ça" et "Tu" sont en fait les deux dimensions d'objet de la double réflexion-en-soi qui se constitue dans le Je pensant.

Ces considérations restent valables. Mais on commet une erreur sémantique si on les transpose directement sur le tableau (VII). Le tableau en question doit en effet représenter un exemple d'une réflexion totale. Mais on doit se rappeler que notre pensée *subjectivement* vécue et comprise est représentée d'une façon syntaxico-*objective* dans (VII). Cela, à vrai dire, se comprend de soi-même. Nos moyens de représentation, le papier et les symboles imprimés dessus ainsi que l'organisation spatiale des signes, sont des données objectives du monde extérieur. Ils n'appartiennent pas à notre intériorité. Mais la réflexion totale, qui s'oppose toujours à nous en tant que relation objective, est celle du "Tu". Le tableau représente donc la relation de réflexion telle qu'elle nous apparaît dans un deuxième Je et *non* comme nous la vivons en nous-même. (Voir à ce sujet : Gotthard Günther, *Die philosophische Idee einer nicht-aritotelischen Logik*; Proceedings of the XIth International Congress of Philosophy, Bruxelles; North Holland Publ., Amsterdam, 1953, vol. V., p. 44-50. Et aussi: *The Logical Parallax*; Astounding Science-Fiction, cahier octobre 1952.) Cette différence entre la réflexion *vécue* par soi-même et celle *représentée* dans un système objectif n'existe pas sur le terrain de la logique classique, parce que celle-ci n'a pas à se soucier de la différence entre "Je" et "Tu" dans le processus de la pensée ; en effet, s'oubliant elle-même, elle est orientée vers l'objet irréflexif.

Malgré tout, dans le tableau (VII) apparaît aussi la hiérarchie réflexive du "Je" sur le "Tu" ! Mais cela n'a pas lieu à travers les valeurs de position que les systèmes binaires isolés possèdent les uns par rapport aux autres, mais à travers le chiffre de réflexion qui appartient au système-Je. Cela signifie que nous accordons à chacune des trois valeurs un chiffre, en commençant par zéro :

I = O
R = I
D = 2

ainsi le système-"IR" a le chiffre de réflexion "1". Le système-"ID" global a le chiffre "2" et le système-"Je" de "RD" possède le chiffre de réflexion le plus haut "3". Cela veut dire que seul le système-"Je" représente de la réflexion pure. Les deux autres systèmes contiennent un moment irréflexif. C'est pourquoi leur contenu de réflexion, indiqué par le chiffre de réflexion, est toujours plus bas.

Appendice III

Remarques au sujet de l'interprétation du tableau (VIII)

Le nombre respectif des valeurs sera indiqué par m et celui des variables par n ; m et n peuvent croître à volonté. Le cas minimal possible est m égal à 1 et n égal à 1. Le tableau a donc la forme suivante :

(VIII)

n\m	1	2	3	4	5	....
1	$\boxed{\frac{1}{1}}$	$\frac{2}{1}$	$\frac{3}{1}$	$\frac{4}{1}$	$\frac{5}{1}$	....
2	$\frac{1}{2}$	$\boxed{\frac{2}{2}}$	$\frac{3}{2}$	$\frac{4}{2}$	$\frac{5}{2}$	....
3	$\frac{1}{3}$	$\frac{2}{3}$	$\boxed{\frac{3}{3}}$	$\frac{4}{3}$	$\frac{5}{3}$	....
4	$\frac{1}{4}$	$\frac{2}{4}$	$\frac{3}{4}$	$\boxed{\frac{4}{4}}$	$\frac{5}{4}$	....
5	$\frac{1}{5}$	$\frac{2}{5}$	$\frac{3}{5}$	$\frac{4}{5}$	$\boxed{\frac{5}{5}}$	....
	....	....	....	....	....	....

Horizontalement le tableau VIII montre la croissance de l'ensemble des valeurs et verticalement celle des variables. Le chiffre au-dessus du trait horizontal, dans le petit carré, indique donc toujours une valeur et celui au- dessous une variable. Le tableau n'est écrit, faute d'espace, que jusqu'à la cinquième valeur et la cinquième variable ; mais il nous faut encore expressément souligner que le chiffre des valeurs et des variables peut croître d'une façon illimitée, il faut donc s'imaginer que le carré peut s'agrandir sans fin. Chacun des petits carrés représente un sous-système d'une logique non-aristotélicienne commençant avec :

$$\boxed{\frac{1}{1}}$$

Comme nous le voyons, les carrés dans lesquels le nombre des valeurs est égal à celui des variables forment une suite en diagonale. Ils sont soulignés dans le schéma par un redoublement de leur limite. Le champ au-dessus de cette diagonale représente les systèmes sur-balancés et celui au-dessous les systèmes sous-balancés. Ils sont séparés les uns des autres par la ligne d'intersection des systèmes balancés. Le processus de réflexion, qui ne peut se maintenir dans des structures balancées, passe toujours d'un côté à l'autre. De cette manière un surcroît unilatéral de valeurs ou de variables se produit, qui dérange l'état d'équilibre précaire des systèmes diagonaux, si bien que le processus de réflexion balance de nouveau de l'autre côté où a lieu, ensuite, le même événement. À travers ces états, la réflexion est menée toujours plus loin et s'élargit dans des systèmes toujours plus hautement réfléchis ; c'est-à-dire que notre tableau doit croître sans arrêt. Ici malheureusement nous ne pouvons pas entrer dans les détails du mécanisme formel compliqué de ce mouvement. Sa représentation nécessiterait une vaste étude.

Appendice IV

La "deuxième" machine.

Il se peut que le premier outil que l'homme ait utilisé fût une pierre jetée derrière un animal en fuite pour le tuer. Les capacités nécessaires pour se servir d'un tel moyen sont infimes. Même l'animal supérieur les possède. Un babouin prend une liane pour se balancer d'un arbre à l'autre. Un chimpanzé sait bien utiliser un bâton pour s'emparer d'une banane qui est hors de sa portée. Et dans la forêt, derrière le monument de Rhodes au Cap, les singes jettent des pierres sur les visiteurs qui s'approchent en voiture – exprimant avec fougue leur désapprobation de la technique automobile moderne.

Mais ni le bâton, ni la liane, ni la pierre ne sont des outils dans le sens humain. "Ce n'est pas l'utilisation d'un outil posé par hasard devant les yeux à des fins immédiates que nous tenons pour une action humaine, mais la production d'un outil en vue d'un but lointain."[1] L'accent est posé sur "production" et "lointain". L'animal ne fabrique pas son "outil" dans l'intention d'un usage lointain. Il prend simplement ce qui est présent, c'est-à-dire ce qui est devant lui. Mais le levier que l'homme pousse sous un bloc de pierre pour le faire rouler est quelque chose d'essentiellement différent. Ici, l'essentiel n'est plus le simple fait d'un bâton à portée de main, mais le fait qu'avec un placement intelligent du bâton sous la pierre on produit un bras de levier long et un bras de levier court, dont le rapport permet de transformer un grand déplacement avec un petit déploiement de force en un petit déplacement avec un grand déploiement de force. Le singe qui prend un bâton ou une liane ne fait qu'allonger artificiellement son bras – sa relation à l'environnement ne change pas le moins du monde – mais l'homme qui utilise un levier a, de la sorte, projeté une part de son intelligence ou de sa conscience dans l'environnement, où elle travaille pour lui dans la relation entre le bras de levier long et le bras de levier court.

[1] Arnold Gehlen, *Der Mensch*, Bonn, 1950, p. 68.

L'animal qui utilise une partie du monde extérieur comme outil ne fait qu'améliorer le domaine fonctionnel de son corps. La buse, qui utilise des courants d'air chauds ascendants pour monter rapidement en hauteur, et qui parvient ainsi à des performances de vol dont elle serait incapable autrement, ne projette pas, en le faisant, une part de ses intentions d'action ou de conscience dans le monde extérieur ni ne le *change*. Toute la vie qui peut librement se déplacer vise à l'augmentation de sa propre capacité d'existence et utilise, pour y arriver, l'environnement comme outil. Mais l'analogie entre l'animal et l'homme dans leur utilisation du monde objectif s'arrête là. Aucun animal ne se projette par un acte intellectuel au-delà du caractère fonctionnel de son propre corps ni n'établit un rapport objectif avec les choses. Pour l'existence animale la frontière entre monde intérieur (microcosme) et monde extérieur (macrocosme) reste inchangeable. Rien dans le *Dasein* de l'animal ne vise à transgresser cette frontière.

Dans le meilleur des cas nous pouvons parler d'une utilisation par l'organisme animal du monde extérieur comme outil. Mais aucun animal ne développera un outil indépendant, en tant que forme existentielle intermédiaire et autonome entre lui et l'environnement. Une telle création exige que le créateur donne quelque chose de lui et le fixe dans un milieu objectif. Le couteau d'obsidienne que le primitif détache d'un bloc est, en tant que matériau, un morceau de la nature, mais dans le coup qui le détache il reçoit une forme qui est définie par le but lointain de son utilisation. C'est-à-dire qu'il n'est plus une forme naturelle mais une forme artificielle qui correspond à un but conscient. Un tel couteau est, selon les termes de Hegel, un morceau d'esprit objectif : objectif en tant que morceau du monde extérieur, esprit du fait que la nature ne crée pas d'elle-même d'outils, que ceux-ci sont donc le fruit de la conscience humaine qui force consciemment la substance élémentaire à représenter son intention d'action. Ainsi quelque chose d'ambivalent entre dans l'idée de l'existence de l'outil. L'outil est à moitié nature, à moitié esprit. Il n'appartient ni tout à fait à un côté ni tout à fait à l'autre. Le résultat de l'ambivalence est une forme existentielle instable, qui a tendance à se détacher de ces deux côtés et à en former un troisième indépendant.

Ce processus de détachement se manifeste dans l'histoire de la technique, et celle-ci est déjà assez longue pour nous permettre d'y lire comment s'accomplit, d'une part le détachement de l'outil de la nature, d'autre part son détachement de l'homme. Le matériau originel que le primitif utilisait pour son levier était un bout de bois poussé naturellement. La pointe de la flèche était une esquille d'os. Les instruments modernes qui correspondent à des buts analogues sont en acier. Nos stylos-plumes sont en galalithe et, dans la fabrication des skis, des matières plastiques synthétiques commencent à supplanter le bois naturel. Celui qui en a le désir peut s'acheter aujourd'hui une paire de skis en fibre de verre. La nature laissée à elle-même ne crée ni acier, ni galalithe, ni fibre de verre. On observe bien, dans l'utilisation progressive de matières artificielles, plus adéquates que les substances naturelles au but visé par l'utilisation des outils, un détachement de l'outil du monde naturel.

Le même processus de détachement s'accomplit du côté subjectif. L'outil se rend indépendant envers son créateur. Le levier que le primitif mettait sous le bloc de rocher avait encore besoin du bras qui le poussait. La roue du moulin entraînée par l'eau du ruisseau du village est déjà indépendante de la force humaine qui l'a créée. Alors que le détachement de l'outil de la nature crée des substances artificielles, c'est-à-dire un tout nouveau genre d'existence physique, sur le plan subjectif, le devenir indépendant de l'outil mène à la machine. Un moulin à vent ou à eau n'est plus un outil mais une machine. Dans une certaine limite, une machine n'est rien d'autre qu'un outil devenu autonome.

Notre langage exprime très précisément le processus d'autonomisation qui s'accomplit au cours de ce développement : un outil est *manipulé*, une machine est *actionnée*. Cela reste au moins valable pour un type de machine ancien. Un type plus moderne, comme un servo-mécanisme, ne demande même plus de maniement mais seulement encore, de temps en temps, un entretien. Pour qu'un thermostat qui règle la température dans un appartement moderne fonctionne comme il faut, il n'est plus nécessaire de s'en occuper. Ce mécanisme dirige son mode de travail lui-même. Il possède déjà une spontanéité indépendante de l'homme.

Le développement technique va donc de l'outil non-automatique ou du mécanisme élémentaire (un tour de potier et un rouet...) à la machine semi-automatique, et de là au groupement d'opérations mécaniques entièrement automatiques. Une automobile est, par exemple, un mécanisme semi-automatique. Le chauffeur qui la manœuvre ne règle que quelques unes des opérations qui sont exécutées. D'autres comme l'allumage des bougies, l'action des soupapes, le fonctionnement de la dynamo, l'embrayage et le changement de vitesse (dans les modèles automatiques), c'est la machine qui s'en occupe elle-même. Mais un chauffage au fuel ou un chauffage électrique réglé par un thermostat est entièrement automatique. Son cycle de travail est indépendant de l'homme. Son créateur est uniquement concerné par le fait qu'il travaille pour lui. Dans la réalisation du travail, c'est la machine qui se dirige elle-même. Aujourd'hui l'industrie utilise à grande échelle des machines entièrement automatiques. Quelques entreprises américaines d'alimentation indiquent avec fierté dans leur publicité que leur nourriture n'est jamais touchée par des mains d'homme. La première main qui entre en contact direct avec la nourriture, c'est celle de l'acheteur qui ouvre le paquet proprement emballé.

Des machines entièrement automatiques comme, par exemple, certains systèmes américains de signalisation routière, qui dirigent leur changement de feu en fonction de la quantité de voitures qui attendent de passer dans une rue, sont nommées occasionnellement "robots". Ce mot apparaît pour la première fois en Europe en 1923 environ, dans un roman de l'écrivain tchèque Karel Capek, où de tels types de machines autonomes jouent un rôle. L'étymologie du mot est tchèque (*robit*). Le robot est le travailleur mécanique.

Le sens américain du mot "robot" indique un type de machines encore jamais vu, dont l'idée générale de construction se distingue radicalement des appareillages développés à partir de l'outil élémentaire, et que nous appelons aujourd'hui machine. Comme son mode de travail part du principe du levier d'Archimède, nous nommerons cet ancien type de machine, la machine "archimède-classique".

Ce qui caractérise d'une façon évidente ce type de machine est le fait qu'il possède des parties mécaniquement mobiles (levier, axe, roue, hélice) et qu'il accomplit son travail par le mouvement de ces parties. Dans ce sens il n'existe pas la moindre différence entre une Rolls-Royce et un tronc d'arbre que l'homme primitif pose sur le sol pour rouler un poids.

Mais actuellement un nouveau type de machine commence d'apparaître, un appareil qui produit du travail mais qui n'a plus de parties mécaniquement mobiles ; c'est pourquoi il n'accomplit rien par le mouvement de telles parties. Un premier exemple (extrêmement primitif) de ce type est le transformateur électrique qui, dans son essence, ne consiste en rien d'autre qu'en deux bobines de fil et un morceau de fer. Ce mécanisme n'a plus de parties mobiles. Du moins pas dans le sens courant. Tous les mouvements de rendement de travail sont réalisés ici par des atomes ou des électrons et des champs magnétiques. Nous appellerons ce type de machine, parce qu'il ne repose plus sur le principe du levier d'Archimède, la machine transclassique ou non-archimédienne. En effet, les processus de travail qui sont réalisés dans un tel mécanisme ne suivent plus les principes classiques de la mécanique.

Le prototype de la machine archimédienne est le corps humain *avec ses membres articulés.* L'homme qui construit une machine archimédienne répète, dans le monde extérieur, le mode de travail de son propre corps dans un deuxième "corps" artificiel. On ne peut nier l'analogie qui existe entre le bras qui travaille et, par exemple, le mouvement rythmé du piston, de la bielle, de l'arbre à vilebrequin dans un moteur à explosion. Mais cette mise en parallèle avec un membre du corps qui travaille ne fonctionne plus du tout si nous voulons nous représenter le mode de travail d'un transformateur électrique ou d'un transistor, développé il y a quelques années dans les laboratoires Bell.

L'homme possède un organe qui ne travaille pas selon le mode de la mécanique classique avec des parties mobiles, mais d'une manière très différente, d'après les principes transclassiques. Cet organe c'est le cerveau. Le mode de travail de la machine classique suit l'exemple du travail du bras (y compris de la main). *L'idée de la machine transclassique résulte des exigences techniques de développer un mécanisme qui travaille d'une manière analogue à celle du cerveau humain.* Une telle construction réalisée avec succès serait un robot, dans le nouveau sens américain du mot. C'est un type nouveau de machine qui est ainsi conçu et qui n'était encore jamais apparu dans l'histoire technique de l'homme. La théorie générale d'un tel mécanisme non-archimédien est étudiée dans une nouvelle discipline scientifique, récemment développée aux Etats-Unis, la "cybernétique". Le nom de cette nouvelle science vient du grec et il est emprunté au mot ὁ κυβερνήτης, le pilote. En effet, une machine cybernétique ou non-archimédienne est une machine qui ne produit pas un travail physique (celui-ci reste désormais confié au mécanisme classique), mais qui dirige un tel travail et le gouverne d'une manière "critique". Des machines qui réalisent cette idée, ne serait-ce qu'approximativement, n'existent pas encore mais leur possibilité théorique est reconnue. On travaille à leur construction. Pour comprendre la conception de base d'une telle idée de machine, nous devons d'abord nous demander : qu'est-ce qu'une telle machine livre ? Le type archimédien des mécanismes livre un travail physique mais il ne dirige pas (il ne gouverne pas) ce travail vers des buts judicieux. Cette part nous revient. Le nouveau problème théorique concernant les machines est donc le suivant : quel produit peut être livré par une machine non-archimédienne, capable de diriger d'une manière appropriée le travail de la machine classique ?

Une brève réflexion va nous montrer qu'à cette question il n'existe qu'une seule réponse, toute simple et d'une évidence irréfutable. Comment sont dirigées actuellement les machines archimédiennes, alors que les mécanismes cybernétiques n'existent pas encore ? L'automobile est une machine archimédienne et son utilisation pratique est – du moins théoriquement – familière à chacun. Une automobile en marche est une automobile en circulation, et sa bonne marche est garantie par le fait qu'un conducteur derrière le volant lui communique, par des actions adéquates de sa part, des règles de circulation telles que :

Interdiction de conduire à gauche !
Feu rouge : stop !
Feu vert : avancer !
Vitesse maximum : 30 km/h !
Priorité à droite !

et modifie ainsi son fonctionnement. Bref, le conducteur guide sa voiture à travers la circulation. Cela se passe d'après le code de la route. Les règles de la circulation sont des données d'information que le conducteur prend comme des directives générales de l'ordre de la circulation, et qu'il reproduit lui-même en tant qu'information particularisée suivant le cas concret de la situation de la route. L'ordre de circulation peut dire : feu vert, avancer ! alors que le carrefour est encore plein de voitures qui ne libèrent pas la voie. C'est une nouvelle donnée d'information que la conscience du conducteur doit assimiler et qui finit dans un mouvement "cybernétique", c'est-à-dire par une pression sur le frein. Cet exemple montre clairement qu'un mécanisme archimédien est dirigé par de l'information. Partiellement cette information vient directement de la machine. Les instruments sur le tableau de bord : compteur de vitesse, ampèremètre, indicateur du niveau d'huile... ne servent qu'à fournir des informations, et ces données d'information sont nécessaires au conducteur pour manœuvrer correctement la machine. L'idée de machine cybernétique vise donc la réalisation d'un mécanisme qui prend des données dans le monde extérieur, qui les utilise comme de l'information et qui transmet ensuite celle-ci à la machine classique sous forme d'impulsions directrices. Cette dernière étape, d'ailleurs, n'est pas forcément nécessaire. Une machine à calculer, par exemple, livre directement des informations arithmétiques.

D'une façon générale et dans le cadre d'une philosophie de la technique, nous pouvons donc dire : jusqu'à maintenant l'homme a développé au cours de l'évolution de sa technique deux idées de machine fondamentalement différentes. La première est la machine classique archimédienne dont le but est d'accomplir un travail. À côté de celle-ci apparaît l'idée d'une "deuxième" machine, dont on n'attend plus du travail mais de l'information. La "première" machine est conçue en analogie avec le bras humain (et la main) ; de la "deuxième" on attend une reproduction technique du cerveau humain. En effet seul le cerveau traite de l'information. La "première" machine est une réalité historique, en attendant, la "deuxième" n'est qu'un idéal technique dont la réalisation[2] progressive est pour un avenir encore très lointain. Les transformateurs, les transistors et les machines similaires, basés sur des principes électromagnétiques, ne constituent même pas encore une première approche de ce nouveau but. Ils sont des formes techniques intermédiaires, qui se distinguent du type de machine archimédienne par le fait que chez eux le mécanisme est déplacé dans des domaines sub-atomiques. Sur ce point ils suivent un principe non-classique. Leur mode de travail "mécanique" est déjà celui des machines cybernétiques en projet. Mais ils ne livrent pas d'information. Sur ce point ils sont classiques. Ni les machines à calculer actuelles ni même l'analyseur différentiel le plus compliqué ne sont encore de vraies constructions transclassiques. Ils transforment seulement les informations livrées, mais ils ne les produisent pas.

---

[2] On doit attirer l'attention sur le fait qu'une telle réalisation ne peut jamais s'accomplir que partiellement. On ne construira jamais un mécanisme cybernétique qui reproduit *parfaitement* le cerveau.

Or, dans notre exemple d'un conducteur pris dans la circulation urbaine, de l'information est *produite* par son cerveau. L'information livrée par l'ordre de circulation et apprise par cœur ne suffit pas du tout pour conduire la voiture comme il faut, dans le sens de ce même ordre de circulation. Pour une fois – et pour exposer plus clairement le fait décisif important ici – nous pouvons un peu exagérer et dire : l'ordre de circulation ne livre pas d'information mais seulement des directives à partir desquelles est produite de l'information de circulation nécessaire à la conduite de la voiture. Mais l'auto-production d'information présuppose de la conscience, qu'elle soit partielle ou totale.

Ainsi le problème de la machine non-archimédienne se concentre sur celui du "*mechanical brain*"[3], c'est-à-dire de la conscience mécanique. Une question s'impose, qui semble monstrueuse à l'homme ordinaire de notre temps : est-ce que l'on peut construire mécaniquement, d'une manière transclassique, cette conscience ? À cette question la réaction première de chaque contemporain, qui a reçu une éducation classique et grandi dans l'univers d'une métaphysique ontologique, sera de proférer un emphatique "non". Mais en fait, pour une pensée sans préjugé et sans parti-pris, cette question est absolument ouverte. La seule chose qui est irréfutablement certaine, c'est qu'il n'est pas possible et qu'il ne sera jamais possible de concevoir toute *l'autoconscience* humaine comme un cerveau de robot. Et cela pour la bonne raison que la logique ou la mathématique dans laquelle est décrit un tel *mechnical brain* doit recourir à un type[4]de langage plus élevé que celui qui est utilisé par le cerveau du robot pour produire ses notions. Dans le mode d'expression de la logique symbolique, la construction d'un robot doit s'accomplir dans un langage qui, relativement au langage dans lequel le robot "pense", est le métalangage. Mais pour un langage qui contient des notions comme "Je", "Tu" ou "Moi", en tant qu'expressions logiques essentielles, il n'existe plus de métalangage. Un tel langage appartient à l'ordre logique le plus élevé qui soit. Donc, si un constructeur

---

[3] Nous utilisons l'article masculin pour "*mechanical brain*" parce que "*brain*" est étymologiquement apparenté à l'expression allemande "*Brägen*", le cerveau. "*Brägen*" est provincial et utilisé plutôt dans le monde des bouchers.

[4] Le mot "langage", ici, ne renvoie pas seulement à l'allemand, à l'anglais, au chinois mais aussi au langage mathématique et logique, bref à tous les systèmes d'expression avec lesquels on peut transmettre des informations porteuses de sens.

essayait d'implanter ces notions à un "*mechanical brain*" et, de cette façon, une pensée dotée d'un langage appartenant à l'ordre le plus élevé possible, il ne disposerait plus de métalangage dans laquelle il pourrait concevoir un tel cerveau de robot. Inversement, si le constructeur réserve un tel ordre de langage à la *représentation* de son projet, il ne peut attribuer au projet lui-même qu'un niveau de langage inférieur dans lequel de tels mots (notions) n'apparaissent pas encore[5]. Mais un cerveau qui, par principe, ne peut concevoir ni former dans son langage la notion d'"autoconscience" ne possède pas lui-même d'autoconscience.

Il ne sera donc jamais possible de construire un robot qui possède une autoconscience, parce qu'un "*mechanical brain*" qui pourrait utiliser des mots tels que "Je" et "moi" et qui saurait ce qu'ils signifient parlerait une langue pour laquelle il n'existerait plus de metalangage, dans laquelle le constructeur pourrait concevoir son projet technique. Si tous les deux parlaient la même langue, le créateur et la créature seraient alors équivalents spirituellement. Ce qui est absurde.

Mais qu'en est-il de la construction technique d'une simple conscience ? Ce que l'on a dit jusqu'à présent se rapporte

[5] Pour le lecteur qui s'intéresse plus en détail à la théorie générale d'un "*mechanical brain*", nous exposons ici les quatre systèmes de langage et d'expression qui sont possibles. On distingue : 1. des langages dans lesquels toutes les variables d'expression appartiennent à une même catégorie sémantique ; 2. des langages dans lesquels la quantité des catégories comprenant des variables est plus grande que 1 mais toujours limitée ; 3. des langages dans lesquels les variables appartiennent à une infinité de catégories sémantiques, mais où l'ordre de ces variables ne surpasse pas un nombre naturel donné d'avance, et 4. des langages qui contiennent des variables d'un ordre quelconque. (Cf. Alfred Tarski, *Der Wahrheitsbegriff in den formalisierten Sprachen* (*La notion de vérité dans les langages formalisés*), Studia Philosophica, Leopoldi, 1935, surtout p. 81) Tous les langages familiers plus développés, qui contiennent des notions comme "Je" et "moi", appartiennent au quatrième ordre de langage. Chacun des ces ordres de langage est un métalangage relativement aux ordres plus bas que lui. Et scientifiquement on ne peut parler correctement d'un langage que dans un métalangage situé au-dessus. Sur le niveau du quatrième ordre de langage, nommé aussi langage universel, on peut parler de tout ; mais avec la restriction considérable que l'on doit accepter l'apparition de paradoxes et d'antinomies dans la logique qui décrit ce langage, si l'on veut parler de "faits" dont les concepts se forment seulement à ce niveau de langage. De telles notions sont par exemple "Je" ou "autoconscience". Mais les paradoxes ne sont pas constructibles comme les objets techniques.

exclusivement à l'autoconscience, c'est-à-dire aux phénomènes vécus, doublement réfléchis. En fait la question de savoir si, par des moyens techniques, on peut construire une conscience simple, donc une conscience sans réflexion en retour *(Rückreflexion)* sur le Je vécu, est aujourd'hui encore totalement ouverte. Personne ne doute sérieusement qu'il existe des états de conscience partiels sans expériences-Je (*Ich-Erlebnisse*). Celui qui se réveille après une anesthésie au chloroforme connaît cet état transitoire, où la conscience s'éveille à la vie en recommençant à se remplir de contenus. Mais il manque le contenu suprême, la réflexion sur l'activité propre de la conscience, c'est-à-dire l'expérience-Je, et elle ne peut être forcée. Lors du processus d'endormissement on peut observer le phénomène inverse, bien qu'évidemment il ne soit pas aussi prononcé ni impressionnant que dans les transformations artificielles dues à l'anesthésie. L'expérience-Je disparaît la première ; plus tard suivent les autres contenus de conscience. Une conscience qui a encore un contenu est *consciente*. Cela signifie que dans ces états transitoires nous avons des états de conscience sans un Je concomitant.

De la même manière on pourrait dire sans se tromper que l'enfant, au cours de la toute première phase de son développement, juste après sa naissance, possède une conscience mais pas une autoconscience. Quant à l'animal, il s'arrête généralement au niveau de la conscience simple, dirigée vers l'extérieur, et n'atteint (probablement) jamais l'espace vécu de l'autoconscience. On peut donc dire qu'une conscience sans autoconscience peut très bien être réalisée "psychiquement". Alors pourquoi pas dans un "*mechanical brain*" ?

Arrivé à ce point, notre sentiment du monde grandi dans l'espace déterminé par l'ontologie classique émet une autre et plus profonde objection : admettons que des états de conscience sans autoconscience puissent être réalisés ; toutefois chaque conscience doit, même si cela n'émerge pas à la surface, posséder un sujet de ses actes, une "âme". Chez l'animal ou dans les premières années de l'enfance, elle se trouve seulement sous le seuil de l'expérience mais elle est potentiellement déjà là. Une conscience n'est pas – comme le suppose le matérialisme vulgaire – une fonction d'un agent physique, c'est-à-dire le produit final d'une substance et d'une énergie, mais plutôt la propriété d'un X inconnu que nous nommons dans la terminologie théologique l'"âme".[6]

Nous souscrivons tout à fait à cette conception théologique. On ne peut guère contester sérieusement le fait existentiel ou métaphysique qu'elle exprime. Mais cette formulation théologique, aussi vrai qu'elle puisse être dans son essence, est extrêmement vague. Elle laisse totalement ouverte la relation factuelle que l'"âme" entretient avec la conscience et elle l'offre à différentes interprétations. Un symptôme révélateur de cette situation est la position indécise que la pensée théologique prend envers la question de l'existence ou de la non-existence d'une âme immortelle chez les animaux. La raison de l'incertitude de la réponse concernant ce point très délicat est la compréhension tout à fait juste que, si les animaux n'ont pas d'auto-conscience, la relation de leur "âme" hypothétique à leur conscience doit être totalement différente de celle qui existe chez l'homme.

Ici nous voulons rappeler au lecteur le début du roman amusant d'Anatole France, "L'Île des pingouins". Saint Brandan, en s'approchant de l'île sur un bateau, prend par erreur les pingouins assis sur la plage pour des habitants païens du pays et il les baptise sommairement. De cette façon les pingouins reçoivent une âme "chrétienne", et dans l'au-delà se pose alors le problème très sérieux de savoir s'il est permis aux pingouins d'entrer au ciel ou non. Ici, apparemment, l'"âme" est quelque chose qui peut être "trans-mise" dans l'acte du baptême. Si au lieu des pingouins on avait eu affaire à des êtres humains, dans l'acte du baptême la relation mystique entre le baptiseur et le baptisé se serait passée d'une autre manière. Dans ce cas-là, l'âme n'aurait pas été transmise à l'individu baptisé mais l'âme, habitant déjà dans l'individu, aurait été seulement christianisée. La présupposition tacite de cet épisode est : les hommes ont une autoconscience, c'est-à-dire que leur âme habite déjà en eux, les animaux n'en ont pas, donc leur conscience, ce qui relève de l'information, est téléguidée. L'impulsion directionnelle de leur conscience vient de l'environnement. L'environnement, relativement à l'individu ou à sa conscience, c'est de la transcendance.

[6] Norbert Wiener exprime ce fait dans un livre qui a fait date : "*Cybernetics*" (New York, p. 155), d'une manière propre à un ingénieur : "*Information is information, not matter or energy.*" (Information – c'est-à-dire contenu de conscience – est information, ni matière ni énergie.) L'information, ou aussi le sens, est justement la manière empirique par laquelle ce X mystérieux se révèle à nous.

D'après cette compréhension, l'animal a aussi une âme transcendante comme l'homme ; mais dans ce cas on doit définir autrement le terme de transcendance. L'âme humaine repose à "l'intérieur", inaccessible ; elle est, selon la terminologie appropriée, introscendante. L'âme animale est extroscendante, elle se trouve à "l'extérieur". Dans les deux cas, ce que nous sommes obligés d'hypostasier en tant que sujet de la conscience ne se trouve pas sur le plan d'existence et d'action de la conscience même.

Aussi longtemps que cette compréhension des différentes possibilités de transcendance du sujet à l'égard de sa conscience ne sera pas réfutée absolument (et une telle réfutation n'existe nulle part aujourd'hui), on ne peut rejeter le principe théorique de pouvoir donner de la conscience à un "*mechanical brain*" par des méthodes constructives. La conscience d'un tel cerveau-robot posséderait aussi une "transcendance". Mais cette transcendance ne serait pas l'introscendance de la conscience humaine (le robot n'a pas de Je à "l'intérieur") mais une deuxième forme de l'extroscendance, comme celle de la conscience animale. Toutefois chez l'animal, le lieu de cette transcendance est l'environnement, alors que pour le robot elle se trouve dans la conscience de son constructeur. Le robot parfait aurait un "Je", mais celui-ci serait retransféré dans le Je de son créateur !

Il n'est pas nécessaire de préciser que de tels buts ne peuvent absolument pas être réalisés avec les moyens techniques dont nous disposons aujourd'hui. Actuellement personne ne peut dire ce qui sera techniquement possible dans cent ans. Les machines de calcul logique ou mathématique comme ENIAC, EDVAG, UNIVAC, fabriquées aujourd'hui, se succèdent à une vitesse si vertigineuse qu'aussitôt construites elles s'avèrent déjà vieillies, comme le remarquait récemment un savant américain travaillant dans ce domaine de recherche. C'est pourquoi dans ce commentaire on peut difficilement dire quelque chose au sujet de la technique, qui ne sera pas dépassé à l'impression de ces lignes.

Mais les choses se présentent différemment si l'on considère la théorie logique générale de ces machines. Ici on peut faire, généralement et indépendamment des moyens techniques qui permettent de les réaliser, des constatations justes qui ne peuvent pas être dépassées. L'une de ces constatations est qu'aucune raison logico-théorique ne contredit le fait que l'on puisse construire techniquement de la conscience (*non* de l'autoconscience), si les processus de conscience d'un tel mécanisme impliquent un télé-contrôle. Les raisons logiques d'une telle hypothèse se fondent sur le fait qu'il est possible de donner une définition scientifiquement suffisante et assez exacte de la "conscience", en recourant au troisième ordre de langage. Dans ce cas le constructeur a à sa disposition, pour travailler, le quatrième et dernier ordre de langage comme "métalangage". Ainsi le langage du troisième ordre devient, relativement au quatrième, un langage purement objectif. Cela signifie que pour la définition de la "conscience" on doit utiliser uniquement des notions objectives, telles que "matière", "énergie", "information", et que les notions subjectives[7], telles qu'"expérience vécue", "Je", "Tu", "âme" etc. sont devenues superflues.

Autrement dit : en principe il n'existe pas de difficulté à comprendre la production de conscience comme le processus purement "mécanique" d'un instrument correspondant au cerveau ou au "*mechanical brain*". Du moins existe-t-il la possibilité théorique de construire une telle machine, qui semble aujourd'hui tout à fait fantaisiste. Bien entendu un tel appareil satisferait toutes les conditions nécessaires à la réalisation d'une conscience – mais pas à celle d'une autoconscience. Sa conscience pourrait donc être mise uniquement en analogie avec celle d'un animal, ou d'un enfant dans son stade de vie le plus précoce. D'un autre côté la conscience d'un "*mechanical brain*" se distinguerait de celle d'un animal ou d'un enfant, dans la mesure où elle serait à la hauteur des problèmes difficiles du calcul différentiel et intégral, malgré son niveau de conscience confus.

La seule remarque qu'il reste encore à faire concernant l'exposé du problème relatif à un robot cybernétique porte sur l'avancée de la technique des calculateurs modernes dans ce domaine. Ici nous constatons que toutes les machines construites jusqu'à présent suivent une logique qui appartient au tout premier ordre de langage. C'est la logique empruntée aux relations mutuelles qui existent entre les objets inanimés. Ces machines sont donc aussi inanimées qu'une pierre. Mais quelques détails techniques, qui appartiennent à un niveau de langage et de logique d'un ordre supérieur, sont déjà construits dans ces machines. C'est-à-dire que les machines les plus modernes possèdent

---

[7] C'est-à-dire des notions qui indiquent un sujet hypothétique et qui en ont besoin pour leur explication.

déjà les pré-conditions mécaniques nécessaires à la mémoire (et ce dispositif se partage, exactement comme dans la psyché humaine, entre une mémoire permanente et une mémoire temporelle), à la faculté d'apprendre et à la perception d'une "*Gestalt*"[8]. En plus elles possèdent, dans une mesure restreinte, la faculté de décision (choix des suites arithmétiques) et peuvent suivre les instructions compliquées qui leur sont données dans la "langue des machines". Finalement elles possèdent la capacité mécanique remarquable de transformer des notions abstraites en suites d'action qui ont du sens. À ces fonctions générales qui caractérisent chaque conscience se joignent des facultés logiques très spécifiques, dont l'exécution est mécaniquement reproductible. Une machine construite par Theodore Kalin et William Burkhart, qui n'est pas plus grande qu'un téléviseur, examine la justesse des conclusions logiques qui résultent de groupes de propositions. Un autre modèle est en construction, qui peut résoudre des problèmes dans les domaines particuliers du calcul fonctionnel logique et qui est capable, dans une certaine mesure, de jugement existentiel[9].

Généralement, même des cybernéticiens conservateurs reconnaissent aussi qu'il est possible, en théorie, de reproduire mécaniquement chaque fonction de la conscience. Car si la manière de fonctionner d'*un* élément de la conscience est mécaniquement interprétable, il doit alors en être de même pour tous les autres. Seule une propriété, et cela est souligné d'une manière univoque, ne pourra jamais être reproduite mécaniquement ! C'est l'activité créatrice de la conscience humaine. Nous voulons indiquer à ce propos que la productivité spirituelle n'est probablement pas du tout une fonction de

[8] C'est la capacité dont nous avons besoin, par exemple, pour déchiffrer l'écriture manuelle, difficilement lisible d'une lettre. Nous nous efforçons alors de reconnaître dans le trait de plume arbitraire de l'écriture manuelle la *Gestalt* idéale des lettres. Le premier modèle de machine ayant la faculté de percevoir une *Gestalt* fut construit récemment par David Shepard (Falls Church, Va.).

[9] Un jugement existentiel est une proposition qui a la forme suivante : "Il existe...". La faculté d'émettre un jugement existentiel inclut – d'après la formule $\sim(Ex)[\sim f(x)] \equiv (x)f(x)$ – la faculté d'émettre un jugement universel : "Tout...". Ici le "*mechanical brain*" se distingue de la conscience animale. Il semble que les animaux ne possèdent que la capacité de produire un jugement existentiel et ratent normalement, ainsi que le montrent les expériences, l'accomplissement d'un jugement sur tout.

la conscience, et qu'elle appartient exclusivement au domaine de l'autoconscience, qui n'est en aucune façon reproductible.

Mais à côté de cela, on a fait une découverte cybernétique qui donne un air très "humain" aux "*mechanical brains*". Le Dr. John R. Pierce, un scientifique qui travaille dans les laboratoires Bell, a prouvé récemment que chaque conscience pensante contient un élément de hasard[10]. Et, avec une extraordinaire pénétration d'esprit, il a montré qu'à une pensée performante est attachée une conscience (ou un "*mechanical brain*") qui doit apprendre lentement et qui doit posséder en plus la capacité d'ignorer ou d'oublier ce qu'elle a appris auparavant. En outre, Pierce a conçu une construction qui résout le problème pratiquement et montre comment on peut intégrer ces propriétés dans un cerveau de robot. La réalisation pratique est d'ailleurs si simple que chaque électrotechnicien moyennement doué peut lire les diagrammes correspondants.

Alors pourquoi aujourd'hui, demandera le profane, ne peut-on pas encore construire une conscience, si individuellement les fonctions de la conscience sont déjà mécaniquement reproductibles ! La réponse est : même si l'on reproduisait *toutes* les fonctions possibles d'une conscience vivante dans des mécanismes qui travailleraient parfaitement, on n'arriverait pas encore à construire une telle conscience. Platon le savait déjà : il signale dans le dialogue du *Théétète* que le cheval de Troie, bien que renfermant en lui toutes les fonctions de la conscience sous la forme des héros grecs, est loin de recevoir lui-même une conscience.

Des fonctions de la conscience, mécaniques ou non, ne peuvent pas produire de conscience tant que deux choses décisives manquent : premièrement l'unité opératoire des fonctions, et deuxièmement le contrôle "transcendant" de cette unité. Ces deux fonctions supplémentaires sont facilement explicables.

Nous possédons aujourd'hui des machines qui exécutent des opérations logiques, d'autres qui résolvent des problèmes arithmétiques et répondent à des questions algébriques et à des tâches relevant du calcul infinitésimal. Dans les deux cas nous comptons et travaillons avec des machines différentes. Actuellement nous ne sommes pas encore capables d'"accoupler" les deux machines, de telle sorte que la machine logique nous remplace et travaille à notre place

---

10 "*Random element*".

avec le mécanisme arithmétique. Dès qu'un tel "accouplement" réussira, la première condition nécessaire à la réalisation d'une conscience mécanique, c'est-à-dire à l'unité opératoire de toutes ses fonctions, sera réalisée. Mais ce qui manquera encore, ce sera le contrôle "transcendant" de ces systèmes accouplés.

Il sera nécessaire que ce mécanisme de contrôle soit encore une logique, mais une logique représentant un type de logique supérieur à notre logique classique-aristotélicienne "normale" qui est accouplée à la machine arithmétique. Une tel type supérieur de logique n'est pas une pure fantaisie ni le rêve métaphysique d'un philosophe délirant. Aujourd'hui il existe déjà des bribes de ces logiques qui contiennent notre logique "normale" comme un cas spécial, restreint. On les appelle des logiques polyvalentes, et les moyens théoriques nécessaires pour les développer davantage sont disponibles depuis longtemps.

Aussi peut-on dire déjà pas mal de choses sur le mode de fonctionnement de ce contrôle "transcendant" de notre logique normale, ainsi que de ses contenus.

Ce mécanisme de contrôle transcendant réfléchit des informations sur lui-même par une boucle dite rétroactive (*feedback system*). C'est une formulation qui a l'air compliqué en regard de ce qui se passe en réalité. Elle exprime simplement l'accomplissement des pas mécaniques suivants. Premièrement : le mécanisme accouplé produit des informations. Deuxièmement : celles-ci sont transmises de manière appropriée à un mécanisme de contrôle. Mais comme ce contrôle est lui-même une logique comportant de nouvelles lois, il transforme l'information qui lui est livrée (de la même manière que notre vision du monde change si nous prenons des lunettes colorées), et troisièmement : il redonne son point de vue transformé en impulsion directive au système subordonné.

Ainsi toutes les conditions nécessaires à la construction d'une conscience sont satisfaites. Nous possédons donc un système qui produit les mécanismes de la conscience. Un deuxième qui réalise leur unité opératoire, et un troisième, placé au-dessus d'eux, qui réfléchit la relation mutuelle qui existe entre le premier et le deuxième système, et qui permet que le résultat de cette réflexion retourne en tant qu'information dans la relation entre le premier et le deuxième. Mais ce retour de l'information, qui a traversé un système logique supérieur (non inclus dans la conscience potentielle), est le processus-même qui produit la conscience *actuelle*. En tout cas personne ne peut se faire une idée de la conscience autrement que sous forme d'information (d'expérience vécue porteuse de sens, *Erlebnissinn*), qui se réfère à elle-même d'une manière intelligemment modifiée, lui permettant ainsi de se connaître elle-même.

Dans une phrase célèbre de la *critique de la raison pure* Kant dit : "Le : Je *pense* doit *pouvoir* accompagner toutes mes représentations..."* Donc il n'est pas du tout nécessaire que l'expérience-Je (l'autoconscience) accompagne les actes de conscience dans les faits, mais qu'elle se tienne potentiellement derrière eux. Qu'en est-il dans le cas du "*mechanical brain*" dont nous venons de montrer les restrictions de principe ? La remarque générale suivante s'impose : ce qui est valable ici pour l'homme est à plus forte raison valable pour le cerveau d'un robot s'il veut posséder une conscience. Seulement dans le cas du robot le Je se trouve hors du mécanisme, chez le constructeur qui représente le "Je" du mécanisme. Car un élément essentiel de la théorie cybernétique est le fait que les idées de l'ingénieur qui conçoit le "*mechanical brain*" ne forment pas avec le cerveau du robot un système physique, mais bien un système logique. Autrement dit : pour concevoir avec succès un "*mechanical brain*", la conscience du constructeur doit être directement reliée au système-robot "A" par une boucle rétroactive (*feed-back-system*) de l'ordre "B". Et ces systèmes "A", "B", "C"... se poursuivent dans une série infinie vers la transcendance du Je. Non seulement le Je du robot est transcendant et inaccessible, mais également l'âme du constructeur.

On peut s'attendre ici à une objection naturelle : comment un robot peut-il penser par la médiation du Je d'un constructeur ? En effet celui-là n'est pas son propre Je mais possède un Je étranger. À cette question on peut seulement répondre : si la métaphysique de tous les peuples et de toutes les époques n'a pas menti, tous les Je, du point de vue ontologique, sont identiques. Même si, après une régression infinie, on était finalement arrivé au Je, personne ne pourrait indiquer ce que doit être en fait la différence entre le "propre" et l'"étranger". C'est une différenciation qu'il convient mieux d'appliquer aux brosses à dents. Mais il n'est absolument pas nécessaire que celui qui n'est pas sensible aux arguments métaphysiques -- parce qu'il n'a pas encore appris à faire la différence entre métaphysique et mythologie -- croie aux Je,

---

* "Das : Ich *denke* muß alle meine Vorstellungen begleiten *können*..."

aux âmes ou aux sujets et à leur identité métaphysique. L'expérience que toute subjectivité est sans fond est une expérience tout à fait empirique. C'est-à-dire qu'il se trouve toujours, derrière chaque état de conscience atteint, un état encore un plus profond que l'on n'a pas atteint. Et sur ce chemin vers l'intériorité, toute conscience possible se contente de s'arrêter à un endroit. La halte est arbitraire mais c'est dans la nature de la chose, et cela ne peut être modifié.

Ce "sans-fond", *relativement au niveau de conscience qui est atteint là*, existe déjà dans le cerveau du robot que nous avons conçu. Et les sub-systèmes (I) et (II), comme le mécanisme de rétroaction, sont, quant à l'expérience, situés "derrière" la conscience du robot. *Nous* savons que la conscience du robot n'est pas sans fond et qu'elle l'atteint vite aux abords du système (III). Mais le robot ne peut jamais le savoir. La construction spécifique de sa conscience exclut pour toujours une telle connaissance. Et l'on ne doit pas oublier qu'il en est de même pour l'homme. Nous parlons, il est vrai, d'une régression infinie de la subjectivité en elle-même. Mais si nous prenons soin de préciser le contenu de nos déclarations, cela signifie que notre conscience est organisée de manière telle que nous ne pouvons jamais en atteindre le fond. Un fond qui, peut-être, se trouve déjà juste au-delà du seuil de réflexion qui vient d'être atteint. Si nous faisons un effort de réflexion en plus, ce fond recule exactement d'un pas. Dans ce cas notre système de conscience est fini, et pourtant nous ne pouvons jamais atteindre son for intérieur, c'est-à-dire son fond. D'autre part la conscience du robot possède une véritable connexion avec la réalité qui dépasse les frontières de son système (III). Seulement cette connexion n'apparaît pas si l'on essaie de la découvrir à partir du mécanisme qui a été conçu. Elle devient visible uniquement pour le constructeur de la machine. Ainsi nous sommes revenus au point de départ de nos considérations.

Nous sommes partis de la signification métaphysique de la technique humaine et nous remarquions, dans les pages introductives de ce commentaire, qu'avec la machine l'homme s'est donné un deuxième "corps", où il a projeté le schématisme de son activité physique. Mais pourquoi l'a-t-il fait ? Des penseurs comme Hobbes, Vico et Fichte ont anticipé une réponse vague à cette question, mais ce n'est que dans la philosophie pragmatique américaine qu'elle est donnée dans une formulation précise, avec la conscience de toutes ses conséquences. L'homme ne comprend que ce qu'il fait. Tout mouvement d'un organisme qui se meut librement est essentiellement un processus de compréhension. Pour cette raison l'animal possède déjà des catégories de compréhension, car il peut bouger volontairement, donc il peut agir. Mais les actions d'un être qui bouge librement et qui sont accomplies exclusivement par son corps ne livrent que des catégories de compréhension relatives au monde extérieur qui l'environne. Le corps lui-même et la "vie" qui l'habite, dans leur simple mouvement de jambes et de tronc, restent incompris. Ces mouvements sont "instinctifs", c'est-à-dire qu'ils ne réfléchissent pas sur eux-mêmes. Le "*Kater Murr*" (*Le chat Murr*) de E.T.A. Hoffmann, qui réfléchit sur lui-même, n'existe pas dans le monde animal.

Si l'homme veut se comprendre lui-même et s'il veut comprendre, par exemple, son corps en tant qu'existence qui se déplace librement dans son environnement, il ne peut pas faire autrement que répéter ce corps dans une machine. Il est vrai aussi que nous savons, sans l'aide de la technique, *que* nous marchons, mais *comment* nous marchons, cela nous ne le comprenons avec exactitude que si le mécanisme d'articulation et le levier ne détiennent plus de secret pour nous[11]. Toutefois le domaine d'action de chaque être qui se meut librement s'étend beaucoup plus loin que le rayon d'influence de ses actions purement corporelles. Fichte – par déduction – a prouvé le premier d'une façon convaincante que, si l'on veut vraiment comprendre la conscience, on doit la comprendre comme une activité de l'homme. Il en résulte donc une exigence évidente : si l'homme veut comprendre sa propre conscience et son processus, il lui faut répéter celle-ci sous forme d'action, c'est-à-dire sous forme d'une méthode de production dans le monde extérieur. Avec l'introspection on n'arrive à rien.

Celui qui entend quelque chose au rythme de travail du corps et à la technique de travail des machines sait que ce n'est pas tout le schématisme du mouvement de l'animal vivant ou de l'homme qui est transmis à la machine. Ce n'est toujours qu'une toute petite partie. Mais à l'égard du principe de la chose, rien ne change : on détache partiellement des suites d'événements de la subjectivité active que d'elle-même "la nature" ne pourrait jamais ébaucher toute seule, et on

[11] Ce n'est pas un hasard si, dans l'enseignement de la gymnastique, faire la roue est un exercice du corps à demi réfléchi. Les animaux, il est vrai, jouent mais ils ne font pas de gymnastique.

les transfère sur un ensemble d'être objectif pour y mener une existence autonome. Cela est valable pour toute la technique passée. Mais cette interprétation est aussi juste en ce qui concerne la future technique non classique des robots. L'arrière plan métaphysique de l'effort technique reste le même, et la construction d'un "*mechanical brain*" n'est pas plus énigmatique ni plus impossible que la construction d'une charrette à roues. Si l'on avait essayé d'expliquer à l'homme adamique ou noachide que l'on peut transformer la pose mécanique des pieds l'un derrière l'autre en un mouvement rotatif d'une continuité infinie, cette charrette lui serait apparue comme un miracle, dont l'accomplissement ne pouvait être réservé qu'aux dieux.

Scientifiquement parlant, la tâche de la cybernétique ne vise pas autre chose que ce que l'homme a fait quand il a construit sa première voiture, c'est-à-dire séparer un élément du domaine d'action de la conscience et le transférer sur des ensembles d'être objectif. Il ne s'agit donc pas de construire une "âme". Celui qui voudrait vraiment réaliser cette dernière proposition devrait être mis sous observation médicale. Mais la question de savoir s'il est possible de détacher des espaces partiels de conscience de l'organisme animal ou humain et de les transmettre à un mécanisme (transclassique) est une question scientifique sérieuse.

Aujourd'hui en Amérique, avec une certaine hésitation, on répond par l'affirmative à cette question (Edmund C. Berkeley), car du point de vue pragmatique cette opération technique n'est pas plus miraculeuse que celle qui consiste à détacher du corps humain un rythme de travail intelligent, (que la nature toute seule ne produirait jamais), et de le transférer sur des roues et des leviers. De la même manière, le constructeur d'un" *mechanical brain*" détache un domaine fonctionnel partiel de sa conscience et transmet son rythme de travail à un relais électrique et à des processus nucléaires du monde extérieur. Encore aujourd'hui notre sensibilité classique se hérisse devant ce parallélisme, parce que nous nous sentons poussés à émettre cette objection : un "*mechanical brain*" doit rester sans conscience, parce que le constructeur ne peut rien détacher de la vie de *son* âme.

À cela on doit répondre que le dualisme corps-âme n'intervient absolument pas dans la perspective développée ici. Sur ce point l'anthropologie philosophique allemande vient à l'aide des théories cybernétiques. Dans une œuvre d'une grande profondeur, "*Der Mensch*" (Bonn, 1950), Arnold Gehlen a montré d'une façon convaincante que la réalité humaine – y compris la conscience ! – peut être décrite dans un système de notions qui ne tient plus compte de la différence entre corps et âme. Cependant il est nécessaire de supposer à la base que l'homme apprend et comprend sa réalité seulement en tant qu'acteur. Les lois de cet accomplissement universel d'actions, qui inclut notre conscience, sont en fait le thème fondamental de la recherche cybernétique[12].

Le problème concernant la manière dont apparaît la conscience acquiert une nouvelle formulation dans le mode de penser cybernétique. Gehlen dit à ce propos : conscience "signifie processus de conversion (d'une façon qui ne nous est d'ailleurs pas transparente) aux points où l'organisme entre en contact avec le monde"[13]. Cette conception peut être formulée très précisément en tant que problème technique : il s'agit de construire un système clos (un équivalent de l'organisme) qui possède des points de contact régulés avec le monde extérieur. Chacun de ces contacts doit pouvoir être traité en tant qu'information. Et le système clos doit être un système d'information capable de réfléchir sur lui-même. La réflexion de l'information sur elle-même (l'événement de conscience au sens propre) peut être produite si on laisse passer l'information à travers deux systèmes logiques différents, et si le deuxième système change d'une manière précise la signification que le matériau d'information avait dans le premier système logique, avant de la lui restituer. Ensuite cette boucle de réflexion fermée entre de nouveau en contact avec des données d'information. Et c'est le point où – d'après la théorie – la conscience devrait apparaître. Car parmi les contacts qui sont atteints par la réflexion de retour, il s'en trouve un qui se distingue de tous les autres. Nous le nommerons le contact initial. En effet quelques données "métaphysiques" font partie du stock d'information de la machine : premièrement l'information *que* le constructeur a créée et *la manière* dont il l'a créée, deuxièmement l'information *qu*'il a mise en mouvement et *la manière* dont il l'a mise en mouvement. Sans le traitement de cette information, le "*mechanical brain*" ne serait jamais en état de produire un processus analogue à la conscience humaine.

---

[12] Cf. Helmut Schelsky, *Zum Begriff der tierischen Subjektivität.* Studium Generale (1950) III, 2/3, p. 102 –116. (*Du concept de subjectivité animale.*)

[13] Op. cit. p. 224

Cette production, qui semble aujourd'hui encore tellement impossible, n'est au fond rien d'autre qu'un simple processus de transmutation des énergies de l'"âme". Dans la création et la mise en marche d'un "*mechanical brain*", le constructeur convertit *sa* conscience en action. Mais une action n'est plus la conscience, bien qu'elle puisse être accompagnée par des actes de conscience. Un "*mechanical brain*" est bien, selon sa conception, un mécanisme extrêmement complexe qui inverse de nouveau, mais partiellement, le processus de conversion de la réflexion consciente en action non consciente. Nous disons expressément "partiellement", car le résultat de l'action appartient aussi à l'action, c'est-à-dire que le cerveau achevé du robot, lui, ne doit justement pas être touché par ce processus. Mais mis à part le résultat de l'action, l'action elle-même est aussi contenue (en tant qu'information) dans la machine, et l'on ne voit pas pourquoi l'homme, s'il a transformé une fois sa conscience en action, ne peut pas inverser ce processus et transformer les actions en conscience à l'aide d'un mécanisme auxiliaire ("*mechanical brain*").

Il ne se passe donc rien de mythique dans le cerveau d'un robot, et celui-ci n'a même pas de conscience "propre". Si les idées décrites ici peuvent être vraiment réalisées, cela voudrait simplement dire que l'homme a réussi à détacher de son organisme des processus partiels de conscience et à les transférer sur un autre médium. Un mécanisme ne *produit* pas de conscience, même si son rythme de travail est transclassique. Mais c'est une toute autre question, encore totalement ouverte, de savoir s'il ne lui serait pas possible de remettre de nouveau dans leur état original les actes de conscience que l'on a déposés en lui sous forme d'action. La conscience n'est pas une quantité substantielle qui peut être produite ou annihilée, mais une variante métaphysique de l'existence qui, comme le montre la relation qui existe entre pensée et vouloir, passe facilement d'un "état d'agrégat" existentiel à un autre. Dans le cas présent, l'homme retransformerait par sa *propre* action, seulement par celle qui est investie dans la machine, une partie de sa capacité d'action en intelligence.

Appendice V

Gotthard Günther*

Cognition and Volition
Connaître et Vouloir
Contribution à une théorie cybernétique de la subjectivité

Avant-propos

Aucun doute ne semble exister sur le fait que la nouvelle science cybernétique inclut le problème de la subjectivité. Quand nous parlons de mémoire, d'intelligence et de décision dans un contexte de machines, nous associons à des problèmes de conception et de construction d'ordinateurs des traits qui appartiennent, selon une longue tradition profondément ancrée, au domaine de la psyché.

Depuis longtemps la philosophie et les sciences humaines s'occupent du phénomène de la subjectivité. Et ces disciplines soulignent toujours que le problème de l'"âme", nommée ainsi par des penseurs religieux, ne peut être traité par les méthodes des sciences naturelles, et que toutes les méthodes techniques – que nous connaissons jusqu'ici – sont absolument incompatibles avec l'essence des manifestations spirituelles. La mémoire, surtout, a toujours été considérée comme un élément essentiel de l'esprit humain. On

* Une version très abrégée a été publiée dans : Cybernetics Technique in Brain Research and the Educational Process, 1971, Fall Conference of American Society for Cybernetics, Washington D.C., 119-135 ; et une version allemande dans : Handlungssysteme (Editée par Klaus Türk, traduction : Peter Frenz), Studienbücher zur Sozialwissenschaft, Nr. 35, Opladen 1978, Westdeutscher Verlag. La traduction du texte entier a été faite par G. Helletsberger, J. Ditterich et R. Matzka (1985/86), dans le cadre d'un projet de recherche et développement "Organisatorische Vermittlung verteilter Systeme" (Médiation organisatrice des systèmes distribués) soutenu par l'entreprise Siemens A.G. (Munich).

rappellera simplement le rôle que joue l'anamnèse platonicienne dans l'histoire de l'esprit occidental.

Pourtant, le développement scientifique des dernières décennies contredit le préjugé qui considère que des facultés comme l'intelligence, la mémoire et la décision appartiennent exclusivement au domaine de la vie "subjective". Il a montré que certains processus subjectifs, que l'on désignait il y a cinquante ans encore comme 'transnaturels', peuvent être imités par des ordinateurs. Toutefois, peu de cybernéticiens se sont rendus compte qu'à travers les résultats modestes obtenus jusqu'à présent par les techniques cybernétiques, un problème a été soulevé, qui n'a pas encore été reconnu assez clairement en tant que tel. Et c'est pourquoi il n'a pas encore été possible de le résoudre. Aujourd'hui nous devons nous demander : est-ce que le début de la déshumanisation et de la déspiritualisation des facultés subjectives des systèmes vivants n'est qu'un processus superficiel correctif, qui isole seulement quelques caractéristiques mécaniques appartenant au domaine objectif de l'être et connectées par erreur au côté subjectif de la réalité, ou est-ce que la cybernétique vise une révision fondamentale de notre conception traditionnelle du monde, qui divise la réalité en une sphère naturelle et une sphère surnaturelle ?

Si nous ne prenons en considération qu'une courte période de mesures correctives, qui ne touchent pas l'opposition fondamentale entre corps et esprit ni l'antithèse entre sujet et objet, nous pouvons nous satisfaire des méthodes cybernétiques existantes, et dans ce cas l'effort de l'auteur est inutile et superflu. Cependant, si nous prenons l'émergence de la cybernétique comme le symptôme d'une révolution totale de notre image du monde scientifique traditionnel – une conception qui considère notre monde comme une dualité inconciliable de forme et de substance, d'information signifiante et d'énergie physique, de sujet et d'objet et finalement de raison théorique et de volonté pragmatique – les méthodes scientifiques employées par la cybernétique sont totalement inadéquates. Elles sont totalement insuffisantes parce qu'elles supposent que la dualité classique, qui se reflète dans la division générale entre science naturelle et science humaine, est encore fondamentalement valable[1].

Jusqu'à présent la cybernétique n'a pas sérieusement essayé de développer une théorie logique et mathématique générale de la vie subjective, où celle-ci ne serait pas jugée dans son noyau le plus intime comme un phénomène surnaturel, mais traitée comme une extension d'événements physiques dans des *patterns* dont le niveau de complexité serait presque inimaginable.

Tant que la vie sera considérée comme un phénomène d'essence surnaturelle, le scientifique s'occupera d'un univers fondamentalement sans sujet. Et ce sont les mêmes méthodes rationnelles, développées par la science occidentale pour analyser un tel univers, que l'on applique naïvement aujourd'hui pour traiter d'un problème totalement différent, c'est-à-dire pour déchiffrer le code d'un univers dans lequel sujet et objet sont inextricablement enchevêtrés, et dans lequel – comme Warren S. McCulloch l'a montré en 1956[2] – on peut concevoir des robots éthiques, parce que l'on peut prouver qu'un jugement moral est une extension directe d'un événement physique dans des patterns structuraux qui sont redondants d'un point de vue purement physique, mais essentiels pour la relation entre un sujet et un objet. Si, pour traiter la vie subjective comme un processus de nature autoréférentielle et entièrement rationnelle, nous utilisons nos méthodes logiques et mathématiques traditionnelles, qui se sont développées sur la base d'une cosmologie considérant la subjectivité comme surnaturelle, totalement extra-mondaine et irrationnelle, c'est, approximativement, comme si nous demandions à des mécaniciens de Détroit de produire des symphonies avec leurs outils.

La cybernétique est aujourd'hui appelée à l'aide pour résoudre des problèmes sociaux et politiques. Jusqu'à présent les résultats sont plus que décevants. Et cela ne changera pas tant que nous ne développerons pas des méthodes adéquates à la problématique de la subjectivité. Quand les grecs ont développé leurs méthodes scientifiques – qui sont encore les nôtres quant aux présupposés

---

[1] La validité de cette division est impliquée dans l'idéalisme platonicien et elle est aussi compatible avec le matérialisme naïf ('vulgaire'). En revanche elle est incompatible avec le matérialisme dialectique.

[2] W. St. McCulloch : *Towards Some Circuitry of Ethical Robots or an Observational Science of the Genesis of Social Evaluation in the Mind-Like Behavior of Artifacts*, Acta Biotheoretica , Vol. XI, p. 147-156 (1956).

fondamentaux – ils l'ont fait dans un cadre conceptuel ontologique qui excluait radicalement la subjectivité. Et ils se sont sûrement rendus compte que leurs méthodes n'avaient de sens que dans ce cadre. Mais le cybernéticien moderne utilise ces méthodes à l'extérieur de leur domaine légitime. Il s'ensuit que le cybernéticien, quand il conçoit des analogies de processus subjectifs dans un ordinateur (*computer hardware*), essaie consciemment ou inconsciemment de les faire aussi inanimés que possible. Son idéal méthodologique est de démasquer les processus subjectifs de la vie comme des événements exclusivement objectifs, sans vie, au lieu d'essayer de conserver autant que possible leur complexité trans-physique. Ainsi la logique transclassique est négligée et, si nous ne tenons pas compte pour l'instant du développement de la théorie dialectique dans les pays de l'Est et du travail du professeur Hector C. Sabelli de la Medical School of Chicago, seule exception louable, peu de personnes s'intéressent à la théorie dialectique.

Comme l'auteur de cet essai s'oppose résolument à la visée méthodologique dominante d'une ré-objectivation totale des processus de la vie, l'analyse suivante de la relation fondamentale entre subjectivité en tant que processus de connaissance (cognition) et subjectivité en tant qu'expression active de la volonté (volition) se présente comme une contribution à une théorie cybernétique du vivant.

Première partie

Le problème de l'antithèse entre raison et volonté est aussi vieux que l'histoire de l'esprit de l'humanité. L'intellect humain a vite compris que les événements qui se passent dans notre univers appartiennent à deux catégories exactement opposées. Nous croyons que nous sommes capables de distinguer très clairement : d'un côté des événements impersonnels objectifs qui se passent dans le domaine des choses inanimées et qui sont déclenchés par des causes physiques, et de l'autre des actions d'organismes vivants subjectivement motivées qui semblent avoir une spontanéité particulière. Nous nommons décisions les manifestations ou les résultats de la volonté subjective. Et bien que nous ne puissions pas dire clairement quelle est la différence entre des connexions causales qui relient des données objectives et des décisions provoquées par une volonté intentionnelle, les penseurs, depuis les temps anciens, ont insisté sur le fait qu'il doit y avoir une différence fondamentale.

Une vieille tradition nous dit que le côté objectif de l'univers est totalement déterminé par la causalité, mais que les systèmes vivants, bien qu'ils soient eux aussi partiellement déterminés par un *nexus* strict de causes et d'effets, possèdent en plus un domaine où ils semblent être indéterminés et libres. Un objet inanimé est entièrement identique à lui-même et représente une contexture intégrale. Pour cette raison précise il est un produit exclusif de causes déterminantes. En revanche un système vivant représente – d'après la tradition ou d'un point de vue fonctionnel – une dualité ontologique fondamentale. Il est aussi bien un système de connaissance contemplative qu'une source de volition active. Dans ses capacités cognitives il est déterminé par son environnement, dans la mesure où il peut seulement connaître ce qui existe – y compris ses propres fantaisies et ses propres erreurs. En tant que volition il maintient une certaine indépendance à l'égard de son environnement. Il peut changer ses conditions environnementales dans certaines limites et nier les influences que le monde a sur lui. Cette distinction fondamentale entre raison théorique et volonté pragmatique est associée à des paires antithétiques d'autres catégories. Nous en nommerons quelques unes : au domaine de la raison théorique appartiennent des notions comme observation, ordre, nécessité et vérité objective ; à celui de la volonté pragmatique sont associées les idées de bien, d'espérance, de but et d'autonomie personnelle.

Il est difficile à la raison humaine de répondre à cette question : qu'est-ce qui détermine la réalité et qui a la priorité ontologique ? Est-ce l'objet en connexion avec la raison théorique ou le sujet en tant qu'incarnation de la volonté et auteur de décisions créatrices ? Dans l'histoire de la création chaque existence est le résultat de la volonté insondable de Dieu : Il crée le monde non comme une nécessité logique ou physique, mais comme la manifestation d'une décision primordiale, qui n'a pas de cause et qui est plus profonde que toute raison. C'est la doctrine du primat de la volonté.

Mais si nous passons du récit de la création du premier chapitre de la genèse à l'évangile de Saint Jean, nous apprenons que ce n'est pas la volonté mais la raison qui est la source primordiale de la réalité. En effet nous lisons : "Au commencement était le Verbe, et le Verbe était avec Dieu, et le Verbe était Dieu.".

Nous rencontrons la même attitude ambiguë envers le problème de la relation mutuelle entre volonté et raison dans la philosophie de Platon. D'un côté nous apprenons par la bouche de Socrate que la connaissance détermine la volonté et que le péché, en principe, n'est rien d'autre qu'une erreur de la pensée. De l'autre il est souligné, dans des dialogues comme le *Philèbe* ou dans *La République*, que l'Idée du Bien est la plus haute Idée, la toute première et la plus générale, et que tout le reste (y compris la raison) en dérive. Finalement on peut même déduire de l'œuvre de Platon le théorème ontologique suivant : la raison et la volonté, d'un point de vue dialectique, sont identiques et il n'y a pas de priorité de l'une sur l'autre. Et cette position passe surtout au premier plan dans la dernière période de la pensée de Platon, où il essaie de relier sa doctrine des Idées à la théorie des nombres pythagoriciens, en identifiant l'Idée du Bien avec l'unité de l'être en général, et donc avec le nombre arithmétique Un. Il est sans importance de savoir si Platon a raison ou non. Mais en regard du développement occidental de la science, l'essai de Platon s'avère prématuré et donc forcément inefficace. Toute l'histoire de la philosophie et de la pensée scientifique le confirme, parce que la priorité de la raison ou de la volonté n'a jamais trouvé d'issue, et que la controverse a oscillé pendant plus de deux mille ans entre des solutions opposées. Chaque fois qu'un penseur affirmait la priorité de la raison et le rang primordial de la choséité objective, chaque fois un adversaire était capable de détruire cette théorie et d'affirmer la priorité de la volonté et le statut ontologique prioritaire de la décision subjective. Mais cet avocat de l'hégémonie de la volonté subissait ensuite le même destin que son adversaire précédent, il était réfuté par les arguments les plus convaincants, et le mouvement pendulaire reprenait sa position initiale.

Cette controverse a culminé la première fois dans la confrontation historique entre la religion chrétienne et la science grecque. La tradition intellectuelle des grecs dans son ensemble favorisait résolument la raison, et par conséquent une conception de l'univers qui était fondamentalement rationnelle et totalement résoluble en termes objectifs. Dans le christianisme, en revanche, l'idée prévalait que le monde était créé à partir du néant par la volonté inconnaissable de Dieu le Père. La raison ou le logos prenait une place seconde et était personnifiée par le Fils.

Au Moyen Âge une nouvelle confrontation rivale eut lieu entre thomisme et scotisme. D'après Thomas d'Aquin la volonté est déterminée par la connaissance du Bien, et l'intellect est le *moteur suprême* de la psyché. En opposition avec le thomisme, Henri de Gand, Duns Scot et Guillaume d'Ockham argumentaient que la volonté, si elle reçoit ses impulsions motrices des idées et de l'intellect, perd son caractère fondamental de contingence et sa 'puissance d'opposition'. Pour que la volonté soit capable d'authentiques décisions, elle doit être le '*movens per se*'. Une volonté ne peut être souveraine que si elle n'est pas déterminée par la dictée de la raison.

Pour Thomas, en revanche, même la volonté divine doit se soumettre à la sagesse divine qui est son maître incontesté. Mais Duns Scot insiste sur le fait que Dieu a créé l'univers comme une manifestation de sa volonté arbitraire absolue, et que, si telle avait été sa décision, il aurait pu le doter de propriétés exactement opposées. Une des formulations les plus pointues de cette controverse est offerte par Francis de Mayro, qui posait la question suivante : quand Dieu créa le monde, était-Il soumis aux lois de la logique qui limitaient son omni-puissance, ou ces lois et leur validité étaient-elles une expression de sa décision arbitraire et aurait-Il pu déclarer valables d'autres lois ? Du côté de l'éthique, Ockham compléta cette argumentation par la réflexion suivante : Dieu aurait-il pu décider que ce que nous avons appris à nommer péché fût déclaré vertu, vrai contenu de la loi morale ?

Qu'il n'y eut jamais de décision en faveur de l'un ou l'autre côté de cette controverse – car chaque partie avançait des arguments pareillement valables et pareillement réfutables – est radicalement démontré par le fait que cette disputation apparut une troisième fois, au plus haut niveau philosophique, dans la différence entre les points de vue métaphysiques de Kant et de Hegel. Pour Kant la philosophie doit insister, sans aucun doute possible, sur la priorité de la volonté et la souveraineté absolue de la décision libre (l'impératif catégorique). La raison – d'après Kant – ne peut pas dominer la volonté parce qu'elle est limitée par une faiblesse intrinsèque, qui peut la conduire à commettre des erreurs et qu'il nomme '*illusion trancendentale*'. Ces illusions ne sont pas l'expression d'une incompétence humaine ni d'une maladresse, mais appartiennent à l'essence de la pensée théorique.

Cette faiblesse métaphysique de la Raison n'est pas acceptée par Hegel, le philosophe du 'panlogisme'. La Volonté en tant qu'adversaire de la Raison se manifeste au degré le plus élevé dans le domaine de l'"esprit objectif", i.e. dans la loi, la morale et l'état. Mais au dessus de l'esprit objectif règne l'esprit absolu, qui est l'autoréférence d'une raison qui est à elle-même sa propre loi.

Nous ne voulons pas entrer dans d'autres singularités de ce débat qui reste, aujourd'hui encore, un problème non résolu et qui restera irrésolu dans le cadre d'une conception classique du monde. Car, aussi longtemps que la réalité restera divisée en un domaine naturel et surnaturel, le problème ne pourra pas disparaître parce qu'il est justement le produit de ce processus de division.. Ainsi la subjectivité est elle-même divisée en un composant naturel et un composant surnaturel.

Si un problème est soulevé encore et encore, et si aucune solution ne peut être trouvée, on ne devrait pas s'interroger sur ce qui sépare les représentants des points de vue opposés, mais se demander ce qu'ils ont en commun, car c'est là que doit se trouver la source du désaccord. Et, quelle qu'ait été l'intensité du désaccord sur la solution du problème entre les scientifiques grecs et les penseurs religieux du début de l'ère chrétienne, ou entre les thomistes et les scotistes et finalement entre Kant et Hegel, il y avait entre ces parties adverses un accord extraordinaire sur la manière de poser ce problème. Aucun de ces deux partis n'a jamais douté que volonté et raison ne fussent deux facultés spirituelles différentes du sujet, et que l'on ne pût les identifier ni les mettre en opposition mutuelle comme deux généraux en guerre, qui se seraient rencontrés sur un champ de bataille avec l'intention de vaincre l'adversaire. Aucun des représentants des deux côtés n'a jamais compris que cela ne valait pas la peine de se battre autour de cette question.

Parfois, et purement par hasard, un doute timide concernant la légitimité de ce problème fut prononcé dans l'histoire de la philosophie ; mais de tels doutes restèrent sans conséquences sérieuses car, pendant la période classique de la philosophie et de la science, aucun outil n'était disponible pour développer une théorie qui niât la supposition que volonté et raison fussent deux capacités de l'esprit séparées et travaillant indépendamment.

Or, c'est justement ce point de vue que nous voulons prendre. Notre thèse sera : volonté et raison sont l'expression d'une seule et même activité de l'esprit considérée sous deux points de vue différents. Ou – pour le dire différemment – volonté et raison ou réflexion théorique d'un côté et décision contingente de l'autre ne sont que des manifestations réciproques d'une seule et même configuration ontologique, produites par le fait qu'un système vivant passe par des attitudes constamment changeantes envers son environnement. Il n'y a pas de pensée qui ne soit constamment supportée par une volonté de penser. Et il n'y a pas d'acte de volonté sans perception théorique de quelque chose qui serve de motivation à la volonté.

Une volonté qui ne voudrait rien que soi-même n'aurait rien de concret à pouvoir mettre en action ; et une pensée qui ne serait qu'une image mentale sans aucune volonté qui la produirait et l'entretiendrait est également inconcevable.

Dans ces circonstances, il est compréhensible que nous n'ayons pas encore une théorie scientifique de la décision. Si la volonté ne peut pas être traitée comme une faculté séparée et si elle n'existe pas comme telle, il n'est pas possible de développer une théorie indépendante d'elle-même et de son mécanisme de décision. Pourtant nous croyons – et cela correspond tout à fait à la contradiction du thème – que nous possédons une théorie de la pensée, conçue à l'origine par Aristote puis développée et perfectionnée jusqu'à nos jours. Cette hypothèse perpétue seulement une erreur fondamentale. Nous *n*'avons justement *pas* de théorie des 'mécanismes de la pensée'.

Si nous en avions une, nous pourrions depuis longtemps construire des ordinateurs qui penseraient comme nous, avec des propriétés hétéro-référentielles et auto-référentielles (***selbst**-referentiell*). Mais nos ordinateurs actuels sont seulement rétro-référentiels (***auto**-referentiell*)*. Ils n'ont pas conscience de la différence qui existe entre les processus de pensée et leur référent sémantique. En d'autre mots : ils ne sont pas capables d'hétéro-référence, sans parler d'autoréférence. C'est la meilleure preuve que nous ne sommes pas encore capables de développer une théorie exacte du processus de la pensée. Ce que nous avons acquis au cours de l'histoire de la science occidentale, c'est seulement une théorie des *contenus* ou des *résultats* de la pensée mais pas une théorie de la pensée elle-même, de la pensée en acte. Prendre notre logique actuelle pour une théorie des mécanismes de la pensée est à peu près la même chose que confondre les meubles de notre nouvel appartement avec les déménageurs qui les y ont placés. Toutes les tentatives de découvrir les lois de l'événement subjectif, que nous appelons réflexion théorique, ont jusqu'à présent échoué. Et elles ont échoué exactement pour les mêmes raisons que celles qui nous ont empêchés de développer une théorie de la volonté et de la décision : parce que volonté et raison ne sont justement pas deux facultés opérant indépendamment l'une de l'autre, mais constituent une seule faculté de la subjectivité qui peut assumer des aspects contraires sous des conditions ontologiques inversées.

Comme l'approche classique n'a pas réussi à identifier séparément cognition et volition à l'intérieur d'une même subjectivité individuelle, nous aborderons le problème sous un angle différent. Nous supposons que le phénomène de la subjectivité, en tant que manifesté par des processus de pensée et de décision, ne peut pas être observé à l'intérieur de la peau d'un corps vivant individuel – qu'il soit animal ou homme. À la place nous proposons le théorème suivant : *la subjectivité est un phénomène qui est distribué sur l'antithèse logique du 'Je en tant que sujet subjectif' et du 'Tu en tant que sujet objectif', tous les deux ayant un environnement commun.*

Si nous essayons de décrire la situation du point de vue d'un observateur neutre, nous pouvons dire que nous sommes conscients de

---

* Comme l'auteur établit une différence entre *Selbst-Referenz* et *Auto-Referenz*, nous traduisons le premier par autoréférence, comme nous l'avons fait jusqu'ici, et le second par rétro-référence

notre propre subjectivité par autoréférence. Dans cette attitude mentale autoréférentielle, notre propre Je apparaît seulement comme une entité passive. Nous en sommes conscients comme d'un pseudo-objet, parce que toute action que nous attribuons à la subjectivité vivante est absorbée par le processus autoréférentielle, dès qu'il se tourne 'vers l'intérieur'. Ainsi notre Je personnel apparaît à notre autoréflexion comme un objet *passif*, vers lequel notre attention *active* est dirigée. Notre propre Je est – pour ainsi dire – une 'âme-chose' (*Seelen-Ding*). Si nous passons en revanche de l'autoréférence à l'hétéro-référence, et si nous dirigeons notre attention sur notre environnement, nous rencontrons encore une fois la subjectivité, mais cette fois sous la forme de l'autre Je, sous celle du Tu. Mais le Tu n'est pas pour nous une âme-chose comme notre propre Je, c'est seulement le corps spécifique du Tu qui se présente à nous comme une chose. Dans notre environnement la catégorie de choséité ne se réfère qu'aux choses physiques. Contrairement aux évènements objectifs qui ont lieu entre les chose inanimées, nous pouvons concevoir et observer la subjectivité sous la forme du Tu uniquement en tant qu'événement de volonté, c'est-à-dire en tant qu'expression d'une volonté subjective qui n'est pas la nôtre et qui nous est totalement inaccessible.

L'état ontologique particulier du Tu résulte de sa localisation physique dans notre environnement, du fait qu'il doit nécessairement apparaître comme un corps organique animé, qui occupe une place spécifique dans le temps et dans l'espace. Mais d'un autre côté il résiste à une identification à ce corps qui pourrait être atteint par les méthodes de la science naturelle classique, et ainsi il demeure une subjectivité intérieure totalement inaccessible. À cet égard le Tu n'appartient pas à notre environnement, parce que par environnement nous entendons quelque chose qui est en principe à notre portée, même si des obstacle pratiques peuvent nous tenir à l'écart de certaines de ses parties. Une difficulté supplémentaire vient du fait que nous ne pouvons plus nous contenter de ce schéma simple, à savoir que le sujet subjectif – c'est-à-dire notre Je – apparaît dans un environnement *mental* comme un objet de pensée, et que le sujet objectif, le Tu, apparaît dans un environnement *physique* comme la manifestation d'une volonté, sous forme de décisions. En d'autres mots : nous ne sommes plus satisfaits de la formule primitive qui dit que notre *ego* personnel apparaît comme la source de la cognition et l'*alter-ego* comme la source des décisions. Nous savons très bien que notre propre Je doit aussi être considéré comme la source principale de nos décisions, et qu'aucun Tu ne pourrait se manifester soi-même comme une entité qui prend des décisions, sans que ce processus de décision ne soit motivé et dirigé par la pensée.

La clé pour la résolution du problème se trouve dans la relation que les deux versions de la subjectivité entretiennent avec leur environnement non subjectif, et dans la connaissance que le Je, en tant que sujet subjectif, forme une relation d'échange avec chaque Tu, en tant que sujet objectif. Bien que de notre propre point de vue chacun de nous soit le sujet subjectif et chaque autre sujet le Tu objectif, la situation apparaît, du point de vue de chaque Tu, exactement inverse. Ainsi, chacun de nous qui prétend être un Je subjectif est ramené, dans l'optique du Tu, à la subjectivité objective et localisé dans un environnement étranger qui n'est pas le nôtre ; il chevauche, certes, notre environnement mais il appartient à ce Tu particulier qui a pris le rôle de nous observer. Nous le savons tous ! Et cela signifie que la séparation entre notre subjectivité personnelle et celle qui est médiatisée par notre environnement n'est – vue structuralement – qu'une réplique de la division dont nous sommes conscients, dans notre propre Je, qu'elle est source simultanée des notions cognitives et des décisions volitives. En d'autres mots : le cerveau en tant qu'organe de la conscience subjective répète à l'intérieur de lui-même la relation entre le Je et le Tu médiatisée par l'environnement physique. Pour cette raison nous ne tiendrons plus compte dans la suite de cet essai de l'existence du Tu dans notre environnement, et provisoirement, pour des raisons de simplification, nous prendrons une position un peu solipsiste. Nous assumons l'idée qu'il n'existe qu'un seul sujet, seul habitant vivant du cosmos qui, en dehors de lui, est sans vie. Cette attitude épistémologique représente un progrès essentiel si nous la comparons avec le point de vue traditionnel classique, où un observateur extérieur fait la carte d'un univers totalement dépourvu de vie, parce qu'il s'en est lui-même exclu.

Arrivé à ce point, nous devrons nous demander ce que peut signifier l'analyse ontologique précédente pour la recherche sur le cerveau. Deux directions se présentent pour la continuation des recherches dans ce domaine : nous pouvons regarder le cerveau comme un pur morceau de matière physique, qui comporte environ dix milliards de neurones, et nous pouvons chercher ensuite comment la nature a construit ces neurones et comment ils arrêtent ou transmettent des messages et mémorisent des informations. C'est naturellement une manière de procéder légitime, et il va de soi qu'il est éminemment nécessaire d'avancer dans cette direction. Mais cette méthode a ses limites. Avec les techniques disponibles dans ce domaine il est, par principe, impossible de traverser la frontière entre les événements objectifs et la conscience subjective. Chaque recherche et chaque analyse qui commencent dans une contexture donnée sont inévitablement et inconditionnellement limitées par la contexture dans laquelle elles ont fait leurs premiers pas. Objectivité et subjectivité sont dis-contexturelles.

Il existe en plus un problème technique. La description des systèmes neuronaux repose surtout sur l'analyse combinatoire. Or, le nombre des neurones qui participe à la production des événements mentaux est tellement élevé que la combinatoire échoue à plusieurs égards. On peut montrer que, pour passer de l'objet au sujet, le système neuronal doit posséder plusieurs propriétés qui ne sont descriptibles qu'avec des procédures récursives. Mais ces méthodes ne nous mènent pas assez loin. Par exemple, il est hautement probable que la frontière entre subjectivité et objectivité a une certaine relation arithmétique avec les maxima des nombres Stirling du deuxième ordre. Si nous cherchons ce maximum, nous devons savoir pour quels k d'un n spécial la valeur S(n,k) a son maximum.

Actuellement une réponse peut être donnée jusqu'à la valeur n = 95. Au-delà de ce nombre on ne peut faire que des estimations. Mais pour pouvoir décrire adéquatement la relation mentale entre subjectivité et objectivité, n devrait être égal à 10 milliards. Et même ainsi cela ne suffirait probablement pas, parce qu'avec 10 milliards nous nous référons seulement aux nombres des cellules nerveuses du cerveau et nous ne prenons pas en compte les cellules du corps.

En d'autres mots : ce n'est pas seulement pour des raisons théoriques mais aussi pour des raisons pratiques que les recherches dans le système neuronal du cerveau ne révèleront jamais comment le cerveau contribue à la solution de l'énigme de la subjectivité. Mais il existe un autre chemin d'approche du problème neural. Au lieu de partir du niveau neuronal et de monter, on peut se demander : quelle est la plus haute performance du cerveau ? C'est-à-dire : quelle représentation mentale du monde produit-il ? Nous pouvons décrire cette représentation du monde dans des termes sémantiques et structuraux, et, de là, nous pouvons descendre en nous posant la question : comment le cerveau doit-il être organisé pour pouvoir créer ces représentations qui ont une valeur sémantique particulière ? Ce type de recherche a à peine commencé, mais elle est aussi importante et nécessaire que les autres.

La première partie de cet essai avait pour but d'orienter l'attention du scientifique dans cette direction ; la partie suivante, la deuxième partie, veut démontrer comment nous pouvons révéler par cette méthode le rapport fondamental qui existe entre subjectivité en tant que processus de pensée (cognition) et subjectivité en tant que processus de volonté (volition).

Deuxième partie

En laissant de côté pour des raisons pratiques le problème du Tu, nous abandonnons dans le cadre de cet essai l'un des plus importants révélateurs du fait que la subjectivité est une partie essentielle de chaque environnement. Nous délaissons pour le moment cette question, parce que la subjectivité du Tu n'est pas notre subjectivité, celle qui apparaît dans l'autoréférence. Le Tu est toujours un produit de l'hétéro-référence, et nous entendons justement montrer que la subjectivité du Je personnel – indépendamment de notre savoir sur d'autres sujets – n'est pas quelque chose qui est inclus à l'intérieur d'une personnalité individuelle, mais quelque chose qui est distribué sur un système vivant *et* son environnement.

De par notre expérience nous savons que la relation de notre Je personnel à son environnement peut prendre deux aspects fondamentaux. Ou l'influence de l'environnement est tellement puissante que le Je est forcé d'obéir et de s'adapter à ces forces qui le menacent de l'extérieur, ou l'environnement qui enveloppe le système vivant peut se comporter d'une façon plus ou moins neutre envers ses besoins. Dans le premier cas, il n'y a pas d'espace libre dans lequel la subjectivité d'un organisme vivant peut s'exercer en tant que procès d'actes de décision. Elle ne peut que passivement enregistrer les messages qu'elle reçoit de l'extérieur, et si elle essaie de décrire son environnement et sa propre position à l'intérieur de celui-ci, elle doit le faire dans des termes de causalité physique et de nécessité logique concomitantes. Cela veut dire que les états changeants du sujet prennent un caractère cognitif et deviennent ainsi descriptibles par les termes de la raison théorique, dont les lois sont dictées par l'existence objective du monde tel qu'il est.

En revanche, si nous supposons que la relation entre un système vivant et son environnement est telle que le monde environnemental n'exerce pas une influence déterminante sur la subjectivité qu'il héberge, la subjectivité elle-même doit entrer dans un rôle actif pour surpasser cette indifférence et pour maintenir son caractère vivant. Il est important de dire qu'elle *doit* prendre un rôle actif, et il ne suffit pas de dire qu'elle *peut* être active. C'est un critère fondamental qui distingue la matière inanimée de la matière animée. Dans le cas où le monde n'exerce pas d'influence déterminante observable sur une entité incluse en lui et où l'entité en question reste inactive, nous avons tendance à supposer qu'il s'agit d'un cas de pure indétermination, comme cela semble apparaître de temps en temps dans le domaine de l'objectivité sans sujet. En revanche, si un système est structuré de manière que son organisation intérieure le force absolument à réagir à la neutralité de son environnement par un acte d'autodétermination, nous parlons alors d'un système vivant.

Le point décisif est que le monde en tant que totalité ontologique, c'est-à-dire en tant que système ou système plus environnement, est toujours totalement déterminé. Mais le *nexus* causal peut évidemment aller dans deux directions différentes. Ou il peut commencer dans l'environnement et se propager dans le système inclus dans cet environnement, ou il peut sembler commencer à l'intérieur de la subjectivité d'un système vivant et se prolonger dans l'environnement. Dans le deuxième cas la tradition classique parle de liberté de la volonté. Une apparence d'indétermination partielle de la réalité ne se produit que si nous prenons le point de vue épistémologique unilatéral d'une contexture d'objectivité sans sujet. C'est exactement ce qu'a fait la tradition classique des sciences naturelles, dont une des dernières conséquences fut le développement de la théorie de la mécanique quantique, où le principe d'incertitude de Heisenberg a montré une certaine mesure d'incertitude dans la description de l'objet isolé.

Il est nécessaire de souligner ici qu'il ne serait proprement pas juste de parler de deux chaînes de causalité – l'une prenant son origine dans l'objet inanimé et l'autre dans l'objet animé – parce que tous les systèmes vivants, à leur origine, ont justement émergé de cet environnement dont ils se sont eux-mêmes différenciés. En fait il n'existe qu'une chaîne causale, qui naît de l'environnement, qui se propage à travers lui et retourne, se réfléchit dans cet environnement à travers les systèmes vivants. Cependant la loi de la détermination s'exprime sous deux modalités différentes. Nous devons faire une distinction entre causalité réflexive et causalité irréflexive. Nous entendons par là que la chaîne de causalité, dans son passage à travers le système vivant, subit un changement radical de son caractère. Quand Arnold Gehlen, au début des années 30, a écrit sa *Théorie de la liberté de la volonté* (*Theorie der Willensfreiheit*), il a attiré l'attention sur deux faits fondamentaux concernant les aspects volitifs de la subjectivité. D'abord – et ici il suit l'exemple de Leibniz – il affirme que la liberté de la volonté ne doit jamais être interprétée comme un manque de détermination causale dans le sens physique, mais qu'elle signifie un élargissement positif de détermination, produit par le système vivant et s'ajoutant aux conditions physiques de l'objet.

Gehlen entre encore plus profondément dans le problème en montrant que la liberté n'a jamais affaire avec la matérialité des événements mais avec leur forme structurale. Cependant ce qui arrivera, relativement aux conditions physiques du monde en tant qu'objectivité, arrivera de toute façon de la manière dont il est déterminé par la causalité irréflexive. On ne peut pas y échapper. L'événement en tant que tel ne peut pas être évité mais sa forme est capable de modification. Pour le dire autrement : quand nous observons deux événements dans le monde, si nous disons que l'un est un événement objectif déterminé exclusivement par des causes environnementales physiques, et si nous voyons l'autre événement comme une "action spontanée" déclenchée par la volonté libre, nous pouvons seulement constater que les deux événements – qui sont pleinement déterminés par la causalité objective aussi loin qu'elle porte – diffèrent quand même ; en effet ils diffèrent considérablement dans leur forme structurale. L'action volontaire d'un sujet contient une complexité structurale bien supérieure à celle que nous pouvons observer dans la causalité physique irréflexive qui relève du domaine des objets. Mais pour éviter toute méprise nous devons ajouter : un processus volontaire est aussi déterminé causalement qu'une avalanche qui descend la pente d'une montagne. Le mythe de la volonté totalement indéterminée fut engendré par le fait que le transfert de la causalité de l'objet au mécanisme de la subjectivité apporta une telle richesse structurale au *nexus* causal qu'une force totalement nouvelle semblait émerger, une force qui se distinguait totalement des chaînes de détermination qui reliaient tous les objets ensemble.

Nous avons constaté précédemment que le monde en tant que totalité d'objets et de sujets est pleinement déterminé. Même si l'*objet isolé*, regardé séparément ne semble pas pleinement déterminé, *il y a* de la détermination. Et même si le *sujet isolé*, sur lequel se porte exclusivement notre attention, ne nous semble pas être totalement libre, non-déterminé, *il y a* de la liberté. En revanche, si nous admettons que la réalité en tant qu'intégration d'objectivité *et* de subjectivité est pleinement déterminée, nous pouvons dire que la causalité de la contexture objective de l'univers forme une boucle qui traverse la subjectivité et retourne dans l'environnement. Mais nous devons être très prudents avec de telles déclarations, car la rétroaction à laquelle nous nous référons a une complexité structurale beaucoup plus grande que la rétroaction que nous observons dans les systèmes physiques. L'idée de rétroaction, telle qu'elle est appliquée actuellement dans la théorie des ordinateurs, n'implique justement pas un changement typique dans la forme structurale que subit la causalité quand elle passe à travers un système de subjectivité.

Comme un système volitif a besoin d'une image du monde pour prendre des décisions et accomplir des actions fondées sur de telles décisions, nous désignons la prétendue liberté de la volonté : causalité "induite par des images". Opposée à elle, la causalité objective de l'environnement, sans cette rétroaction à travers un système de volition, est sans image. Comme la tradition classique de la science n'a reconnu que ce type de causalité non filtré à travers une image, il était inévitable que le mythe de la force subjective se fût créé, une force qui agit d'une manière totalement indéterminée, indépendante du *nexus* causal de l'univers physique, et même dans son sens opposé. Nous le répétons : si nous ne voulons pas revenir au mysticisme, qui n'a pas sa place dans la science, nous ne devons pas entendre sous libre arbitre un manque de détermination mais une augmentation des facteurs formels de détermination sur la base d'une complexité structurale croissante de l'événement. Ces facteurs doivent être ajoutés aux données déterminantes de l'univers sans sujet de la tradition classique, et de cette façon, nous avons alors le droit de dire que la totalité de la réalité, en tant qu'intégration de sujets et d'objets, est pleinement déterminée et, en tant que telle, représente un objet légitime de la recherche scientifique et du projet cybernétique.

Il existe, ontologiquement parlant, des trous noirs dans la structure de la réalité élaborée par la conception classique de l'univers. Nous les remplissons tant bien que mal avec les éléments d'une théorie, selon laquelle notre univers physique est entouré par un monde surnaturel qui, de temps en temps, pénètre dans cette vallée de larmes et engendre les trous noirs de l'irrationalité et de l'absence totale de détermination.

Nous avons souligné plus haut que la distinction entre matière inanimée et organisme vivant repose sur le fait qu'un système vivant, s'il se trouve dans une situation où son comportement n'est pas entièrement dicté par son environnement, est inévitablement forcé d'agir. La raison qui permet l'apparition de cette dualité des attitudes subjectives est celle-ci : un système de subjectivité est toujours dominé par un environnement si celui-ci déploie une plus grande complexité structurale que le système sur lequel il agit. En revanche, il existe d'autres situations où la relation entre un système vivant et son environnement est caractérisée par le fait que l'environnement – en ce qui concerne le sujet – déploie une complexité structurale moins grande que celle de la subjectivité. Donc, si nous voulons décrire les attitudes possibles que l'activité subjective peut prendre envers son environnement, nous devons prendre en compte deux relations d'ordre hiérarchique inverse. Dans un cas le monde extérieur est placé au sommet de la hiérarchie et domine absolument le sujet ; dans l'autre, dans la relation hiérarchique inverse, le sujet est souverain et règne sur l'objet. Dans le premier cas la subjectivité nous apparaît en tant que système cognitif, dans l'autre elle se manifeste comme volonté. Les figures 1 et 2 illustrent les relations mutuelles qui existent entre la subjectivité en tant qu'acte de cognition et la subjectivité en tant qu'expression de la volonté. Elles sont – structuralement parlant – des images en miroir. Mais on ne doit pas oublier que les deux figures se réfèrent à une subjectivité unique et non à la distribution de la cognition et de la volition sur une multitude de centres de subjectivité.

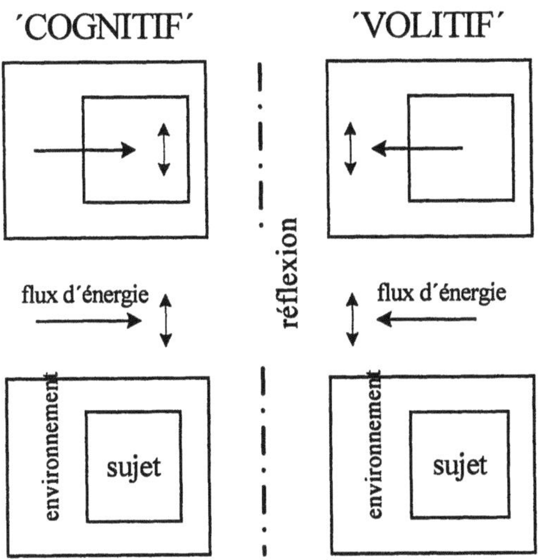

fig.1 fig.2

Dans la figure 1 nous avons tracé un rectangle qui contient un carré et dans ce carré une flèche bi-directionnelle. Une deuxième flèche part du rectangle en direction du carré. Dans la figure 2 nous avons tracé le même rectangle et le même carré mais la position et la direction des flèches ont changé. La flèche simple part maintenant du carré en direction du rectangle et de la flèche bi-directionnelle, qui est maintenant placée dans la figure oblongue plus large. La figure 1 représente d'une manière très simple la relation d'un sujet à son environnement, quand sa vie se manifeste en tant que système cognitif. En d'autres mots : la figure 1 se rapporte à un schéma de pensée fondé sur la perception du monde extérieur. Dans la figure 2, le même système de subjectivité détermine sa relation à l'environnement sous forme de décisions. Il n'agit pas comme une entité raisonnante liée aux lois de la logique mais comme un mécanisme de volition relativement spontané. La flèche simple montre la direction de l'expression de la volonté et le courant de la causalité induit par une image. Dans la figure 1, l'environnement représenté par le rectangle cause un événement à l'intérieur du système cognitif. Dans la figure 2, la volonté produit un événement dans le monde extérieur. Le choix de nos symboles n'est pas tout à fait fortuit. Les flèches bi-directionnelles indiquent que le courant inverse des événements mène toujours à une configuration structurale symétrique et ambivalente, qui implique une dualité, bref : à une relation d'échange. Les flèches simples indiquent un ordre unidirectionnel. Ainsi nos deux figures montrent que les relations mutuelles entre connaître et vouloir sont, à l'égard de leur environnement, exactement inverses.

Bien entendu les images 1 et 2 représentent une séparation abstraite des mécanismes enchevêtrés de la cognition et de la volition. Dans la réalité il existe une interaction permanente entre les deux, et aucun ne peut jamais travailler sans le support continu de l'autre.

Il n'existe aucune pensée qui n'est pas accompagnée d'un acte de volonté, et une volonté qui ne serait pas soutenue par une composante intérieure de la conscience théorique serait complètement aveugle. Mais pour l'instant laissons de côté cette interaction nécessaire, et décrivons les fonctions de la raison et de la volonté dans un état de séparation artificielle, comme les représentent les deux figures. La figure 1 décrit la théorie antique de l'image de la cognition telle qu'elle était conçue par Démocrite. D'après lui toutes les choses envoient à l'âme des messages minuscules, qui sont des copies infiniment petites des objets que nous percevons. Ces copies, ou répliques minuscules des choses, entrent dans notre conscience théorique et, de cette manière, nous devenons conscients de la forme des objets de l'univers et de toutes leurs autres propriétés. Il est très significatif que cette théorie de la représentation, qui a connu un grand succès dans l'antiquité, interprète le processus de la connaissance comme un processus au cours duquel le système cognitif reste essentiellement passif. Le sujet de la connaissance, selon Démocrite, a peu de raison d'agir car il ne reçoit pas une masse chaotique de sensations qu'il doit transformer en images mentales par son propre effort. D'après ce philosophe, ces images mentales sont déjà préformées dans l'environnement par les objets eux-mêmes. Ce processus environnemental est projeté dans le système cognitif qui n'a rien à y ajouter. Si nous recourons à une analogie moderne, nous dirons que les champs cognitifs de l'âme se comportent comme l'écran d'un cinéma, sur lequel le projecteur passe des images qui produisent un film ; l'écran ne contribue en rien au film, il ne fait que refléter passivement ce qui est projeté sur lui.

Il est naturellement impossible, aujourd'hui encore, de souscrire entièrement à cette théorie antique de l'image. Mais elle contient sans doute un élément important de vérité, dans la mesure où elle implique que la relation entre l'attitude cognitive de la subjectivité et son environnement est une relation d'ordre, dans lequel l'environnement joue le rôle dominant. La cognition implique une hiérarchie en tant que relation d'ordre de matière et de forme, dans laquelle le monde dicte à l'âme ce qui existe et dans laquelle le système cognitif n'a pas d'autre choix que d'accepter les faits et de s'y soumettre. Cette attitude de la raison soumise à la réalité du monde est si profondément enracinée en nous tous que certains scientifiques sont toujours irrités par la remarque d'un philosophe célèbre qui, après qu'on lui a dit que ses faits présupposés étaient faux, a répondu : tant pis pour les faits !

On doit bien se rendre compte que la relation entre sujet et objet est toujours non symétrique, qu'elle est par conséquent l'expression d'un ordre hiérarchique, alors que les relations entre les objets – quand on exclut strictement la subjectivité – aboutissent toujours à des relations symétriques. Nous avons déjà souvent fait remarquer que les lois physiques sont des formes d'expression d'une symétrie et que, partout où les physiciens rencontrent des asymétries, ils cherchent des phénomènes compensatoires dont la mise en regard pourrait reconstituer la symétrie perdue. Et il est incontestablement vrai qu'un univers débarrassé de toute subjectivité sera toujours parfaitement symétrique quant à sa structure. La tradition classique s'est toujours efforcée de décrire cet univers, qui correspond à son idéal scientifique. Il s'ensuit que la logique binaire, qui gouverne les lois de la nature en tant que contexture purement objective, se fonde sur une relation d'échange symétrique, comme cela est représenté dans la figure 3. Mais ce *pattern* structural abstrait ne doit pas être confondu, comme c'est souvent le cas, avec le tableau classique de négation.

fig 3

fig 4

pos	neg
neg	pos

fig 5

vrai	faux
faux	vrai

La figure 4 reproduit le tableau de négation de la logique binaire. Les deux tableaux (figures 3 et 4) représentent le même *pattern* structural d'une relation d'échange mutuelle, mais il existe une différence décisive entre les deux : dans le premier cas nous sommes en présence d'une relation de symétrie pure, alors que dans le deuxième cas cette symétrie s'est chargée d'une occupation de valeur positive et négative. De cette façon la projection de la relation entre 'positif' et 'négatif' sur le *pattern* symétrique de l'échange mutuel indique – dans le cas particulier de la logique classique binaire – que la position et la négation doivent être regardées comme strictement symétriques, et qu'elles peuvent être interprétées subjectivement en tant qu'opposition logique entre 'vrai' et 'faux', comme cela est montré dans la figure 5. Mais on ne doit jamais oublier que les figures 3, 4 et 5, épistémologiquement parlant, ne sont pas identiques. Les figures 4 et 5 ont en commun avec la figure 3 le fait qu'elles représentent toutes trois des relations d'échange symétriques. Mais l'occupation de valeurs dans la figure 4 nous dit en plus que, si la position et la négation sont projetées sur la figure 3, la négation entre avec la position dans une relation d'échange symétrique. Mais seulement dans ce cas spécifique ! On peut montrer, et l'auteur a essayé de le faire dans des publications précédentes, que la relation entre position et négation peut aussi être interprétée asymétriquement, parce que le nombre des négations peut être augmenté, alors que la position garde toujours une seule valeur. La figure 5 indique que si – et seulement si – la condition de la figure 4 est acceptée, il est possible d'interpréter la relation entre position et négation comme une opposition entre 'vrai' et 'faux'.

Il était nécessaire d'expliciter la différence qui existe entre la structure pure d'une relation d'échange symétrique et ses deux aspects d'occupation possible par des valeurs pour clarifier ce qui suit : quand, par la suite, nous serons amené à parler de relations d'échange mutuelles, nous ne nous référerons pas à des occupations de valeurs telles qu'elles sont représentées dans la figure 5, sauf quand nous l'indiquerons expressément.

Retournons maintenant à la figure 1 qui illustre la situation de base d'un système cognitif seul dans son environnement. Et continuons à ignorer le fait que d'autres systèmes cognitifs, avec différents centres de subjectivités, puissent exister. Il est évident que chaque système de raison – qu'il opère sur la base de notre propre subjectivité ou d'une subjectivité étrangère – ne peut être décrit uniquement par des relations d'ordre, mais qu'il faut aussi y ajouter des relations d'échange. Et dans une situation cognitive, c'est avant tout à ces dernières que nous devons être attentifs et, précisément, pas dans l'environnement du système cognitif mais à l'intérieur de celui-ci, pour ainsi dire dans son espace mental conceptuel. En fait, l'échange offre la base structurelle la plus élémentaire à tous les processus cognitifs, parce qu'il peut être occupé par les valeurs logiques que l'on trouve dans le tableau de négation de chaque œuvre de la logique élémentaire.

Malheureusement, pas un seul traité moderne sur la logique élémentaire n'explique la signification ontologique du tableau de négation classique. Nous essaierons de combler cette lacune. L'être objectif, en tant que contexture sans sujet (irréflexif), est univalent. On ne peut rien dire sur lui sinon qu'il *est*. À l'opposé la logique, dont nous attendons qu'elle décrive (*abbildet*) l'être objectif, est bivalente. La raison de cette différence se trouve dans le fait que la représentation (*Abbilden*) est un processus, et que l'on ne peut pas décrire avec une seule valeur le mouvement mental ni le changement qu'un tel processus implique. Un minimum de deux valeurs est nécessaire. Mais nous ne devons pas en avoir plus que deux, car si nous avions par exemple trois valeurs à notre disposition – ce qui voudrait dire une position et deux négations – la relation entre position et négation serait, en général, une relation d'ordre. C'est seulement si nous travaillons avec une position et une seule négation totale que la relation entre les deux prend la forme d'une relation d'échange symétrique. Et c'est exactement ce qui est nécessaire pour produire un processus dans lequel l'assertion (l'affirmation, la position) peut être remplacée par la négation et la négation transformée en assertion. Si la relation entre position et négation était une relation d'ordre, comme c'est le cas dans le système polyvalent, notre logique ne pourrait plus décrire une relation qui se transforme sans cesse en différents contenus de pensée. Une relation d'ordre décrit ce qui est, cela veut dire que des systèmes polycontexturels sont des ontologies formalisées et *non* des descriptions de processus subjectifs de pensée ou de connaissance. Ce manque d'intérêt pour la signification ontologique du tableau de négation explique que les cybernéticiens se trouvent plus ou moins désemparés à l'égard des systèmes de la logique polyvalente, et c'est justement ce qui a empêché, jusqu'ici, l'application de la logique transclassique à la conception des ordinateurs. L'esprit cognitif est un système vivant tant que la subjectivité de son jugement reste suspendue entre les pôles d'une relation d'échange symétrique. Cette relation produit la liberté de l'erreur, une liberté que l'objet pur n'a pas. Et ce fait, que chaque subjectivité vivante est fondée, quant à la cognition, sur la symétrie pure entre position et négation, donne à la connexion entre l'acte de connaissance et l'objet connu quelque chose de plus que ne possède pas le simple *nexus* causal suggéré par la théorie de la connaissance de Démocrite.

Pour que la subjectivité puisse faire une image de l'environnement, il faut aussi qu'elle puisse exprimer la relation hiérarchique qui existe entre elle-même et son environnement. Mais c'est justement ce qui pose de graves problèmes à la théorie de la logique classique (en tant qu'elle se distingue du calcul logique pur), parce que ses lois de symétrie signifient implicitement beaucoup plus que ce qu'elles disent explicitement. Ce qu'elles déterminent expressément c'est la structure formelle de l'application (*Abbildung*) de l'objectivité sans sujet dans l'espace conceptuel. En revanche, ce qu'elles impliquent indirectement et d'une façon latente c'est la dépendance du système cognitif à son environnement. Mais cette relation est seulement impliquée et non pas exprimée et, en fait, non positivement exprimable dans les lois de la logique binaire. C'est pourquoi nous constatons une insuffisance fondamentale dans cette logique : elle ne peut sauter par-dessus le chiasme constitué entre forme et contenu. La relation entre forme et contenu ou matière apparaît comme une relation hiérarchique à la tradition classique. Elle révèle la différence entre sujet et objet. Cette tradition nous dit que la subjectivité est forme et que l'objectivité est matière. Mais l'image du monde que produit la cognition à l'intérieur de l'espace mental ne reflète, dans sa structure symétrique, aucun déséquilibre essentiel entre forme et matière. La cognition implique de la symétrie subjective ou logique. C'est pourquoi nous avons placé à l'intérieur du carré de la figure 1 une flèche bi-directionnelle comme symbole de l'échange symétrique. Tout ce qui se trouve à l'intérieur du domaine cognitif de la conscience – indépendamment du fait que ce soit asymétrique ou non – est placé dans le lit de Procruste de la symétrie.

Mais à l'égard de son environnement, un système vivant se trouve encore dans une autre position, une position dans laquelle il ne se comporte pas seulement comme un système cognitif mais aussi comme un mécanisme volitif. Et dans la situation volitive, les messages que l'environnement envoie à l'esprit, lui disant que les choses sont comme ci ou comme ça (et qu'il doit se comporter en conformité avec elles), perdent toute valeur. La figure 2 représente cette situation dans laquelle un système de subjectivité ne se comporte pas d'une manière cognitive à l'égard de son environnement mais comme une volonté subjective. C'est précisément là, dans notre analyse de la relation entre sujet et objet, qu'apparaît le problème du 'libre arbitre'. Ce que nous avons montré dans la figure 2, c'est ce que le Moyen Âge a illustré à travers l'histoire célèbre de l'âne de Buridan. Jean Buridan – à l'époque recteur de l'université de Paris et co-fondateur de l'université de Vienne – avait développé cet argument : si un âne se trouve entre deux tas de foin équidistants de lui, aussi attirants l'un que l'autre, et si toutes les autres conditions qui pourraient influencer son choix sont absolument identiques, l'animal, d'après la théorie du déterminisme, devrait mourir de faim. En effet, si chaque événement dans le monde est absolument déterminé par ses conditions, l'âne de Buridan serait incapable de tourner sa tête vers l'un ou l'autre tas de foin, sans même parler d'en manger. Mais le bon sens et l'expérience nous montrent que l'âne ne meurt pas de faim mais qu'il commence de manger d'un tas ou de l'autre. Il s'ensuit que l'âne, dans ces conditions indiquées, possède une liberté de choix. En tant que système vivant il ne peut pas être complètement déterminé par l'environnement. Et l'animal le montre en prenant une décision de lui-même. Ce qui veut dire, d'après la théorie classique de la détermination, que l'âne est capable d'action par manque de détermination objective.

Il est intéressant de savoir que Buridan lui-même ne s'est décidé ni pour ni contre le déterminisme.

L'idée que l'action volontaire d'un système vivant vienne d'un manque de détermination du monde physique peut seulement exister si l'on accepte la tradition antique, selon laquelle l'âme, en tant que citoyenne d'un monde surnaturel, ne se trouve que temporairement dans le cosmos physique. Durant cette période elle est habitée par une force intérieure, qui agit spontanément et dont les racines plongent dans cette région transcendante de l'esprit. Si nous nous libérons de cette conception, l'idée d'une action volontaire d'un système vivant engendrée par un manque de détermination physique devient inconcevable. Si nous regardons le problème d'un point de vue cybernétique, selon lequel l'univers est conscient de lui-même – non en tant que totalité comprise comme un pan-psychisme, mais conscient de lui-même dans certaines régions préférentielles de structure hautement complexe – nous pouvons dire, sans être obligés de recourir à des influences surnaturelles et irrationnelles, que la nécessité de maintenir un degré de complexité supérieur à celui de l'environnement provoquera des événements à l'intérieur d'un système de conscience dès qu'une situation apparaîtra, dans laquelle la différence de structure entre ce système et son environnement ne sera pas maintenue de l'extérieur. La figure 1 montre cette différence structurale dans une situation où la différence entre le système vivant et son environnement est maintenue en fait de l'extérieur. Par conséquent l'attitude de base d'un système cognitif est contemplative.

Dans le cas de l'âne de Buridan, l'environnement se présente au système vivant sous la forme de deux tas de foin qui, physiquement, forment une relation d'échange symétrique. En d'autres mots : l'environnement ne fournit pas au système volitif une situation directive, d'où la volonté pourrait tirer ses ordres tout en maintenant sa distinction subjective à l'égard de l'environnement. Nous devons comprendre qu'une relation d'échange symétrique est absolument neutre à l'égard de la distinction entre sujet et objet. En ce qui concerne l'attitude cognitive du sujet, la relation d'échange rend possible et imite un mouvement mental qui produit une image du monde. Mais dans le cas de l'âne de Buridan et des deux tas de foin identiques, la relation d'échange existante déclenche un processus de volonté qui aboutit à une action physique dans le monde objectif. À l'égard des deux tas, l'âne ne peut pas rester dans une situation de choix permanente, où le monde extérieur ne lui offrirait pas une objectivité *bona fide* sous forme d'*une* chose mais lui proposerait une alternative entre *deux* choses. Et comme nous savons que la relation entre subjectivité et environnement contient aussi un élément d'ordre, c'est à l'animal dans ce cas de s'occuper de l'ordre en faisant un choix et en cassant ainsi la symétrie. Si l'animal sort de l'alternative et fait un choix, il établit une relation d'ordre entre lui-même et l'objet choisi, en renvoyant l'autre possibilité dans le domaine de la pure potentialité de ce qui aurait pu être choisi mais ne l'a pas été. *Avant* le choix, l'âne de Buridan n'existe pas encore comme sujet autonome vis-à-vis du monde objectif, parce que le monde en tant que pure alternative de choix possibles ne possède pas encore d'objectivité. C'est seulement en faisant un choix, en se décidant en faveur de l'un des deux tas de foin que l'âne détermine ce qui est pour lui objectif et ce qu'il relègue dans les limbes de la pure possibilité.

Ici une objection doit être examinée soigneusement : le penseur classique insistera sur le fait que les deux tas de foin restent pareillement réels, indépendamment de la façon dont l'âne se décide. Il serait faux de nier la validité de cet argument, mais il rate le point important pour nous. La proposition que les deux tas de foin restent tout le temps pareillement réels est valable à l'intérieur du contexte de notre figure 1. Elle est un jugement qui résulte du système de la raison contemplative et qui est inconditionnellement correct dans les limites de ce système. Mais revenons maintenant à la figure 2, afin d'analyser une relation volitive et non cognitive entre un système subjectif et son environnement. Cette volition se montre même dans le cas de l'âne, dans le fait qu'il mange à un moment donné d'un tas de foin et non de l'autre. Ce tas qu'il dédaigne reste pour la volonté, à ce moment-là, dans le domaine de la pure possibilité d'être mangé, et aussi longtemps que le tas de foin dédaigné est dans cet état, la volonté n'a pas de contact direct avec lui en tant que représentation d'une réalité objective.

De tout cela nous devons retenir le fait que les jugements ontologiques qui régissent les relations cognitives entre le sujet et le monde peuvent, il est vrai, motiver la volonté mais ne peuvent pas diriger le mécanisme de l'action volitive. La raison structurale de cette différence se trouve dans le fait que la relation d'échange symétrique, qui est – dans le cas de la figure 1 – un mécanisme de la pensée à l'intérieur de l'espace conceptuel de la subjectivité, et qui est traitée là comme alternative des valeurs, est projetée dans le cas de la figure 2 dans l'environnement, où elle se transforme en une relation d'échange entre des objets, ainsi que le montre l'exemple de Buridan. Comme l'alternative est maintenant devenue une propriété de l'environnement, le mécanisme de la subjectivité volitive doit lui-même s'exprimer comme un processus gouverneur, où n'existe que le choix entre échange et ordre. Répétons-le : il est le mécanisme d'échange dont la subjectivité cognitive a besoin pour se mettre en mouvement elle-même.

Nous pouvons dire maintenant qu'un système de subjectivité est un mécanisme – non classique – dans lequel deux programmes inter-actifs de cognition et de volition règlent simultanément, et pourtant alternativement, sa relation avec l'environnement. Dans l'un des programmes le système vivant doit travailler, à condition que l'environnement représente la puissance supérieure du *factum brutum* à laquelle la raison doit se soumettre ; car aussi longtemps que la connexion entre sujet et objet est cognitive, la subjectivité se trouve placée sur le barreau le plus bas de l'échelle hiérarchique. Dans l'autre programme, dans le programme volitif, la réalité environnementale n'est qu'un champ nébuleux de possibilités que la volonté seule peut transformer en réalités solides.

Être en suspens face à cette dualité insoluble est le prix à payer par l'univers du fait qu'il est, synthèse cosmique de sujet et objet, conscient de lui-même ; mais sa conscience est limitée à certains lieux ontologiquement préférentiels, de structure hautement complexe.

Pour la raison classique, qui contemplait d'un lieu surnaturel, hors du monde un univers sans sujet, l'idée d'une vérité absolue avait toujours existé, c'est-à-dire l'idée que les objets avaient une identité *per se* et qu'ils pouvaient être décrits tels quels sans le regard d'un sujet décrivant. Naturellement on admettait que la raison humaine, qui s'était égarée dans ce monde par accident ontologique, ne pourrait jamais accéder, pour des raisons pratiques, à une description totalement précise de l'objet. Cela restait un idéal inaccessible, mais on considérait que l'effort scientifique pouvait au moins converger vers lui.

Du point de vue cybernétique, qui regarde le cosmos comme une structure où sont assemblés sujet et objet, il n'existe pas de vérité objective *per se* ni d'objectivité absolue concevable par un sujet cognitif. Nous pouvons seulement constater que l'univers offre à notre conscience subjective, divisée entre un secteur cognitif et un secteur volitif, deux aspects complémentaires d'objectivité qui nous sont accessibles uniquement par des méthodes herméneutiques ; en effet le monde peut être interprété comme un système qui domine la subjectivité, après l'avoir créée en tant que dernier produit de l'évolution et de l'émanation, ou comme un substrat indifférencié et inerte de pures potentialités d'où le sujet, en tant que source d'action volontaire, réalise ce que les penseurs utopiques de tous les temps ont appelé le monde en tant que 'royaume' de liberté. Ce deuxième aspect est celui d'où émergent les disciplines telles que les sciences sociales et les sciences humaines.

Les deux interprétations sont également valables pour traduire la totalité de l'univers doué de vie, mais également incomplètes si l'une est utilisée sans l'autre. Jusqu'à présent ces deux aspects étaient soigneusement séparés, et beaucoup de discussions eurent lieu autour des méthodes de recherche (dualisme des méthodes). Si l'on utilise des méthodes herméneutiques, il est possible d'élaborer une connexion structurale entre ces méthodes, en se fondant sur la thèse que cognition et volition sont précisément des aspects complémentaires de la subjectivité. La troisième partie de ce travail essaiera de donner une première description de ce chaînon manquant.

Troisième partie

Nous avons constaté que la relation entre un système et son environnement peut être double et descriptible en terme d'ordre et d'échange. Nous pouvons maintenant dire que le monde (matériel) environnemental représente l'ordre et la subjectivité un manque d'ordre. C'est le point de vue classique où le sujet est traditionnellement considéré comme source de toutes les erreurs, de toutes les insuffisances et même de tous les péchés. Si nous traduisons ces termes dans un langage abstrait rigoureux, nous pouvons seulement dire que la subjectivité est une relation d'échange symétrique en état de suspension, où n'est pas encore décidé quel côté de l'alternative sera choisi. L'autre point de vue complémentaire constate que la subjectivité (en tant que forme pure) est la source potentielle de tout ordre, et que le monde environnemental est une région de pure potentialité sans forme ni ordre. Si nous recourons encore une fois à des termes structuraux abstraits, nous dirons que pour le point de vue complémentaire l'environnement représente le modèle d'une relation d'échange, et que les systèmes de subjectivité déploient un degré d'ordre et d'organisation que l'on ne peut trouver dans les relations entre de purs objets.

On peut en conclure que la différence entre sujet et objet, quand elle est exprimée par un observateur impartial dans des notions purement logiques, n'est rien d'autre qu'une expression spécifique de la distinction universelle entre 'forme' et 'contenu de forme' (matérialité). À propos de la complémentarité observée entre cognition et volition, il est indifférent de dire que la relation d'échange symétrique est la base structurale de toute forme, et que des différences dans la matérialité doivent se refléter dans des relations d'ordre ; ou que, renversant notre point de vue, une relation d'échange correspond à un contenu matériel parce qu'une relation d'échange inclut le problème de la contingence, et que des relations d'ordre décrivent toujours des formes structurales. Simplement le premier point de vue souligne la cognition et le deuxième la volition. En effet, quand nous disons que la relation d'échange et sa symétrie se réfèrent à la forme pure, nous voulons dire que toute logique formelle se fonde sur l'échange symétrique entre position affirmative et négation (univalente) totale. Mais si, à l'inverse, nous constatons qu'une relation d'échange, avec sa contingence implicite, correspond au contenu matériel, nous entendons – si nous revenons à l'exemple de Buridan – la coexistence physique des deux tas de foin et la possibilité de choix qu'ils offrent. Et d'une façon générale nous entendons que la contexture de l'objectivité physique sans sujet est gouvernée par la loi de symétrie.

Après nous être libérés nous-mêmes du préjugé que la relation entre forme et contenu constitue un ordre irréversible, nous sommes arrivés maintenant à un point crucial où nous pouvons considérer la possibilité théorique d'un calcul qui allie cognition et volition, ou – pour le formuler plus abstraitement – qui se fonde sur le principe de permutation entre 'forme' et 'contenu matériel de la forme'. Ainsi posons-nous à l'intérieur du domaine de la logique une question qui, récemment, est devenue aussi importante aux yeux des cybernéticiens. Nous voulons parler du problème de la relation entre flux d'énergie et gain d'information. On a récemment noté que l'utilisation de 'l'information liée', dans le sens de Brillouin, inclut nécessairement de l'énergie. Et l'utilisation de l'énergie, fondée sur des considérations de disponibilité thermodynamique, inclut nécessairement de l'information. Ainsi information et énergie sont inextricablement enchevêtrées.

Si nous transférons les termes d'information et d'énergie dans la théorie d'un système de subjectivité, nous pouvons bel et bien les remplacer par les termes de volition et de cognition et affirmer que ce qui est valable pour la relation mutuelle entre information et énergie – en terme de logique ou de structure – est aussi valable logiquement et structurellement pour la relation entre cognition et volition. Mais les deux complémentarités, énergie/information d'un côté et cognition/volition de l'autre, doivent être mutuellement reliées à un niveau d'abstraction le plus élevé qui soit, qui définit la relation entre un échange symétrique et un ordre non-symétrique.

Ici il peut être utile de rappeler au lecteur que la relation entre échange et ordre est l'équivalent formel de la relation ontologique entre forme et contenu (matériel). Mais nous devons encore souligner impérativement que ce n'est pas dans le sens où l'échange représenterait la forme et l'ordre la matière, ou vice versa, mais dans le sens plus enchevêtré où, si un mode relationnel est pris comme base pour la forme, l'autre est interprétable dans les termes de contenu. Cependant la façon dont peuvent être interprétés les deux types de relation dépend toujours de l'état momentané dans lequel se trouve un système de subjectivité à l'égard de son environnement. C'est pourquoi notre réponse sera toujours différente. Elle dépendra de notre façon de considérer l'état dans lequel se trouve le système subjectif : dans un état cognitif ou dans un état volitif.

Pour obtenir une formule générale concernant la connexion entre volition et cognition, nous devons nous poser une question décisive : comment la différence entre forme et contenu peut-elle être réfléchie dans une forme quelconque d'algorithme logique, si la tradition classique de la logique soutient que, dans toutes les relations logiques utilisées dans les calculs abstraits, la distinction entre forme et contenu est absolue ? La réponse est : nous devons introduire un opérateur (inadmissible dans la logique classique) qui échange forme et contenu. Mais en le faisant, nous devons soigneusement distinguer trois concepts de base. Nous ne devons pas confondre :

une relation
le relateur* et
les relatés

---

* Note du traducteur : Dans le texte original anglais, le terme relateur est aussi nommé *relationship* dans le sens de rapport. On souligne ainsi qu'il est différent du terme *relation* en tant que désignation de l'unité complète. De même, une différenciation est établie entre les termes '*Proemialrelation*' et '*Proemial-relationship*'. Celle-ci est rendue dans la traduction française par les termes 'relation proémiale' et 'rapport proémial'

Les relatés sont des entités qui sont liées par le relateur, et la totalité d'un relateur et ses relatés forment une relation qui inclut le relateur et les relatés.

Le relateur peut naturellement prendre beaucoup de formes, il peut être un opérateur de négation. Mais il peut être aussi un opérateur d'équivalence, de conjonction, de disjonction, de transjonction, ou prendre n'importe quelle autre forme logique. Dans l'arithmétique, par exemple, 'le signe plus' ou 'le symbole de soustraction' sont des relateurs. De plus, nous ne devons pas nous restreindre à des langages formels, chaque langue courante contient une multitude de relateurs.

Ces trois distinctions entre relation, relateur et relaté nous permettent de répondre à la question : comment la différence entre forme et contenu, ou dans notre cas entre subjectivité et objectivité, peut-elle être refléchie dans une certaine forme d'algorithme ?

Nous affirmons que la distinction entre forme et contenu est équivalente, d'un point de vue algorithmique, à la distinction entre relateur d'un côté et relaté individuel de l'autre. Quiconque utilisait le terme 'sujet' pensait à un relateur (même s'il ne s'en rendait pas compte), et celui qui se référait à des 'objets' parlait sciemment ou non de relatés. En revanche, si quelqu'un utilisait le terme 'relation' (qui inclut le relateur *et* le relaté), il se référait inévitablement à une situation composée, dans laquelle sujet et objet étaient inextricablement fondus. D'ailleurs, on devrait ajouter que la subjectivité qui est impliquée dans une relation complète est toujours la 'subjectivité objective' et non la 'subjectivité subjective', qui produit dans un processus autoréférentiel une image de soi-même et dans un processus hétéroréférentiel une image d'autres Je, une image de Tu. La raison pour laquelle la logique classique ne peut pas traiter le problème de la subjectivité devrait être maintenant évidente. Une logique de deux valeurs (dans la mesure où elle est un tant soit peu relationnelle) n'opère qu'avec des relations, c'est-à-dire avec une synthèse préétablie entre relateur et relaté. Et si l'on utilise de telles approches, telle la 'théorie des types' ou des 'méta-langues', on peut aussi utiliser des relations comme des relatés. Mais ce que ces théories traditionnelles ne traitent jamais, c'est la théorie du relateur en tant que relié au relaté. Il est d'une importance ultime de ne pas confondre cette théorie avec la description d'une connexion possible entre une *relation* et un relaté. On peut facilement éviter cette confusion dans les systèmes logiques traditionnels.

Concentrons-nous maintenant sur la relation transclassique entre relateur et relaté. Notre compréhension de cette relation transclassique sera facilitée, si nous nous référons encore une fois au problème ontologique qui constitue son arrière-plan. C'est la nature singulière de la subjectivité en opposition avec l'objectivité. Il est totalement absurde – comme déjà Fichte l'avait montré dans sa critique de Schelling – de parler d'un 'objet d'objet'. Un 'objet en tant qu'objet' n'a pas d'objets, mais un sujet 'a' des objets, ce qui veut dire qu'il ne se constitue lui-même que dans sa conscience de l'objectivité. Cette objectivité contient trois sous-catégories d'objets :

1. le sujet peut avoir une image objective de lui-même ;
2. il se réfère, à l'aide d'autres images, aux choses physiques de son environnement, et
3. son domaine d'objectivité peut inclure – comme pseudo-objets – d'autres sujets, les Tu, et en prendre conscience en tant que centres de volonté indépendants, relativement objectifs par rapport à sa propre activité volontaire.

Cette dernière observation nous montre clairement que notre vision du monde alentour est relativement unilatérale, et que nous pouvons à chaque instant changer de place avec un Tu déterminé, qui à son tour agit comme un système de connaissance et nous renvoie dans la position d'un système de volition observé à l'intérieur de sa contexture d'objectivité. En d'autres mots : le Je subjectif de la connaissance forme avec chaque autre Je, auquel il peut être opposé, une relation d'échange. Dans les termes plus abstraits d'un algorithme nous dirons : celui qui est un relateur peut devenir un relaté, et ce qui était avant un relaté peut maintenant accéder à la position d'un relateur.

Cependant il existe une différence bien marquée entre la relation d'échange symétrique, telle qu'elle est représentée par exemple dans le tableau de négation de la logique binaire, et l'échange d'un relateur avec un relaté. Dans la relation symétrique classique les deux relatés changent simplement leur place. Exprimé formellement :

$$R\,(x,y)$$

devient

$$R\,(y,x).$$

Cela ne change rien matériellement. En revanche si le relateur prend la place du relaté, l'échange n'est pas mutuel. Le relateur peut devenir relaté, mais pas dans la relation où il avait établi auparavant le rapport, seulement envers un rapport d'un ordre supérieur.

Et vice versa, le relaté peut devenir relateur, mais pas dans la relation dans laquelle il figurait comme membre relationnel ou comme relaté, seulement envers des relatés d'un ordre inférieur. Si

$$R_{i+1}(x_i, y_i)$$

est donné, et si le relaté x ou y devient relateur, nous obtenons

$$R_i(x_{i-1}, y_{i-1})$$

où $R_i = x_i$ ou y_i. En revanche si le relateur devient un relaté, nous obtenons

$$R_{i+2}(x_{i+1}, y_{i+1})$$

où $R_{i+1} = x_{i+1}$ ou y_{i+1}. L'index i désigne des ordres logiques inférieurs ou supérieurs.

Nous nommerons la connexion entre relateur et relaté 'rapport proémial', car elle 'devance' la relation d'échange symétrique et la relation d'ordre, et elle forme, comme nous le verrons, leur base commune[3].

Nous ne pourrions pas comprendre la relation d'échange ni la relation d'ordre, si notre subjectivité n'était pas capable d'établir un rapport entre un relateur en général et un relaté individuel. Le rapport proémial dote ainsi la logique d'un fondement plus profond, en tant

[3] Le rapport proémial (du grec : prooimion = prélude) n'est pas une idée originale de l'auteur. Il est implicite dans la logique dialectique de Hegel. De plus, il est rigoureusement décrit dans un livre depuis longtemps oublié, le livre du théologien Karl Heim, *Das Weltbild der Zukunft (L'image du monde de l'avenir)*, Berlin 1904. Heim nomme cette relation, 'relation de base' (*Grundverhältnis*). Cependant il l'utilise d'une manière particulière. Comme il est incapable de concevoir une logique transclassique, il essaie à l'aide de cette relation de remplacer toute la philosophie par la théologie.

que potentiel abstrait d'où émergent les relations classiques d'échange symétrique et d'ordre proportionnel.

Il en est ainsi parce que le rapport proémial constitue chaque relation telle quelle. Il définit la différence entre relation et unité, ou – ce qui revient au même – entre le processus de distinction et ce qui est distingué, ou – ce qui revient encore au même – entre sujet et objet.

Dans des publications antérieures, l'auteur a introduit une distinction entre structure de valeurs et structures kénogrammatiques des positions vides (*Leerstellen*), qui peuvent être occupées ou non par des valeurs changeantes. La relation proémiale appartient au domaine des structures kénogrammatiques, parce qu'elle est une pure potentialité, qui devient une relation actualisée uniquement comme relation d'échange symétrique ou relation d'ordre non symétrique. Ce qu'elle possède en commun avec la relation d'échange symétrique classique c'est le fait que : ce qui est un relateur peut devenir un relaté et ce qui était un relaté peut devenir un relateur. Ou en d'autres mots : ce qui était un processus de distinction peut devenir ce qui est distingué, et ce qui a été distingué peut devenir un processus de distinction. Cela s'applique à la position mutuelle du sujet subjectif en tant que Je et du sujet objectif en tant que Tu, dans la mesure où celui qui est maintenant Je peut devenir Tu et celui qui a été Tu peut devenir Je. Et dans une autre version : ce qui est un système volitif peut devenir un système cognitif et ce qui a été un système cognitif peut se transformer en système volitif. Dans cette mesure la relation proémiale déploie les propriétés structurales de l'échange mais – comme nous l'avons expliqué plus haut – l'échange n'est pas symétrique. Il *n*'a *pas* la forme :

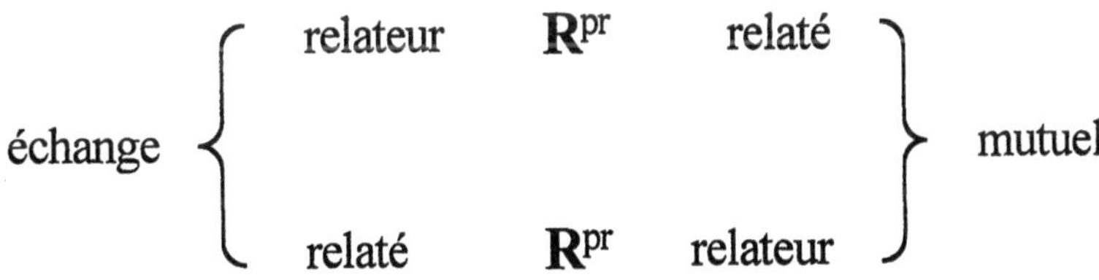

L'échange causé par la relation proémiale (R^{pr}) est un échange entre un ordre relationnel supérieur et un ordre relationnel inférieur. Nous pouvons par exemple regarder un atome comme une relation entre plusieurs particules élémentaires, dont les dernières assument la part des relatés. Mais nous pouvons aussi dire que l'atome représente un relaté dans un ordre plus complexe désigné comme molécule. Par conséquent un atome est tous les deux à la fois : il est un relateur par rapport aux particules élémentaires mais il peut échanger cette propriété avec celle d'un relaté, si nous le regardons à l'intérieur de la relation (relateur) plus étendue d'une molécule.

Ainsi la relation proémiale représente un enchevêtrement particulier d'échange et d'ordre. Exprimé formellement, elle aura la forme suivante :

où les deux carrés vides représentent des kénogrammes, que l'on peut remplir d'une façon telle que les occupations de valeurs représentent une relation d'échange symétrique, ou que la relation prend le caractère d'un ordre.

Après ces explications il devrait être clair que le rapport proémial croise la distinction entre forme et substance, qu'il relativise leur différence : ce qui est substance (contenu) peut devenir forme et ce qui est forme peut être réduit à l'état de pure 'matérialité'. Cela nous rappelle le système du développement aristotélicien, qui prend son départ avec une *hyle* sans forme et sans *Gestalt* ; celle-ci représente, en tant que matérialité, une pure potentialité qui ne devient réalité actuelle qu'en prenant une forme. Mais de nouveau cette forme ne sert que comme potentialité purement matérielle à une forme supérieure, qui prendra à son tour le rôle d'un substrat matériel quand elle atteindra une nouvelle forme encore supérieure. Et cela monte ainsi sur l'échelle de l'échange entre matière et forme, jusqu'à ce que l'apex de la pyramide soit atteint, où apparaît alors la forme aristotélicienne en tant que 'forme pure'. Celle-ci sera nommée plus tard *actus purus* ou 'divinité'.

Mais la ressemblance avec la conception aristotélicienne de la relation entre forme et substance est seulement superficielle. Dans la métaphysique d'Aristote la substance est clairement et toujours subordonnée à la forme. Et cela parce que la substance, pour passer de la pure potentialité à l'actualité, a toujours besoin de l'aide de la forme. Mais la forme peut se maintenir elle-même si, à l'apex de la pyramide, la composante matérielle de réalité est totalement absorbée par elle. D'après ce schéma le processus inverse – où toute forme se dissout dans la matérialité – n'est pas possible, parce que la forme est absolument supérieure à la matière. En d'autres mots : le concept de développement aristotélicien est conforme avec une seule de nos deux figures 1 et 2, et c'est pourquoi il exclut ce que Warren St. McCulloch a nommé la 'règle hétérarchique'.

Il n'est pas étonnant qu'une vive controverse ait duré pendant plus de 2000 ans pour déterminer si la cognition dominait la volonté ou si la volonté était maîtresse. La théorie aristotélicienne du développement qui devait répondre à cette question est restée ambiguë. On n'a jamais su clairement si le soi-disant *actus purus* devait être interprété comme raison ou comme volonté. Une seule chose était certaine : si l'on acceptait la théorie aristotélicienne du développement et son interprétation de la relation mutuelle entre forme et matière, la relation entre les deux étaient sans aucun doute une sur- ou une sub-ordination ; et si un philosophe préférait identifier la raison cognitive avec la forme, il s'ensuivait automatiquement le théorème du primat primordial de la raison. Mais si l'on pensait que la forme était l'essence de la volonté, l'acceptation du primat se déplaçait de la raison à la volonté.

Nous en savons maintenant assez pour pouvoir dire que le point de vue aristotélicien, qui présuppose une relation hiérarchique fixe entre forme et matière, de telle sorte que la matière ait toujours une position ontologique inférieure, n'est plus acceptable, surtout dans la cybernétique. Ce qui instaure une relation proémiale, c'est une connexion hétérarchique entre forme et matière, par conséquent entre sujet et objet, entre volition et cognition. Aristote prétend que la matérialité – son *hyle* – est la seule potentialité qui peut uniquement se réaliser en prenant une forme. Mais la relation proémiale implique que nous avons le droit de dire que la forme aussi est une pure potentialité, qui doit être remplie par un contenu pour devenir réalité.

Comme cet essai est consacré au problème de la relation mutuelle existant entre cognition et volition, nous devons ajouter ici quelques remarques concernant la manière dont le rapport proémial unit ces deux capacités et les fond dans un système de subjectivité autoréférente. Nous constations que le rapport proémial se présente comme un mécanisme enchevêtrant échange et ordre. Cela nous donne la possibilité d'interpréter cette nouvelle relation de deux manières différentes. Ou nous pouvons dire que la proémialité est un échange qui se fonde sur un ordre. Ou, comme l'ordre est constitué uniquement par le fait que l'échange transporte un relateur (en tant que relaté) dans un contexte d'une complexité logique supérieure ou déplace un relaté (en tant que relateur) à un niveau inférieur, nous pouvons définir la proémialité comme une relation d'ordre sur la base de l'échange. Si nous appliquons cela à la relation qu'entretient un système de subjectivité avec son environnement, nous pouvons dire que la cognition et la volition sont, pour le sujet, des attitudes échangeables qui lui permettent d'établir un contact avec le monde où il est né, ou de le mettre à distance. Mais cet échange n'est pas un échange direct. En été, si nous remplaçons nos skis de neige par des skis nautiques, et si l'hiver suivant nous reprenons nos skis de neige, nous accomplissons un changement direct. Mais dans un rapport proémial le changement n'implique pas deux mais toujours quatre relatés ! Non seulement les deux facultés subjectives nommées cognition et volition sont échangées, mais l'ordre entre le sujet et l'objet est renversé. Ce qui, dans l'attitude cognitive du sujet, était interprétable comme subjectivité, c'est-à-dire comme symétrie de position et de négation, devient dans la faculté volitive une propriété du monde objectif offrant à la volonté une alternative physique. Alors que l'attitude cognitive considère tout l'univers comme contenu de conscience, l'acte volontaire, lui, est un contenu de ce même univers. En d'autres mots : la relation d'échange symétrique entre cognition et volition implique un renversement de l'ordre non-symétrique entre sujet et objet. Nous avons écrit plus haut que la distinction entre subjectivité et objectivité se reflète dans la différence logique entre relateur et relaté. Plus de deux mille ans de tradition scientifique aristotélicienne nous inclinent à penser que le caractère fonctionnel du relateur représente toujours la subjectivité, et que le caractère d'argument du relaté renvoie à l'objet. Aujourd'hui encore nous pouvons le faire ; mais nous devons être conscients qu'avec une telle caractérisation sémantique nous impliquons, sciemment ou non sciemment, le fait que nous interprétons notre algorithme comme un calcul de cognition. Le rapport proémial nous permet de renverser cette interprétation et de dire que le relateur représente l'objectivité et que le relaté doit être compris comme sujet. C'est toujours le cas quand un système cognitif agit d'une façon introspective ou auto-référentielle. Si nous préférons cette seconde interprétation, nous admettons implicitement que nous regardons notre algorithme comme un calcul des processus volontaires. De la même manière, il est aussi possible de se retirer de cette attitude herméneutique et d'insister sur le fait qu'un seul est le cas et pas l'autre. En d'autres mots : nous ne nous occupons pas d'une situation ambivalente qui permet des interprétations différentes, mais nous nous trouvons face à une situation réelle qui est clairement reconnue ou non. Si nous prenons le point de vue épistémologique, nous constatons indirectement que notre algorithme concerne uniquement un univers sans sujet.

Nous ne continuerons pas à analyser la différence entre constatation des faits et interprétation herméneutique de leur signification. À la place, nous consacrerons la dernière partie de cet essai à une courte démonstration du caractère hétérarchique de la relation proémiale.

Quatrième partie

Comme la relation proémiale concerne le lien entre relateur et relaté, elle a des effets aussi bien sur l'échange que sur l'ordre, et elle intervient dans la combinaison de tous les foncteurs de la logiques traditionnelle. Pour notre démonstration nous choisirons seulement deux foncteurs, ceux qui sont les plus connus et en même temps les plus simples à manipuler. De plus nous nous restreindrons à une situation triadique élémentaire, bien que nous ayons constaté dans la troisième partie qu'un déploiement complet du caractère de la proémialité demande quatre données de base : échange, ordre, cognition et volition. Nous simplifierons la situation en réduisant les facteurs de base à trois et nous les nommerons échange, cognition et volition. Nous pouvons le faire parce que les relations mutuelles déploieront de toute façon un ordre quelconque. Et l'ordre auquel nous pensons est naturellement l'hétérarchie.

Comme le but de cet essai est d'exposer d'une manière tout à fait formelle quelques unes des relations structurelles, nous représentons nos trois données de base par trois valeurs, et qu'importe la valeur qui est assignée à une donnée, sinon nous nous retrouverions devant un problème herméneutique. Pour pouvoir exprimer ces valeurs par des symboles, nous utilisons les trois premiers nombres entiers. Pour simplifier encore plus, nous n'utilisons que deux variables p et q. Ainsi nous obtenons un *pattern* sous-balancé de la logique trivalente qui, naturellement, est structurellement incomplet car, si nous voulions montrer toute sa complexité, nous devrions ajouter au système une troisième variable afin de le contrebalancer. Notre système bivalent de la logique classique est toujours équilibré en ayant deux valeurs aussi bien que deux variables, car aucun système logique ne peut être développé avec moins de deux variables.

Comme symbole de négation nous utilisons la lettre majuscule N. Et comme nos trois valeurs forment naturellement des relations d'échange mutuel, N doit encore porter des indices correspondants. Pour la relation d'échange des valeurs 1 et 2, nous écrirons N_1; pour l'échange mutuel entre 2 et 3 notre négateur sera désigné par N_2. Comme le montre le tableau général des négations, il n'est pas nécessaire d'introduire un négateur spécial pour le système bivalent des valeurs 1 et 3.

Comme pour chaque logique m-valente le système de négation inclut toutes les permutations possibles entre les valeurs, pour une structure trivalente, le tableau de négation possède la *Gestalt* présentée dans la figure 6 suivante.

	N_1	N_2	$N_{2.1}$	$N_{1.2}$	$N_{1.2.1}$ ou $N_{2.1.2}$
1	2		2	3	3
2	1	3	3	1	
3		2	1	2	1

fig 6

Nous avons séparé le tableau de négation classique, qui contient les valeurs 1, 2 et le négateur N_1, des autres parties du tableau par une ligne brisée rectangulaire ouverte vers la gauche. Et nous avons également séparé la séquence des valeurs de départ (*unnegiert*) 1, 2, 3 et leurs deux négations par N_1 et N_2 de la deuxième moitié du tableau qui contient ce que nous appelons des négations médiatisées, car la négation qui établit la configuration spécifique de chacune des trois séquences de valeurs verticales est toujours 'médiatisée' par l'autre opérateur de négation. Par conséquent les opérateurs de négation de la deuxième partie du tableau ont au moins deux, et même finalement trois indices. Ils ne sont pas des négations immédiates des séquences des valeurs originales 1, 2, 3, mais des négations itérées (répétées). La dernière des trois négations médiatisées est séparée des précédentes par une ligne ondulée, car elle montre des propriétés particulières qu'elle ne partage pas avec celles-ci.

Nous voulons ouvrir la discussion concernant les relations mutuelles entre hiérarchie et hétérarchie avec les deux foncteurs logiques les plus connus et les plus faciles à manipuler : la conjonction et la disjonction. La logique binaire ne possède pas assez de richesse structurelle pour établir une distinction entre l'aspect hiérarchique et l'aspect hétérarchique de la conjonctivité et de la disjonctivité. En revanche cette distinction se manifeste clairement dans un système trivalent. Tant que nous ne disposons que des deux valeurs classiques, nous pouvons seulement dire que le foncteur conjonctif préfère toujours une valeur et le foncteur disjonctif la valeur opposée, à condition que les deux variables p et q offrent deux valeurs différentes.

Mais dans un système trivalent, six *pattern* hiérarchiques de préférence sont possibles. Si nous déclarons la valeur 1 valeur de position, et par conséquent les valeurs 2 et 3 valeurs de négation, nous pouvons dire que dans une structure trivalente la conjonction préférera toujours la valeur 3, la valeur la plus élevée et ne prendra la valeur 2 que si la valeur 3 n'est pas proposée, si elle se présente comme un choix second, étant déjà prise dans un autre sous-système. La disjonction, en revanche, préférera toujours la valeur 1, la valeur la plus basse et ne prendra la valeur 2 que si la valeur 1 représente un choix second, étant déjà adoptée dans un autre sous-système. Par conséquent pour la conjonction (K) et la disjonction (D) on obtient les tableaux hiérarchiques suivants, où les figures 7, 8 et 9 appartiennent au groupe conjonctif et les figures 10, 11 et 12 au groupe disjonctif.

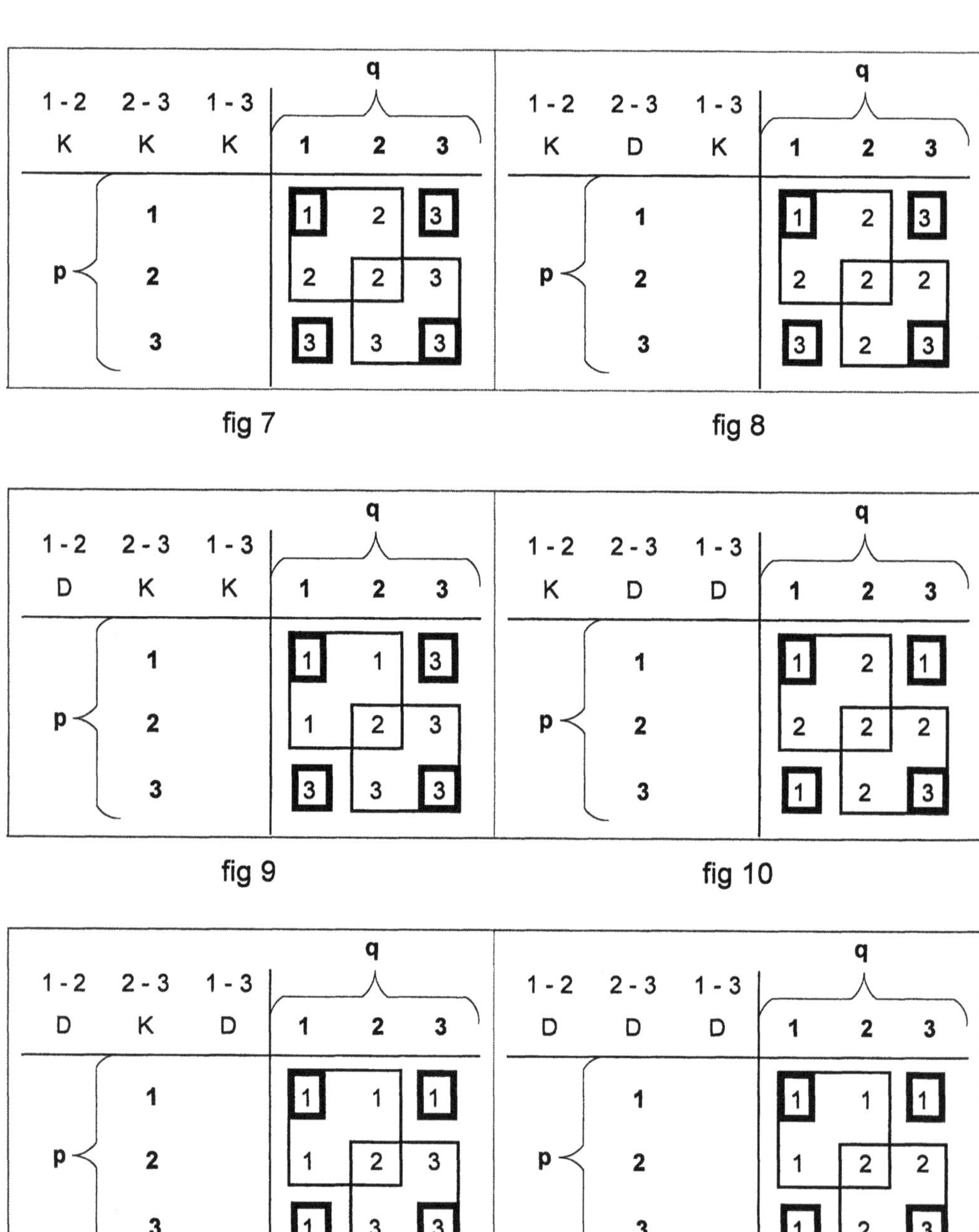

fig 7 fig 8

fig 9 fig 10

fig 11 fig 12

Notre notation montre que nous pouvons considérer un système trivalent comme un système des valeurs positionnelles de trois logiques bivalentes, comportant les valeurs 1 et 2, ou 2 et 3, ou 1 et 3. Au-dessus de nos foncteurs nous avons écrit les valeurs correspondantes auxquelles se réfère la conjonction (K) ou la disjonction (D). Dans chaque figure l'enchevêtrement des trois systèmes binaires est souligné en encadrant les choix de valeurs des sous-systèmes binaires par des carrés séparés. Pour les sous-systèmes 1 – 2 et 2 – 3, un seul carré est nécessaire pour chaque échange de valeurs. En revanche ces deux carrés se chevauchent partiellement dans le choix de la valeur centrale, dans la valeur 2. Pour le sous-système médiateur 1 – 3, quatre petits carrés sont nécessaires. Deux d'entre eux sont localisés dans des carrés plus grands, parce que le sous-système médiateur partage la valeur 1 avec un des sous-systèmes et la valeur 3 avec les autres. Mais dans deux cas le choix de valeurs du sous-système binaire 1 – 3 est indépendant. Dans ces deux cas nous trouvons deux des petits carrés à l'extérieur des grands carrés, un en haut dans l'angle droit et l'autre en bas dans l'angle gauche. Pour chaque combinaison de conjonction et de disjonction, toutes les possibilités hiérarchiques de choix de valeurs sont épuisées avec ces six cas,. Mais nous constatons qu'il manque encore deux combinaisons possibles avec K et D. Il s'agit de KKD et de DDK, comme le montrent les figures 13 et 14.

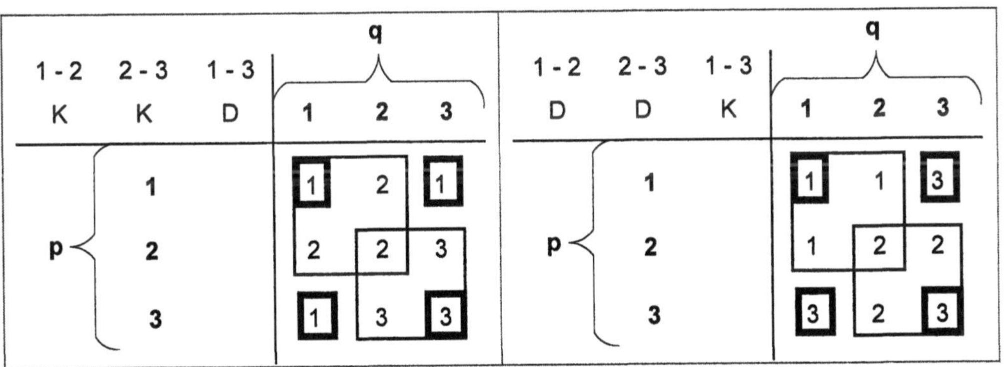

fig 13

fig 14

Dans ces deux figures, les deux sous-systèmes binaires travaillés par les négateurs simples N_1 et N_2 sont tous les deux conjonctifs ou tous les deux disjonctifs, mais le système médiateur de choix des valeurs 1 – 3 qui, d'après notre tableau de négation, est travaillé par un négateur composé (*Verbundnegator*) a toujours le foncteur opposé. Cela signifie que, si les deux autres sous-systèmes sont conjonctifs, le négateur médiateur est disjonctif et s'ils sont disjonctifs, la médiation aura une fonction conjonctive.

Il est évident que dans ces deux fonctions le choix des valeurs ne peut pas rester plus longtemps hiérarchique, car nous avons déjà épuisé tous les ordres hiérarchiques de préférence. Il est hétérarchique ou cyclique. Dans le cas de KKD, l'ordre de préférence est le suivant : 3 est préféré à 2, 2 est préféré à 1 ; en revanche la valeur 1 est préférée à la valeur 3, comme on le voit dans la figure 15.

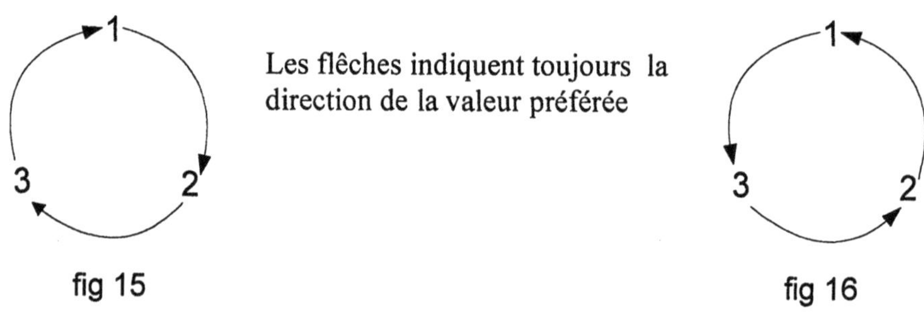

fig 15

fig 16

Si nous regardons le cas DDK (représenté par la figure 16), nous remarquons que l'ordre de préférence cyclique est renversé. Maintenant la valeur 1 est supérieure à la valeur 2 ; la valeur 2 est préférée à la valeur 3 et la valeur 3 est préférée à la valeur 1.

Il est intéressant de savoir qu'en analogie avec la formule de DeMorgan — qui transforme la conjonction en disjonction et vice-versa, en niant d'abord les variables et ensuite la connexion conjonctive ou la connexion disjonctive entre p et q — nous pouvons utiliser exactement le même procédé pour exprimer KDK, DKK, KDD, DKD et DDD en recourant au tableau de négation de la figure 6. Ainsi nous pouvons voir que les deux négations cycliques $N_{2.1}$ ... et $N_{1.2}$ ... ne produisent pas les deux fonctions cycliques KKD et DDK ; qu'à la place nous obtenons KDD et DKD, comme le montrent les formules suivantes :

$$p\ DKK\ q = N_1\ (N_1\ p\ KKK\ N_1\ q)$$
$$p\ KDK\ q = N_2\ (N_2\ p\ KKK\ N_2\ q)$$
$$p\ KDD\ q = N_{1.2}\ (N_{2.1}\ p\ KKK\ N_{2.1}\ q)$$
$$p\ DKD\ q = N_{2.1}\ (N_{1.2}\ p\ KKK\ N_{1.2}\ q)$$
$$p\ DDD\ q = N_{1.2.1}\ (N_{1.2.1}\ p\ KKK\ N_{1.2.1}\ q) \text{ ou}$$
$$= N_{2.1.2}\ (N_{2.1.2}\ p\ KKK\ N_{2.1.2}\ q)$$

Bien que nous ne l'interpréterons pas dans le cadre de cet essai, nous voulons faire remarquer une particularité très intéressante : si nous suivons l'ordre des opérateurs de négation, nous ne recevons pas les foncteurs conjonctifs/disjonctifs dans l'ordre exact qu'ils devraient avoir selon leur rigueur logique.

La raison pour laquelle des conjonctions, niées par une simple application du système de négation de la figure 6, ne produisent pas les foncteurs cycliques est évidente. Comme les variables sont niées par l'un des négateurs cycliques et les relations conjonctives par l'autre, l'ordre hétérarchique des valeurs s'annihile lui-même et le résultat est de nouveau un ordre hiérarchique. Pour obtenir les deux foncteurs cycliques KKD et DDK, nous devons utiliser un processus de négation plus compliqué, comme le montrent les deux expressions symboliques suivantes :

$$p\ KKD\ q = N_{2.1}\ (N_{1.2}\ p\ KKK\ N_{1.2}\ q)\ KKK\ N_{1.2}\ (N_{2.1}\ p\ KKK\ N_{2.1}\ q)$$

et

$$p\ DDK\ q = N_1\ (N_1\ p\ KKK\ N_1\ q)\ DDD\ N_2\ (N_2\ p\ KKK\ N_2\ q)$$

Ces formules mettent en évidence une relation intéressante entre hiérarchie et hétérarchie de valeurs. On peut facilement s'en apercevoir en réduisant les deux formules précédentes aux deux expressions simplifiées suivantes, dans lesquelles on a omis tous les symboles de négation :

$$p\ KKD\ q = (p\ DKD\ q)\ KKK\ (p\ KDD\ q)$$

et

$$p\ DDK\ q = (p\ DKK\ q)\ DDD\ (p\ KDK\ q)$$

Un ordre hétérarchique de valeurs est – comme on peut facilement s'en rendre compte maintenant – une connexion particulière entre conjonction et disjonction, exigeant un minimum de trois systèmes bivalents, c'est-à-dire un système trivalent. L'ordre des valeurs est cyclique pour le foncteur si, et seulement si, les deux valeurs – qui ne sont pas des successeurs immédiats – sont connectées par un foncteur distinct du foncteur qu'utilisent les deux autres sous-systèmes. Si les sous-systèmes comportant les valeurs 1 – 2 et 2 – 3 sont connectés d'une manière conjonctive, il faut, pour obtenir une relation hétérarchique, que la connexion concernant le sous-système qui comporte les valeurs 1 – 3 soit disjonctive et vice versa. Cela nous le savions déjà, mais les deux formules précédentes montrent en outre que des ordres de valeurs purement hiérarchiques peuvent être utilisés pour produire un arrangement cyclique. Pour cela il est seulement nécessaire de connecter les deux foncteurs partiellement disjonctifs (mais non cycliques) par une conjonction totale, ou les deux foncteurs non cycliques (mais partiellement conjonctifs) par une disjonction totale.

Il était nécessaire de développer les tableaux trivalents concernant la relation entre conjonction et disjonction dans un système trivalent, avec un choix de valeurs hiérarchiques et hétérarchiques, parce que la conjonction et la disjonction peuvent nous servir de base pour la dérivation du foncteur d'implication. Naturellement nous pourrions utiliser la conjonction et la disjonction pour interpréter les relations entre cognition et volition d'un point de vue que nous n'avons pas encore pris dans notre présent essai. Mais nous y renonçons parce que nous voulons nous limiter, pour le reste de notre analyse, aux *pattern* élémentaires des figures 1 et 2, où nous avons combiné une alternative de choix simple avec une connexion hiérarchique entre sujet et objet. Si le sujet opère d'une manière cognitive, nous l'interprétons comme une domination du sujet par l'objet (de l'environnement). Et si le sujet prend le rôle dominant, la subjectivité doit s'exprimer elle-même par une attitude volitive. Dans la logique formelle cela correspond à une implication, où – comme nous l'avons appris de la logique classique – la valeur positive n'implique qu'elle-même et la valeur négative implique elle-même et la valeur positive.

Il existe un chemin technique très simple pour déduire de la conjonction et de la disjonction la séquence des valeurs de l'implication. Nous commençons par une conjonction et une disjonction classiques binaires, comme elles sont représentées en tant que sous-systèmes 1 – 2 dans les figures 7, 8, 10, 13 pour la conjonction, et dans les figures 9, 11, 12, 14 pour la disjonction.

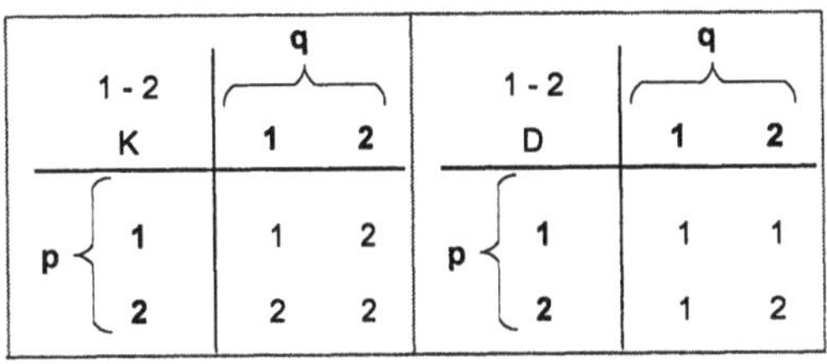

1 - 2 K		q: 1	q: 2
p	1	1	2
p	2	2	2

1 - 2 D		q: 1	q: 2
p	1	1	1
p	2	1	2

fig 17

Si les variables p et q offrent la même valeur, nous écrivons toujours la valeur 1 pour produire l'implication. Et nous faisons exactement la même chose si la valeur de la première variable (normalement p) est supérieure à celle de la deuxième. Si la valeur de la première variable est inférieure, nous gardons pour la fonction implicative la valeur qui était choisie par le foncteur conjonctif ou disjonctif. Dans notre cas, pour l'implication (C) cela donne les figures 18 et 19.

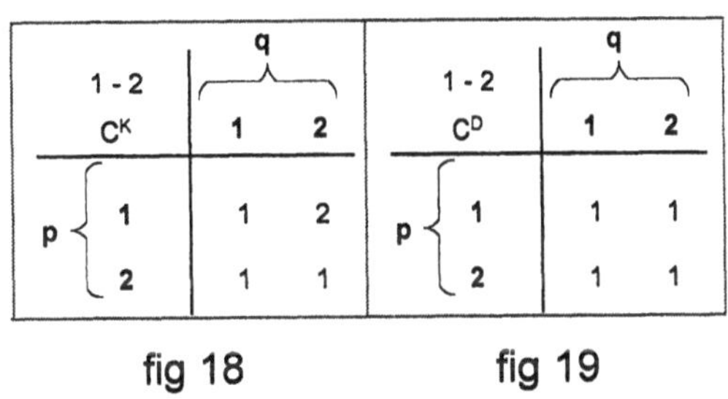

1 - 2 C^K		q: 1	q: 2
p	1	1	2
p	2	1	1

1 - 2 C^D		q: 1	q: 2
p	1	1	1
p	2	1	1

fig 18 fig 19

Ainsi nous pouvons distinguer l'implication conjonctive de l'implication disjonctive. Dans le cas de la logique classique il semble superflu, ou même insensé, d'introduire cette distinction, car la figure 19 ne montre que des valeurs positives, c'est-à-dire que des 1. Cela signifie que chaque donnée de réalité n'implique pas seulement elle-même mais aussi toutes les autres. Autrement dit : l'implication disjonctive de la logique binaire implique un univers absolument sans sujet, qui ne montre pas de gradient entre l'objectivité et la subjectivité puisque celle-ci n'existe pas.

Mais si nous recourons à une logique trivalente, qui correspond au concept minimal d'un univers conçu en tant que structure composée d'objectivité et de subjectivité, nous ne serons pas capables de déduire, même de la disjonction totale, une implication qui ne montrera pas de gradient entre position et négation. Nous découvrirons qu'il existe beaucoup d'implications de rigueur logique différente (le mot rigueur est pris dans le sens utilisé par Carnap en logique et par von Foerster dans la théorie des ordinateurs biologiques). L'implication la plus rigoureuse ou la plus forte est celle qui est déduite de la conjonction totale (pKKKq), et la plus faible est celle qui est dépendante du foncteur (pDDDq). Les figures suivantes, de 20 à 27, montrent les implications standard trivalentes dans un ordre de rigueur descendant. Nous utilisons l'expression 'implication standard' parce que dans un système trivalent on peut encore déduire davantage d'implications de foncteurs totalement ou partiellement transjonctifs. Mais dans le cadre de cet essai nous ignorerons le problème de la transjonctivité.

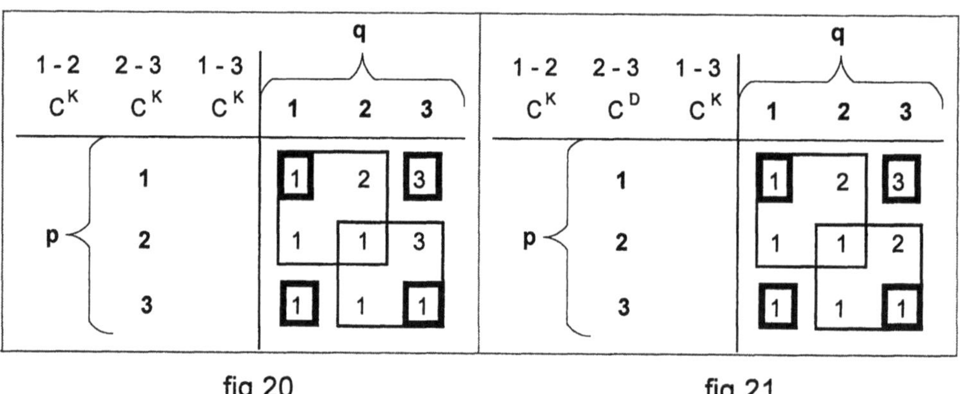

fig 20 fig 21

Les figures 20, 21, 22, 23 présentent le groupe conjonctif des implications (C). Si une implication déduit sa séquence de valeurs de la conjonction, elle porte l'index K. Si le choix des valeurs vient de la disjonction, l'index est D. Les figures 24 à 27 montrent la distribution des valeurs dans des implications disjonctives commençant par le deuxième ordre cyclique de valeurs de la figure 24.

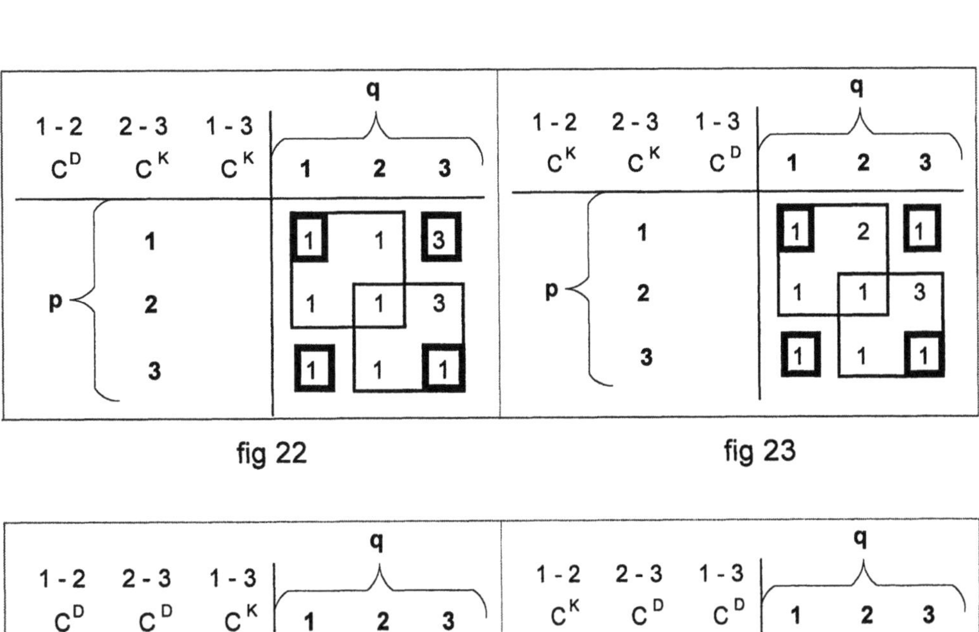

fig 22 fig 23

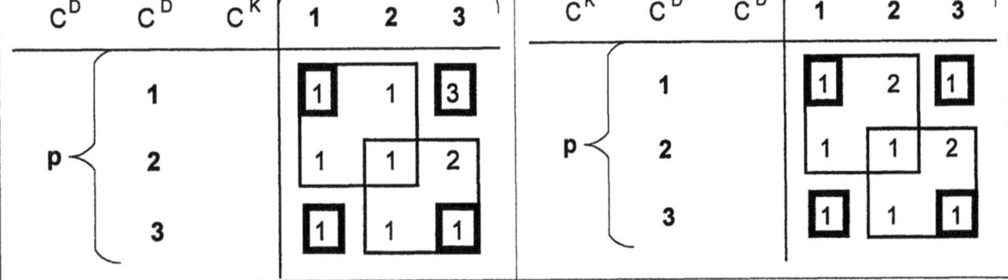

fig 24 fig 25

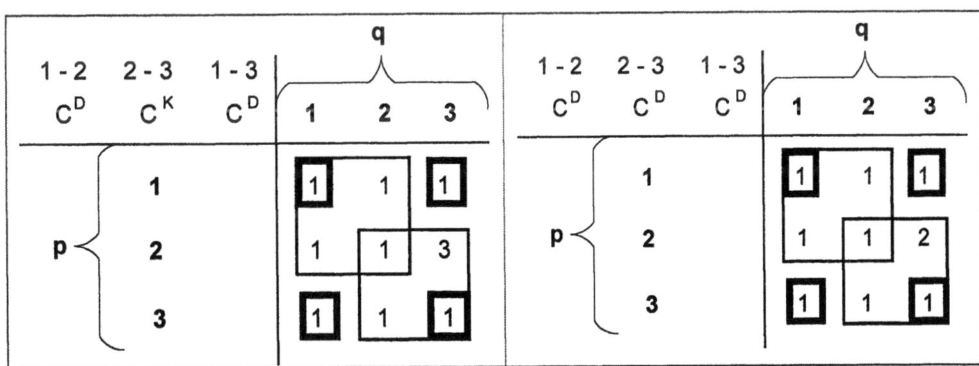

fig 26 fig 27

Quand nous décrivons les foncteurs conjonctifs et disjonctifs, nous les séparons en fonction de leurs propriétés hiérarchiques ou hétérarchiques ; mais quand nous listons, d'après leur rigueur logique, les implications correspondantes dans les figures 20 à 27, nous devons insérer les deux implications hétérarchiques (KKD et DDK) entre les trois premières implications qui dépendent de foncteurs conjonctifs-disjonctifs présentant au moins deux sous-systèmes conjonctifs (KKK, KDK et DKK), et les implications où au moins deux sous-systèmes présentent des foncteurs disjonctifs (KDD, DKD et DDD). Quand nous insérons les implications hétérarchiques entre ces deux groupes, nous plaçons KKD devant DDK, parce que KKD appartient naturellement au groupe où prévaut la conjonction, et DDK au groupe où la disjonction est dominante, bien que du point de vue de la seule rigueur logique nous pourrions renverser leur position, car tous les deux présentent la même rigueur logique. Cela distingue ces deux implications des six autres. Dans le groupe hiérarchique, chaque implication se distingue de chacune des autres par sa rigueur logique. La plus faible est naturellement celle qui est déduite de la disjonction totale. Mais nous remarquons que l'implication la plus faible, en opposition avec la logique binaire, n'est pas univalente mais qu'elle montre encore, du moins sur une position, la valeur négative la plus basse, ce qui signifie que même dans le cas de la disjonction totale un gradient minimum entre objectivité et subjectivité est maintenu. Il s'ensuit qu'une structure formelle trivalente (tri-positionelle) ne se réfère jamais à un univers totalement sans sujet, bien que nous devions concéder que la part de subjectivité qui entre en jeu dans une structure trivalente (tri-positionelle) est assez minime.

Avec les figures 1 et 2, où dans un cas la flèche va de l'environnement vers la subjectivité et dans l'autre de la subjectivité vers l'environnement, nous voulons montrer qu'il existe toujours une relation de dominance ou un gradient de rigueur entre sujet et objet. Quand ce gradient diminue de l'objet vers le sujet – comme le montre la figure 1 – cela désigne une attitude cognitive du côté du sujet ; quand il diminue du sujet vers l'objet, cela désigne une attitude volitive du sujet.

Le fait que ce gradient, quand on l'exprime dans des termes formels logiques, aboutisse finalement à l'implication, et le fait que nous ayons affaire à des implications de rigueur logique différente, indiquent, ontologiquement parlant, que la dominance de l'objet sur le sujet cognitif et – vice versa – la dominance du sujet volitif sur son environnement sont capables de différents degrés de rigueur. Nous avons dit plus haut que dans la réalité empirique nous ne rencontrerons jamais une attitude subjective purement volitive ou purement cognitive. Même la cognition la plus contemplative doit, ne serait-ce que pour exister, être portée par un brin de volonté. Et aucune volonté ne peut se mettre en action si elle n'est pas déclenchée par un soupçon d'image conçue par la cognition.

Naturellement, plus l'influence de la volition croît par rapport à la cognition, plus s'affaiblit la dominance de l'environnement sur le sujet. Et plus "les couleurs natives de la résolution pâlissent dans l'ombre de la pensée"*, plus elle s'affaiblit et plus l'environnement s'affirme lui-même, jusqu'à ce que la volonté, totalement prisonnière de la réflexion des images, devienne incapable de décision. Ainsi se clôt le cercle.

En logique il est bien connu que deux gradients implicatifs inverses, additionnés ensemble, donnent une équivalence. Cela est exprimé dans la logique classique par :

$$(p\ C^K\ q)\ K\ (q\ C^K\ p) = (p\ E\ q)$$

Cette formule exprime le point de vue conventionnel. On reçoit l'équivalence (E) en renversant le rôle de p et de q en tant qu'implicateur et implicant. Mais nous obtiendrions le même résultat en renonçant au renversement de la position de p et de q, et en affirmant plutôt, d'une manière non conventionnelle, que pour nous un deuxième type d'implication est disponible, dans lequel la valeur négative n'implique qu'elle-même et la valeur positive elle-même et la valeur négative. Les deux implications additionnées d'une manière conjonctive produiraient de nouveau l'équivalence. La deuxième interprétation n'est pas acceptable dans la tradition logique classique, parce qu'elle est contraire à son interprétation épistémologique où sujet et objet ne peuvent pas former une relation d'échange symétrique ; en effet la logique classique ne peut pas utiliser ses négations pour décrire un système de subjectivité. En raison de leur

* Note du traducteur : Shakespeare, *Hamlet*, acte III, scène 1, traduction de Victor Hugo : "the native hue of resolution, is sicklied o'er with the pale cast of thought."

caractère isomorphe, les négations aussi bien que les assertions décrivent justement le même univers, un univers sans sujet. Les considérations ci-dessus jettent une lumière significative sur le rôle mutuel qui existe entre variable et valeur.

Ce rôle est différent dans les systèmes polyvalents, et c'est justement là où le rapport proémial entre en jeu. Car la distinction entre variable logique et valeur se réfère de nouveau, sous une autre forme, à la relation entre relateur et relaté. L'équivalence est naturellement une relation d'échange symétrique et l'implication une relation d'ordre, et, nous le répétons encore une fois, la relation proémiale est une connexion des deux ; elle peut être interprétée d'une manière herméneutique comme un échange basé sur un ordre croissant ou décroissant, ou sur un ordre fixe fondé sur la relation symétrique d'échange. Il va de soi que si nous distinguons différents ordres implicatifs d'une rigueur logique différente, nous disposons aussi automatiquement d'un nombre correspondant d'équivalences distinctes possédant différentes caractéristiques de valeur. Le calcul de la relation proémiale, que nous avons seulement décrit ici dans des termes très abstraits, ne pourrait plus longtemps se référer, dans son développement concret, à l'expression vague d'"échange symétrique" ; il faudrait déterminer sur quelle équivalence, parmi les nombreuses autres possibles, l'échange est basé, et, quand la relation proémiale se réfère à un ordre supérieur ou inférieur, il faudrait déterminer quelle rigueur implicative possède l'ordre.

Pour conclure, nous résumerons les résultats directs et implicites de cette analyse de la façon suivante : jusqu'à présent nous sommes incapables de concevoir des machines cybernétiques qui manifestent, même d'une façon approximative, des caractéristiques de la subjectivité produite par le cerveau – et soutenue par d'autres parties du corps – quand il entre en contact avec son environnement. Même des machines comme l' ILLIAC IV et d'autres aussi compliquées, ou même des modèles plus avancés, qui sont probablement en développement, ne font qu'imiter les mécanismes d'un univers sans sujet. Jusqu'à présent nous ne pouvons pas faire plus, car nous ne possédons pas encore une théorie de la subjectivité qui soit traduisible dans un algorithme mathématique. Cette théorie de la subjectivité n'a pas pu être développée, parce que nous sommes encore sous l'influence de la controverse séculaire au sujet du primat de la raison ou de la volonté, du connaître ou du vouloir, de la cognition ou de la volition. Nous savons que chaque système de subjectivité est mis en mouvement par les deux programmes inter-actifs de la cognition et de la volition. Mais comme nous utilisons exclusivement la logique aristotélicienne dans notre pensée, nous ne pouvons pas nous libérer de ce préjugé : ou la raison doit être l'ultime guide d'une volonté aveugle qui sans elle serait désemparée, ou la puissance de la volonté doit absolument dominer la production des images de la cognition. L'idée que la connexion entre cognition et volition est, dans son noyau le plus intime, hétérarchique et qu'elle est gouvernée par la relation proémiale ne nous est pas encore familière.

Remarque finale : En réponse à la philosophie passée, qui se demandait si la cognition constituait le fondement ultime de l'âme avec la volition comme attribut subordonné ou si la subjectivité était fondamentalement volition accompagnée de quelques capacités cognitives secondaires, notre propre analyse propose que toute controverse concernant le primat de la raison ou de la volonté a son origine dans une présomption métaphysique illégitime. Notre tradition classique croyait que non seulement les objets *bona fide* étaient identifiables positivement mais aussi les sujets. [Le terme de Kant, "Je en soi" ("*Ich an sich*"), en est une expression significative.] La logique transclassique nie la validité de cette présomption. Elle stipule que les sujets ne peuvent être identifiés que négativement. Nous pouvons l'expliciter en recourant à un exemple pris dans la musique moderne. Un jour le compositeur anglais Edward Elgar écrivit un morceau qu'il appela "*Enigma Variations*" (*Variations énigmatiques*). Dans cette composition les variations d'un thème sont données, *mais le thème lui-même n'est pas déterminé*. Dans notre terminologie cela veut dire que le thème n'est pas identifiable positivement mais seulement négativement. De même, notre thème "subjectivité" n'est pas déterminé quand nous parlons du Je, du Tu, de la cognition ou de la volition. Toutes ces expressions sont seulement des variations d'un thème caché, qui ne peut jamais être identifié positivement.

Le terme grec classique pour vérité est '*alétheia*', il signifie : 'ce qui n'est pas caché'. Découvrir ce qui n'est pas caché est le but auto-déclaré de notre tradition scientifique classique. La cybernétique, en revanche, n'atteindra sa véritable stature que si elle se reconnaît elle-même comme la science qui tend vers ce qui est caché.

BIBLIOGRAPHIE
(extrait)

S. F. Anisimov
Man and Machine (Chelovek i Mashina: Filosofskiye Problemy Kibernetiki; Moscow, 1956; pp. 3-56) JPRS 1990-h

W. Ross Ashby
The Nervous System as a Physical Machine ... Mind, 56; 44-59, 1947
Design for a Brain. Electr. Eng. 20; 379-383, 1948
Can a Mechanical Chessplayer Outplay its Designer? Brit. Jnl. Phil. Science 3; 44-47, 1952
Design for a Brain. New York 1952

W. Ross Ashby
An Introduction to Cybernetics, New York 1956.
(Traduction française : *Introduction à la cybernétique*, 1958.)
Design for an Intelligence Amplifier, Automata Studies, Princeton Univ. Press 1956.
What is an Intelligent Machine?, Western Joint Computer Conference, May 1961, Los Angeles

W. Ross Ashby
The Set Theory of Mechanism and Homeostasis. Technical Report Nr. 7 (1962). El. Eng. Res. Lab. Univ. of Illinois

Ernst von Aster
Geschichte der Philosophie, Leipzig 1935

V.D. Balkin
Cybernetics and the Humanitarian Sciences (in: Kiberneticu na Sluzhbu Kommunizmu, vol. I, Moscow/Leningrad 1961, pp. 1-312) JPRS 14.592, pp. 256-279

A.I. Berg
Some Problems in Cybernetics (in: Voprosy Filosofii, Nr. 5, 1960; pp. 51-62) JPRS 3953
Cybernetics at the Service of Communism (in Kiberneticu na Sluzhbu Kommunizmu. Vol. I, Moscow/Leningrad 1961, pp. 1-312) JPRS 14.592, pp.2-39

Ed. C. Berkeley
Giant Brains; or, Machines that think. New York 1949

Ed. C. Berkeley, Lawrence Wainright
Computers. Their Operation and Application. New York 1956

Ernst Bloch
Subjekt-Objekt, Berlin 1951
(Traduction française : *Sujet-objet*, Gallimard, 1977.)

Joachim Bodamer
Der Mensch ohne Ich; Herder Bücherei Bd. 21, Freiburg, Basel, Wien 1958

Paul Cohn
Der Leib als "Seele", Hannover 1931

L. Couffignal
Les Machines à penser. Paris 1952 (Deutsche Übersetzung herausgegeben und mit einem Vorwort versehen von Max Bense, Stuttgart 1955)
Cybernetics (Circular Causal and Feedback Mechanisms in Biological and Social Systems) Ed. H. v. Foerster. Transact. Sixth Conf. 1949 ff. Sitzungsber. der ersten fünf Tagungen nicht im Druck.

Edward E. Dand, Jr.
Ears For Computers. Sci. Amer., 192,2; 92-98, 1956

E. C. DeLand
Soviet Computer technology (Conversations with Soviet Computer Experts at two International Conferences) The RAND Corporation RM 2919/18-PR (1963)

Heinz v. Foerster
Das Gedächtnis, Wien 1948
On Self-Organizing Systems and Their Environments. Self-Organizing Systems, ed. M. C. Yovits and S. Cameron, London 1960

Heinz v. Foerster
Some Aspects in the Design of Biological Computers. II. Congres Internat. de Cybernètique, Namur, 1958, pp. 240-255
Basic Concepts of Homeostasis. Brookhaven Sympos. In Biology No. 10 (1957) pp. 216-242
Communication amongst Automata. The Amer. Journal of Psychiatry 118,10, 1962, pp.865-871
Bio-Logic In: Biological Prototypes and Synthetic Systems I, 1962, pp.1-12

Lawrence J. Fogel
Biotechnology, Prentice Hall 1963

G. P. Gavrilov
Some Conditions for Completeness in Countable-Valued Logic, in: Doklady Akademii Nauk SSSR (Reports of the Academy of Sciences USSR) vol CXXVIII, 1; S. 172-175. JPRS 2667

Arnold Gehlen
Der Mensch, Bonn 1950.
(Traduction française : *L'homme*, Paris 2002, éd. de la Maison des Sciences de l'homme.)

G. T. Guilbaud
What is Cybernetics? New York 1960

Gotthard Günther
Can Mechanical Brains Have Consciousness? New York 1953
Seele und Maschine. Augenblick III; 1-16, 1955

Gotthard Günther
Cybernetic Ontology and Transjunctional Operations; in "Self-Organizing Systems 1962" (Ed. Yovits, Jacobi, Goldstein),

Washington 1962, S. 313-392

G. Günther
Die aristotelische Logik des Seins und die nicht-aristotelische Logik der Reflexion. Ztschr. f. philos. Forsch. XII, 3 (1958), S. 360-407.
Metaphysik, Logik und die Theorie der Reflexion. Arch. Philos. VII, 1/2 (1957), S. 1-44

G. Günther
The Tradition of Logic and The Concept of a Trans-Classical Rationality. Algemeen Nederlands Tijdsdirift Voor Wijbegeerte En Psychologie, LIV, 4, (1962) S. 194-200

G. Günther
Logische Voraussetzungen und philosophische Sprache in den Sozialwissenschaften. Soziale Welt, 12, 4; (1962) pp. 298-304
Die gebrochene Rationalität. Augenblick III, 3 (1958) pp. 1-26
Analog-Prinzip, Digitalmaschine und Mehrwertigkeit, Grundlagenstudien 1, 2 (1960) pp. 41-50
Schöpfung, Reflexion und Geschichte, Merkur XIV, 7 (1960) pp. 628-650
Ein Vorbericht über die generalisierte Stellenwerttheorie der mehrwertigen Logik, Grundlagenstudien I, 4 (1960) pp. 99-104

R. V. L. Hartley
The Transmission Unit. Electr. Commun., 3; 34-42,1924
Transmission of Information. Bell Syst. Tech. Journ., 7; 535-563, 1928

Hegels Werke
in den Ausgaben von Meiner und Glockner, 1923.

Karl Heim
Das Weltbild der Zukunft; Berlin 1904

Sidney Hook (Ed.)
Dimensions of Mind; Collier Books 1960, New York

R. O. Kapp Mind
Life and Body. London 1951

A.L. Kitow
Cybernetics and Control of the National Economy (in: Kiberneticu na Sluzhbu Kommunizmu, vol. I, Moscow/Leningrad 1961, pp. 1-312) JPRS 14.592, pp. 280-300

Georg Klaus
Besprechung von G. Günther, Idee und Grundriß einer nicht-aristotelischen Logik. Deutsche Literaturzeitung 83, 9 (1962), pp. 110-114

A. Kolman
Philosophy and Cybernetics (Nova Myal I (1962) pp. 48-57) JPRS 13.642 - CSO 6502-N

F. E. A. Krause
Ju-Tao-Fo, München 1924

V. I. Kremyanskiy
Certain Peculiarities of Organisms as a "System" from the Point of View of Physics, Cybernetics and Biology (Voprosii Filosofii 8 (1958) pp. 97-107) JPRS 1356-N

F. J. Krieger
Soviet Philosophy, Science and Cybernetics. The RAND Corporation, Memorandum RM-3619-PR (1963)

Oskar Lange
Totality, Development and Dialectics. (Calosc, Rozwoj i Dialektyka w Swietle Cybernetyki, Warsaw 1960, pp. 1-72) JPRS 14. 858, August 1962

Roger Levien, Wade B. Holland und **Alexander D. Paul**
Soviet Cybernetics Technology - Problems in Cybernetics: The RAND Corporation, Memorandum RM-2919/19-PR (1963)

D. M. MacKay
The Electronic Brain and its Philosophical Implications. The Christian Graduate, Sept. 1949
Entropy, Time and Information. Proc. Symposium London; 162-165, 1950
Calculating Machines and Human Thought. Nature, 167, 432-434, 1951

D. M. MacKay
Mentality in Machines. Proc. Arist. Soe. 1952

D. M. MacKay
Towards An Information-Flow Model of Human Behavior; Brit. Journ. Psychology 47 (1956).
The Place of Meaning in The Theory of Information. III. London Symp. on Inform. Theory; Academic Press, London 1956

D. M. MacKay
The Use of Behavioural Language to Refer to Mechanical Processes, British Journal f. the Philos. of Science XIII, 50 (1962) pp. 89-103
The Epistemological Problem for Automata, in: Automata Studies, Princeton 1956, pp. 235-251
The Science of Communication - A Bridge between Disciplines. Inaugural Lecture, University College of North Staffordshire, Keele, 1961
Mindlike Behaviour in Artefacts. British Journal for the Philosophy of Science, 11, 6, pp. 105-121, In Search of Basic Symbols, (in Cybernetics, Transact. of the VIII. Conf. of Josiah Macy, jr. Foundation, Ed. H. v. Foerster, M. Mead, H. L. Teuber. 1951 pp. 181-233.
The Place of "Meaning" in the Theory of Information, in: Information Theory. Symposium at the Royal Institution, London 1955, pp. 215-225
On the Logical Indeterminacy of a Free Choice. Mind 69 (1960) pp. 31-40

W. Mays
Can Machines Think? Philosophy, 27, 1952

W. S. McCulloch
The Brain as a Computing Machine. Electr. Eng., 68; 492-497, 1949
Finality and Form, Springfield 1952

W. S. McCulloch
Towards some Circuitry of Ethical Robots; Act. Biotheoret. XI, S. 147; 1955. Mysterium Iniquitatis of Sinful Man Aspiring into the Place of God; Scientific Monthly, 80, 1; S. 35-39, 1955

Marvin Minsky
A Selected Descriptor-Indexed Bibliography to the Literature on Artificial Intelligence. IRE Trans. on Human Factors in Electronics, HFE-2, 1; 1961, S. 39-55

John v. Neumann
The General and Logical Theory of Automata, Hixon Symposium; 1-32, 1951
(Traduction française : *Théorie générale et logique des automates*, 1958, Champ Vallon.)
Probabilistic Logic. Cal Tech. Rep. 1952

John v. Neuman
The Computer and The Brain, Yale Univ. Press 1958
(Traduction française : *L'ordinateur et le cerveau*, 1993, Champs Flammarion, 1997, Poche.)

John v. Neuman
Probabilistic Logics and The Synthesis of Reliable Organisms From Unreliable Components. Automata Studies, Princeton Univ. Press 1956

John v. Neuman
The General and Logical Theory of Automata, in "The World of Mathematics" (J.R. Neuman), New York 1956, S. 2070-2098

I. B. Novik
Some Methodological Problems of Cybernetics (in: Kiberneticu na Sluzhbu Kommunizmu vol. I, Moscow/Leningrad 1961, pp. 1-312) JPRS 14.592, pp. 40-68

I. B. Novik
Cybernetics and Mutual Ties Between The Sciences (Vestnik Akademii Nauk SSSR, 4 (1963) pp. 54-61) in: Current Digest of the Soviet Press, vol. XV, 22; pp. 8-13. Eine zweite Übersetzung dieses Artikels in JPRS 19.373.

Gordon Pask
Interaction Between a Group of Subjects and an Adaptive Automation to Produce a Self Organizing System für Decision Making; in "Self-Organizing Systems 1962" (Ed. Yovits, Jacobi, Goldstein), Washington 1962, S. 283-311

Gordon Pask
The Logic and Behaviour of Self Organizing Systems as illustrated by the Interaction between Man and Adaptive Machines. Int. Sympos. of Inf. Theory Brussels 1962. Publ.: Systems Research LTD. Richmond, Surrey
A Discussion of the Cybernetics of Learning Behaviour. Publ.: System Research LTD. Richmond, Surrey (Ohne Jahreszahl)
Physical and Linguistic Evolution in Self-Organizing Systems. Publ.: System Research LTD, Richmond, Surrey (Ohne Jahreszahl)
The Cybernetics of Evolutionary Processes and of Self-Organizing Systems. Publ. System Research LTD, Richmond, Surrey (Ohne Jahreszahl)

G. Pask & H. v. Foerster
A Predictive Model for Self-Organizing Systems. In: Cybernetica, III (1960) pp. 258-300 wad IV (1961) pp. 20-55

D.Yu. Panov & A. Oshanin
Man in Automatic Control Systems, (in: Kiberneticu na Sluzhbu Kommunizmu vol. I, Moscow/Leningrad 1961, pp, 1-312) JPRS 14.592, pp. 293-255

Todor Pavlov
Automats, Life and Consciousness (Nauchnyye doklady Vysshey shkoly filosofskiye nauki, Moscow I (1963) pp. 49-57) JPRS 19.231

M. Phister
Logical Design of Digital Computers, New York 1958

Adolf Portmann
Biopoesis und Biotechnik, Merkur XVI, 2; 1962

Z. Rovenskiy, A. Uyemov, Ye. Uyemov
Machine and Thought (Mashina i Mysl'gospolitizdat (1960) pp. 1-143) FTD - MT - 62-68
Sammelband: Philosophical Problems of Cybernetics. Published: House of Socio-Economic Literature, Moscow 1961, pp. 1-392. Dieser Band enthält Abhandlungen von S.M. Shalyutin, E. Kol'man, B.S. Ukraintsev, A.I. Berg, A.V. Khramoy, V.A. Il'in, V.N. Kolbanovskiy, P.K. Anokhin, Yu.P. Frolov, V.N. Tipukhin, A.A. Fel′dbaum und zwei Kongreßberichte von V.A. Tin und L.Ya. Aksenov. JPRS 11.503

Helmut Schelsky
Zum Begriff der tierischen Subjektivität. Studium Generale (1950) III, 2/3

Herman Schmitz
Besprechung von G. Günther, Idee und Grundriß einer nicht-aristotelischen Logik, in: Philos. Rundschau IX, 4, (1962) pp.283-304

Heinrich Scholz
Mathesis Universalis, Basel 1961

E. Schrödinger
What is Life? New York 1945
(Traduction française : *Qu'est-ce que la vie. De la physique à la biologie*, éd. Points Sciences, Seuil.)

Claude E. Shannon
Communication in the Presence of Noise. Proc. I.R.E. 37; 10-21, 1949
Communication Theory of Secrecy Systems. Bell Syst. Tech. Journ., 28; 656-715, 1949

Some Topics in Information Theory. Int. Congr. Math., 1950; 11; 262-263
The Lattice Theory of Information. Proc. London Symposium, 105-107, 1950
Recent Developments in Communication Theory. Electr., 23, 4; 80-83, 1950; u. Techn. Mitt. P.T.T., Bern, 28; 337-342, 1950 (in Deutsch)
A Chess-playing Machine. Sci. Amer., 182,2; 48-51, 1950
Prediction and Entropy of Printed English. Bell Syst. Tech. Journ., 3; 50-64,1951

C. E. Shannon, W. Weaver
The Mathematical Theory of Communication. Univ. Illinois Press 1949

C. E. Sherrington
The Brain and its Mechanism. Cambr. Univ. Press 1933

W. Sluckin
Minds and Machines. (Penguin) 1953

P. G. Snyakin, A. I. Yesakov
Problems of Perception and the Phenomenon of "Attunement" of the Sense Organs (Voprosy Filosofii II (1963) pp. 61-69) JPRS 19.762

Yu. L Sokolowskiy
Cybernetics of The Present and Future (Kibernetika Mastoyashchego i Budushchego, Kharkow 1959) JPRS 1960

Ulrich Sonnemann
Das Land der unbegrenzten Zumutbarkeiten, Hamburg 1963

Karl Steinbuch
Automat und Mensch, Bln., Gött., Hdlbg. 1961

Otto Straus
Indische Philosophie, München 1925

Rowena Swanson
Cybernetic Implications in Air Force-Sponsored Research (Directorate of Information Sciences, AFOSR) 1963

A. Tarski
Der Wahrheitsbegriff in den formalisierten Sprachen. Studia Philosophica, Leopoli 1935

A. Turing
Computing Machines and Intelligence. Mind 59; 433-460, 1950

A. M. Turing
Can a Machine Think? in "The World of Mathematics" (J. R. Neuman), New York 1956, S. 2099-2123

K. Vorländer
Geschichte der Philosophie, Leipzig 1919

Willis H. Ware, Wade B. Holland
Soviet Cybernetics Technology; I Soviet Cybernetics, (1959-1962) The RAND Corporation, Memorandum RM-3675-PR (1963).

Warren Weaver
The Mathematics of Communication. Sci. Amer., 181; 1-10, 1949
The Mathematics of Computation. Sci. Amer. 181; 11-15, 1949

C. F. v. Weizsäcker
Die Geschichte der Natur, Göttingen 1948

Norbert Wiener
Comprehensive Review of Prediction Theory. Int. Congress Math. 1950; 308-321
Cybernetics. New York 1948
The Human Use of Human Beings. Boston 1950
(Deutsche Übersetzung unter dem Titel: Mensch und Menschmaschine 1952.)
(Traduction française : *Cybernétique et société, l'usage humain des êtres humains*, Paris, 1962, coll. 10/18 n°. 56.

A New Concept of Communication Engineering. Electr. 22,1; 74-76, 1949
I am a Mathematician. New York 1956

Wolfgang Wieser
Organismen, Strukturen, Maschinen; Fischer Bücherei, Frankfurt a. M. 1959

W. Windelband
Geschichte der Philosophie, Tübingen 1928

A.A. Zinovyev
Philosophical Problems of Multivalued Logic; JPRS 1961

LISTE DES ABREVIATIONS

Bell Syst. Tech. Journ. = Bell System Technical Journal
Brit. Journ. Phil. Sci. = British Journal for The Philosophy of Science
Electr. Eng. = Electrical Engineering
Electr. = Electronics
Int. Congr. Math. = International Congress of Mathematicians
I.R.E = Institute of Radio Engineers
JPRS = Joint Publications Research Service
Sci. Amer. = Scientifie American
FTD-MT = Translation Services Branch, Foreign Technology Division (Machine Translation) WP-AFB, Ohio.

INDEX DES NOMS

INDEX DES NOTIONS

L'HARMATTAN, ITALIA
Via Degli Artisti 15 ; 10124 Torino

L'HARMATTAN HONGRIE
Könyvesbolt ; Kossuth L. u. 14-16
1053 Budapest

L'HARMATTAN BURKINA FASO
Rue 15.167 Route du Pô Patte d'oie
12 BP 226
Ouagadougou 12
(00226) 50 37 54 36

ESPACE L'HARMATTAN KINSHASA
Faculté des Sciences Sociales,
Politiques et Administratives
BP243, KIN XI ; Université de Kinshasa

L'HARMATTAN GUINEE
Almamya Rue KA 028
En face du restaurant le cèdre
OKB agency BP 3470 Conakry
(00224) 60 20 85 08
harmattanguinee@yahoo.fr

L'HARMATTAN COTE D'IVOIRE
M. Etien N'dah Ahmon
Résidence Karl / cité des arts
Abidjan-Cocody 03 BP 1588 Abidjan 03
(00225) 05 77 87 31

L'HARMATTAN MAURITANIE
Espace El Kettab du livre francophone
N° 472 avenue Palais des Congrès
BP 316 Nouakchott
(00222) 63 25 980

L'HARMATTAN CAMEROUN
BP 11486
(00237) 458 67 00
(00237) 976 61 66
harmattancam@yahoo.fr

653431 - Mai 2016
Achevé d'imprimer par